Ryad Assani-Razaki
Iman

Ryad Assani-Razaki

Iman Roman

aus dem Französischen von Sonja Finck

Verlag Klaus Wagenbach   Berlin

Die kanadische Originalausgabe erschien 2011 unter dem Titel *La main d'Iman* bei Éditions de l'Hexagone in Montréal, die deutsche Erstausgabe 2014 als Quartbuch im Verlag Klaus Wagenbach in Berlin.

Wir danken dem Canada Council for the Arts für die Unterstützung der Übersetzung.

Canada Council   Conseil des arts
for the Arts   du Canada

Wagenbachs Taschenbuch 750

Umschlaggestaltung: Julie August unter der Verwendung einer Fotografie © Jose Manuel Campano Gonzáles. Gesetzt aus der Berling BQ. Vorsatzmaterial von peyer graphic GmbH, Leonberg. Gedruckt auf chlor- und säurefreiem Papier (Schleipen) und gebunden bei Pustet, Regensburg.
Printed in Germany. Alle Rechte vorbehalten.

ISBN 978 3 8031 2750 1

Inhalt

Dem Schloss meiner Mutter,
dem Ruhm meines Vaters,
dem Beispiel meines Bruders.

Abu Huraira, Allahs Wohlgefallen sei auf ihm, berichtete, dass der Gesandte Allahs, Allahs Segen und Friede seien auf ihm, sagte: »Wahrlich, der Glaube (Iman) wird immer wieder nach Al-Madina zurückfinden, wie eine Schlange, die immer wieder zu ihrem Loch zurückfindet.«

Hadith 1876 von al-Buchârî und 210 von Muslim

HIER / ICI
Toumani

Alles begann mit zwei Händen und einem Tausch. Ich war damals ungefähr sechs Jahre alt. Es ist meine erste Erinnerung: Eine Hand, die meines Vaters, eine schwarze, schwielige, von der Feldarbeit staubige Hand, streckt sich einer anderen Hand entgegen, einer zarten, zierlichen, manikürten Hand, und diese Hand hält den größten Geldbetrag, den ich je gesehen hatte. 15.000 FCFA, 23 Euro, und mein Schicksal war besiegelt. Ich erinnere mich noch genau an das Gesicht meines Vaters, an die schwarze, von der Sonne gegerbte Haut, straff wie die einer Trommel. An sein Grinsen. Das Bild seiner gelben Zähne unter der hochgezogenen Oberlippe hat sich mir eingebrannt. Ich frage mich, was er in jenem Moment dachte. Was empfindet man, wenn man den eigenen Sohn verkauft? Leider sollte ich eine Antwort auf diese Frage bekommen, wenn auch erst Jahre später, als ich selbst den Menschen verriet, den ich am meisten liebte. Viele Jahre lang war ich wütend auf meinen Vater, nicht so sehr wegen dem, was er getan hatte, denn das konnte ich mir erklären, sondern wegen dieses Gesichtsausdrucks. Weder zufrieden noch traurig. Das Gesicht meines Vaters war zu einer Maske erstarrt, und mein Leben lang sollte ich versuchen, diese Maske zu deuten. Ich kann einfach nicht glauben, dass es Gleichgültigkeit war. Denn dann hätte mein Leben keinen Sinn, und ein Kind oder eine Kuh zu verkaufen wäre dasselbe. Ein reines Geschäft. Freude konnte es auch nicht sein, denn was soll man von einem Vater halten, der sich freut, wenn er sein Kind verkauft? Ein Drittel meiner Persönlichkeit stammt von meinem Vater, ein weiteres Drittel von meiner Mutter, und das letzte besteht aus meinen eigenen Erfahrungen. Ich will unbedingt glauben, dass ein ebenso großer Teil von mir unglücklich war, als ich später den Menschen verriet, den ich am meisten liebte. Was ist mit Traurigkeit? Keine Ahnung, ob ich mir wünsche, dass mein Vater an jenem Tag traurig war, denn das würde bedeuten, dass er glaubte, mich ins Unglück zu schicken, und es trotzdem tat. Was kann einen Mann dazu bringen, sein eigen Fleisch und Blut zu verkaufen? Not? Das bezweifle ich. Ich habe gelernt, dass man für Menschen, die man liebt, jede Not erträgt, dass man bis zuletzt für sie kämpft. Das hat mir Iman beigebracht.

Was auch immer mein Vater für einen Grund hatte, ich kostete 15.000 FCFA an einem Regentag. Sehr viel später würde ich so viel in einem Monat verdienen, und ich zitterte jedes Mal am ganzen Leib, wenn mein Chef mir am Monatsende die zerknitterten Scheine in die Hand drückte. Die Scheine, die mich kauften, waren neu. Sie waren steif und glänzend. Sie waren schön. Später erfuhr ich, dass die Frau, die mich kaufte und die mir befahl, sie Tante Caro zu nennen, bei der Bank vorbeigegangen war, bevor sie die Reise von der Hauptstadt in mein Dorf im Norden des Landes angetreten hatte. Sie unternahm diese Reise regelmäßig, mindestens einmal im Monat. Das war ihre Arbeit. Sie kaufte Kinder von ihren Eltern und verkaufte sie an den Höchstbietenden weiter. Ihre Kunden, bei denen die Kinder arbeiteten, zahlten Tante Caro monatlich eine feste Summe, und von diesem Geld kaufte sie noch mehr Kinder. Im Gegenzug durften die Kinder ihr Glück in der großen Stadt versuchen, und fünfzehn oder zwanzig Jahre später ernteten die Eltern die Früchte ihrer Investition: Das Kind, ihr ganzer Stolz, hatte eine Erziehung in der Stadt genossen, es war selbstständig und vor allem zivilisiert. Wenn alles gut lief. Ich habe mich oft gefragt, wie Tante Caro auf die Idee gekommen war, ihren Lebensunterhalt mit dem An- und Verkauf von Kindern zu verdienen. Eine Weile glaubte ich, das läge daran, dass sie selbst keine Kinder hatte, aber irgendwann kam ich zu dem Schluss, dass es leichter ist, wenn es die Kinder anderer Leute sind.

Ich kann mich nicht daran erinnern, wo meine Mutter an jenem Tag war. Vielleicht hatte mein Vater sie unter einem Vorwand weggeschickt, während er das Geschäft abwickelte. Aber sie wusste Bescheid, denn sie hatte mir ein paar Kleider zusammengepackt. Gleich nach unserer Ankunft in der Stadt warf Tante Caro meine Sachen weg und kaufte mir neue, um die letzten Erinnerungen an meine Mutter auszulöschen. Sie fragte, ob ich mich über meine neuen Kleider freuen würde. Doch der wahre Grund für ihre Großzügigkeit war, dass sie mich in der neuen Verpackung besser verkaufen konnte. Trotzdem war sie kein schlechter Mensch. Ich würde ihr später nicht mehr oft begegnen, und ich würde nie wieder so viele Stunden am Stück mit ihr verbringen wie auf dem Weg von meinem Dorf in die Hauptstadt. Nachdem ich mich zum letzten Mal in meinem Leben von meinem Vater verabschiedet hatte, rannte ich im Regen zu Tante Caros Peugeot 504, kletterte auf die Rückbank und setzte mich neben einen fremden Mann. Tante Caro stieg vorne neben dem Fahrer ein, und das Auto fuhr los. Obwohl ich zum ersten Mal in einem Auto saß, erinnere ich mich kaum noch an die Fahrt. Der Wagen, die verregnete Landschaft aus rotem Staub, der Mann neben mir, der Fahrer, das alles ist verblasst. Nur an eins erinnere ich mich genau: an Tante Caros Handgelenk zwischen den beiden Vordersitzen und an ihre Armreifen. Sie waren wunderschön. Tante Caros Hände waren unglaublich

11

anmutig. Nie habe ich sie etwas anderes als Geldscheine anfassen sehen.

Nach einer schier endlosen Fahrt, erst auf einem Feldweg, dann auf einer buckeligen Piste und schließlich auf einer Asphaltstraße, erreichten wir die Stadt, die fortan meine Welt sein würde. Wir kamen am späten Nachmittag an und gerieten in den Stoßverkehr. Starr vor Entsetzen fand ich mich in einem Albtraum aus knatternden Motoren, Benzingestank und schreienden Männern und Frauen wieder, die einander wüst beschimpften. Verrückte, Bettler und Straßenhändler drängten sich zwischen den Autos hindurch, sobald der Verkehr zum Stocken kam. Meine erste Begegnung mit der Zivilisation war ein Schock. Die Stadt war ein Dschungel, und ihre staubigen Gebäude ragten drohend vor mir auf. Während mein Herz zu rasen begann, konzentrierte ich mich auf meinen einzigen Verbündeten, das Handgelenk zwischen den beiden Sitzen. Das Auto drang immer tiefer in die Stadt vor, und die Sonne verschwand hinter dem Horizont. Irgendwann bog das Auto von einer Hauptverkehrsstraße mit Läden und Geschäften in eine sandige Nebenstraße ein. Jetzt fuhren wir durch ein Wohngebiet, und an der Stimmung im Wagen spürte ich, dass wir fast da waren. Als wir vor Tante Caros Haus hielten, war die Welt in Rot und Orange getaucht. Die Strahlen der untergehenden Sonne spiegelten sich in dem Wellblechdach. Die Häuser in diesem Teil der Stadt standen in einem Hof mit Sandboden, umgeben von einer Backsteinmauer, die sie von der Straße abschirmte. Wir stiegen aus, traten durch ein Tor und gingen auf das Haus mit dem funkelnden Dach zu. Zum ersten Mal im Leben sah ich ein Wohnzimmer. Dort hing Tante Caros Mann schlaff auf einem Sofa und starrte auf einen Kasten, in dem ein anderer Mann an einem Tisch saß und in einer mir unverständlichen Sprache eine Rede hielt. Man sagt, der erste Eindruck sei oft der richtige, und mein erster Eindruck war, dass ich verloren war. Ich stand da wie versteinert. Beim Anblick des Mannes in dem viel zu kleinen Kasten empfand ich Beklemmung. Ich kam erst wieder zu mir, als Tante Caro mich mit gleichgültiger Stimme in einen dunklen Flur schickte, aus dem mir zwei Paar aufgerissene Kinderaugen entgegenstarrten. Ich setzte mich auf den Boden und hörte zu, wie die beiden Kinder auf mich einredeten. Im Halbdunkel sah ich einen dürren Jungen und ein Mädchen, dessen Mund mich an eine Rosenknospe erinnerte. Wir sprachen nicht dieselbe Sprache, aber Kinder verständigen sich auch wortlos. Sie erzählten mir, dass sie aus verschiedenen Dörfern stammten und Tante Caro sie ebenfalls gekauft hatte. Nach ein paar Stunden stand das Mädchen, das Alissa hieß, auf und verschwand in der Küche. Sie kam mit einer Blechschüssel zurück und sagte zu mir, wir sollten uns den Inhalt teilen. Hungrige Hände streckten sich nach dem Reis aus. Allerdings zählte ich nur zwei Hände. Der andere Junge hielt sich im Hintergrund und starrte uns aus Augen an, die tief in den Höhlen lagen. Als ich mich umdrehte und ihm eine Handvoll Reis geben wollte, packte Alissa mit ihrer fettigen Hand meinen Arm. Sie schüttelte den Kopf. Er durfte nichts essen, er stand unter Strafe, weil er seinem Arbeitgeber nicht gehorcht hatte. Deshalb hatte ihn dieser zu Tante Caro zurückgebracht. Man muss seinem Arbeitgeber immer gehorchen, sagte sie mit kindlichem Ernst. Ich betrachtete ihren Rosenmund und sagte lächelnd, ich verstehe. Sie sah mich eine Weile nachdenklich an und schüttelte dann den Kopf. Nein, ich verstand nichts.

Am nächsten Morgen wurden wir nicht vom Krähen eines Hahns geweckt. Wir hatten uns auf einer Matte im Flur zusammengerollt. Ich hatte die Arme um Alissa gelegt und schmiegte mich an sie. Als Tante Caros laute Stimme in meinen Kopf explodierte, richtete ich mich abrupt auf und stieß Alissa beschämt fort. Sie stand langsam auf und rieb sich mit den Fäusten die Augen. In diesem Moment bemerkte ich, dass ihre beiden Ohrläppchen durchstochen waren, sie aber nur einen Ohrring trug, aus weißem Plastik. Sie betrachtete mich mit derselben nachdenklichen Miene wie am Abend zuvor und begann dann, den anderen Jungen zu schütteln, der so tat, als schliefe er noch. Er reagierte nicht, bis sie sagte: »Tante Caro wird schimpfen.« Diese Worte verfehlten ihre Wirkung nicht. Der Junge sprang auf und rollte die Matte ein. Wir lehnten sie an die Wand und warteten. Alissa ging in die Küche und kam mit Zahnstochern und drei Besen zurück. Ich tat es den anderen gleich, schob mir einen Zahnstocher in den Mund und nahm einen Besen. Der Junge begann den Boden im Haus zu fegen, und jetzt erst fiel mir auf, dass er leicht hinkte. Alissa nahm meine Hand und zog mich nach draußen in den Hof. Sie machte sich daran, den Sandboden zu fegen, und ich folgte ihrem Beispiel. Sie arbeitete gewissenhaft und ging nicht auf meine Scherze ein, aber in ihrer Gegenwart fühlte ich mich wohl. Ein langer Arbeitstag lag vor uns. Wir fegten Haus und Hof, duschten in einem Verschlag hinten im Hof, frühstückten, spülten das Geschirr, wuschen das Auto, räumten das Haus auf, wuschen die Wäsche, sammelten die von den Bäumen gefallenen Mangos und Orangen ein, aßen zu Abend. Dieser Ablauf würde sich jeden Tag wiederholen. Manchmal gab es eine besondere Aufgabe, Mais sortieren zum Beispiel. Die leeren Hülsen und die schwarzen Körner kamen weg, die guten brachte Alissa zum Nachbarn, der sie zu Mehl mahlte. Manchmal mussten wir auch die Öllachen wegputzen, die Tante Caros Mann hinterließ. Er war Automechaniker. Es gab immer etwas zu tun, und wir marschierten wie eine Armee kleiner Soldaten durchs Haus und erledigten brav alle Arbeiten, die man uns auftrug.

So ging es eine Woche lang, bis zu dem Tag, als der Teufel ins Haus kam. Gegen Mittag hörte ich die Klingel und lief zur Tür, um zu öffnen. Der Teufel war ein untersetzter Mann um die vierzig mit ungepflegtem Bart und nach Alkohol stinkendem Atem. Er wollte wissen, ob Tante Caro da war. Ich sagte, ja. Er sah mich neugierig an, lächelte und fragte mich, wie ich heiße. Ich sagte, Toumani. Er entgegnete, nein, mein Name sei Apollinaire. Ich dachte, dass der Mann verrückt war. Ich ahnte ja nicht, wie recht ich damit hatte! Er befahl mir, Tante Caro auszurichten, Monsieur Bia wolle sie sehen. Ich lief zurück ins Haus, durch den Flur und zum Schlafzimmer, wo sich Tante Caro zum Mittagsschlaf hingelegt hatte. Ich blieb in der Tür stehen, denn nur Alissa durfte ihr Zimmer betreten. Uns anderen vertraute Tante Caro nicht. Ich hatte noch nie etwas gestohlen, und als ich Alissa gefragt hatte, warum uns der Zutritt verboten war, hatte sie erklärt, dass Tante Caro bei so vielen Kindern im Haus nicht wissen könne, wer der Dieb sei, wenn einmal etwas fehlen sollte. So kam nur Alissa infrage. Der andere Junge drohte oft damit, etwas aus den Zimmer zu stehlen, um Alissa zu ärgern, und das machte mich wütend. Jetzt verharrte ich also auf der Schwelle zu Tante Caros Zimmer und berichtete ihr von dem Besucher. Sie stand lächelnd auf und rief nach dem Jungen, der am Tag meiner Ankunft mit Essensentzug bestraft worden war. Er kam angehinkt, wie immer mit leicht überheblichem Gesichtsausdruck. Doch als Tante Caro ihm befahl, seine Sachen zu packen, weil Monsieur Bia ihn abholen käme, machte er eine Veränderung durch, die ich im ersten Moment unglaublich lustig fand. Der Junge fiel auf die Knie, sein stolzer Gesichtsausdruck war wie weggeblasen, und er begann zu bitten und zu betteln. Er war richtig panisch. Ich lachte und stieß Alissa mit dem Ellbogen an, aber sie blieb stumm. Sie sah mich nur an und schüttelte den Kopf.

»Du verstehst gar nichts«, sagte sie. »Du verstehst einfach gar nichts.« Tante Caro zog den Jungen hinter sich her in den Hof, wo Monsieur Bia wartete. Sie begrüßte ihn. Alissa und ich hielten uns im Hintergrund. Ich verstand kein Wort, weil sich die beiden in einer fremden Sprache unterhielten, aber Alissa übersetzte für mich. Tante Caro fragte:

»Wollen Sie den Jungen abholen?«

»Wird er denn diesmal gehorchen?«

»Ja, das wird er.«

»Das haben Sie beim letzten Mal auch gesagt, Madame, aber er will einfach nicht hören. Vielleicht ist er zu alt.«

»Nein, diesmal wird er brav sein. Ich habe ihm gesagt, dass ich ihn zu seinen Eltern zurückschicke, wenn er nicht tut, was man ihm sagt, und dass es seine Schuld ist, wenn seine Eltern kein Geld mehr bekommen und hungern müssen.«

»Ich weiß nicht. Er ist so störrisch.«

»Monsieur Bia, worum geht es Ihnen wirklich? Sie wollen weniger zahlen, ist es das?«

Monsieur Bia dachte einen Moment lang nach.

»Nein. Ich will ihn nicht mehr.«

»Warum sind Sie dann hier?«, fragte Tante Caro verärgert. »Warum vergeuden Sie meine Zeit?«

»Ich habe gesehen, dass Sie zwei neue Kinder haben ...«

»Nur eins. Das Mädchen ist nichts für Sie.«

»In Ordnung. Ich will den Neuen.«

»Er ist teurer.«

»Warum?«

»Er ist gehorsamer.«

»Wie viel kostet er denn?«

Ich stieß Alissa mit dem Ellbogen an. Warum sprach sie ausgerechnet jetzt, wo es um mich ging, nicht weiter? Sie nahm meine Hand und drückte sie fest.

»Es tut mir so leid.«

Sie hatte Tränen in den Augen. Ich sah sie fragend an, aber ihr Gesicht blieb verschlossen. Tante Caro kam zu uns, packte meinen Arm, riss mich von Alissas Hand los und schob mich zu Monsieur Bia.

»Das ist er. Er heißt Toumani.«

»Ich werde ihn Apollinaire nennen«, sagte Monsieur Bia. »Ich kann diese Namen vom Dorf nicht aussprechen.«

»Nennen Sie ihn, wie Sie wollen, vergessen Sie nur nicht, jeden Monat pünktlich zu zahlen«, sagte Tante Caro. »Hast du gehört? Hol deine Sachen, du gehst mit Monsieur Bia mit.«

Ich antwortete nicht. Ich war fest entschlossen, nicht zu reagieren, solange sie nicht den Namen benutzten, den mir meine Eltern gegeben hatten. Alissa muss die Entschlossenheit auf meinem Gesicht gesehen haben, denn sie warf mir einen flehenden Blick zu. »Man muss seinem Arbeitgeber immer gehorchen«, flüsterte sie, als ich an ihr vorbeiging, um meine Sachen zu holen. Das machte mich wütend, und ich gab keine Antwort. Mit einem Plastikbeutel, in dem meine neuen Kleider lagen, kam ich in den Hof zurück. Alissa winkte mir zum Abschied. Mir krampfte sich das Herz zusammen, aber ich ließ mir nichts anmerken, weil mich ihre Worte geärgert hatten. Als Monsieur Bia Tante Caro ein Bündel Geldscheine überreichte, kam Alissa zu mir gerannt und hielt mir einen kleinen Gegenstand hin. Ich nahm ihn und betrachtete ihn einen Moment lang. Es war ihr weißer Plastikohrring. Jetzt waren ihre beiden Ohrläppchen nackt. Ich verstand nicht, warum, aber in diesem Augenblick schien der Ohrring in meiner Hand immer größer zu werden, bis er mein ganzes Leben ausfüllte. Mein Herz begann heftig zu schlagen. Alissa sah mich ernst an und sagte:

»Verlier ihn nicht.«

Nein, ich würde ihn nicht verlieren, niemals. Eher würde ich sterben. In diesem Moment kam Monsieur Bia zurück. Ich ließ den Ohrring hastig in die Hosentasche meiner Shorts gleiten, weil ich fürchtete, er würde ihn mir wegnehmen.

Er legte mir eine Hand auf die Schulter und sagte:

»Komm, Apollinaire. Wir gehen.«

»Meine Eltern haben mich Toumani genannt«, erwiderte ich.

Er zuckte nur mit den Schultern. Er ging zu seinem Motorroller, stieg auf und bedeutete mir, mich hinter ihn zu setzen. Als er den Zündschlüssel umdrehte, stand Tante Caro in der Tür. Sie hielt Alissa an der Hand und warf mir einen flehenden Blick zu:

»Bitte tu, was er sagt, Toumani. Versprich es mir.«

Ich antwortete nicht. Zu Monsieur Bia sagte sie:

»Wenn er auch mit einem Hinkebein zu mir zurückkommt, ruf ich die Polizei, das schwöre ich.«

In diesem Moment trat Monsieur Bia auf den Kickstarter. Das Aufheulen des Motors übertönte jedes andere Geräusch.

Ich sah zu, wie das Haus immer kleiner wurde. Die beste Zeit meines Lebens war vorbei.

»Apollinaiiiiiiiiiiiiiiire!«

Ich hatte das Gefühl, wahnsinnig zu werden. Jedes Mal, wenn ich diesen Namen hörte, ballte ich unwillkürlich die Fäuste. Als Monsieur Bia mich zum ersten Mal so genannt hatte, reagierte ich einfach nicht. Daraufhin kam er zu mir und bat mich ruhig, ihm die Schuhe aufzubinden. Ich gehorchte. Er schlüpfte aus den Schuhen und befahl mir, sie ihm zu geben. Er nahm sie, hob einen Arm, als wolle er die Sohle mustern, und versetzte mir mit aller Kraft eine Ohrfeige. Der Hieb mit dem Schuh war so heftig, dass ich herumgeschleudert wurde und mit dem Kopf gegen die Wand donnerte. Meine Lippe platzte auf, und ich ging benommen zu Boden. Außer sich vor Wut begann Monsieur Bia, mir in die Rippen zu treten. Panisch kroch ich in eine Zimmerecke, wobei die Angst schlimmer war als der Schmerz. Bei meinen Schreien kam Monsieur Bias Geliebte angelaufen. Sie schlang die Arme um ihn, damit er von mir abließ, aber er schüttelte sie ab und stieß sie zu Boden. Dann beugte er sich drohend über mich und brüllte:

»Du kommst gefälligst, wenn ich dich rufe! Wofür habe ich so viel Geld bezahlt? Bestimmt nicht dafür, dass du mir auf der Nase herumtanzt.«

»Ja, Monsieur Bia. Ich komme, wenn Sie mich rufen«, stammelte ich verängstigt. »Ich komme, wenn Sie mich rufen.«

»Ach ja? Und wie heißt du?«

»Toum-«

Er trat mir gegen den Mund, und ich verstummte.

»Lass ihn in Frieden«, rief die Geliebte in dem vergeblichen Versuch, mir zu helfen.

Den Blick immer noch starr auf mich gerichtet, sagte Monsieur Bia in monotonem Tonfall:

»Du hältst dich da raus, sonst kriegst *du* die Schläge.«

Daraufhin sagte sie nichts mehr. Zu mir gewandt fragte er:

»Also, wie heißt du?«

»Jetzt sag ihm doch endlich, was er hören will, du dummer Junge! Siehst du nicht, dass er betrunken ist? Willst du, dass er dich umbringt?«, rief die Geliebte.

Das war der Moment, in dem ich aufgab. Alle waren gegen mich.

»Ich heiße Apollinaire«, schrie ich weinend.

»Na also. Du bist gar nicht so dumm, wie du aussiehst. Ich allein bestimme, wie du heißt. Dein Name ist Apollinaire. Du hast Glück, dass ich nicht beschlossen habe, dich ›Hund‹

oder ›Scheiße‹ zu nennen! Zur Strafe bekommst du heute nichts zu essen.«

Er wandte sich ab und ging davon. Seine Geliebte kam zu mir und gab mir eine Ohrfeige.

»Du Dummkopf! Was willst du einem Säufer beweisen? Gebrauch deinen Kopf!«

»Aber so heiße ich nicht«, protestierte ich.

»Hör mal, Kleiner, du bist in der Stadt, damit du eine gute Erziehung bekommst und es mal besser hast als deine Eltern. Also musst du als Erstes deinen Dorfnamen loswerden. Du brauchst einen Stadtnamen. Außerdem werde ich nicht immer da sein, um dich zu beschützen.«

Und damit hatte sie recht. Auch wenn jeder Tag war wie der andere – meine Welt bestand aus dem Wohnzimmer, der Küche und dem einzigen Schlafzimmer, da ich das Haus nicht verlassen durfte –, veränderte sich eins ständig: Die Frauen kamen und gingen. In regelmäßigen Abständen trat eine neue mit ihrem Koffer durch die Tür, sah sich zufrieden um und fragte mich nach meinem Namen. Ich war viel zu verängstigt, um zu antworteten, und führte sie schweigend durchs Haus. Dann beobachtete ich, wie sie überall ihre Sachen verstreute. Anschließend begann der Countdown zu dem Tag, an dem die Frauen den Weg in umgekehrter Richtung zurücklegten: Sie rannten durch die Tür hinaus auf die Straße, nachdem Monsieur Bia ihren Koffer aus dem Fenster geworfen hatte. Bis dahin lagen sie wie ein herbeigewehtes Blütenblatt auf dem Sofa. Als Erstes änderten sie die Regeln, die ihre Vorgängerinnen aufgestellt hatten. Und während Monsieur Bia damit beschäftigt war, seine Geliebten auszutauschen, war es meine Aufgabe, der Frau zu dienen, das heißt der beliebigen Frau, die gerade anwesend war. Ich lernte, dass Frauen, anders als ein Fernseher oder ein Lieblings-T-Shirt, austauschbar sind. Sie selbst wussten das natürlich nicht, und ich musste das Spiel mitspielen, denn die Wahrheit durfte erst ans Licht kommen, wenn Monsieur Bia sie vor die Tür setzte. Ich musste ihm helfen, den Frauen vorzugaukeln, dass sie ihm etwas bedeuteten. In dieser Phase bereicherte ich meinen Wortschatz um Ausdrücke wie »Prinzessin«, »Juwel« und »Herzblatt«, wobei ich genau wusste, dass ich nur wenige Monate später die Vokabeln »Schlampe«, »Nutte« und »verpiss dich« pauken würde. »Verpiss dich« war Monsieur Bias Lieblingswort, und er sagte es nicht nur zu seinen Geliebten, sondern auch zu mir.

Wer waren Monsieur Bias Geliebte? Da gab es alle möglichen Sorten, sie waren groß, klein, dick, dünn, schüchtern, arrogant und manchmal sogar nett. Aber in einem Punkt glichen sie sich alle und ich ihnen: Auf die eine oder andere Weise hatte Monsieur Bia uns gekauft. Mich, um das Haus sauber zu halten, sie, um es schmutzig zu machen. Mich, um seine Schuhe zuzubinden, sie, um ihm das Hemd auszuziehen. Ich erinnere mich an keinen einzigen Namen, nur an Körper, die kamen und gingen, die sich auf dasselbe Sofa legten und sich an dem Nippes erfreuten, den ihre Vorgängerinnen hinterlassen hatten. Ich erinnere mich nur an Körper, weil ich zu der Überzeugung gelangte, dass Frauen nichts anderes waren. Sobald man die Schwelle zu Monsieur Bias Haus überschritt, wurde man zu einem Körper, und zwar einem Körper, der ihm gehörte. Bei ihrer Ankunft rochen alle Frauen unterschiedlich. Wenn sie gingen, stank jede von ihnen nach Alkohol: nach dem Palmwein, den Monsieur Bia von früh bis spät trank. Bei ihrer Ankunft lächelten sie, sie waren neugierig, selbstbewusst, müde oder aufgeregt. Und trotz der magischen Amulette, die sie in Blumenvasen oder hinter dem Sofa versteckten, rannten alle irgendwann aus der Tür, um ihren Koffer aufzuheben, der in hohem Bogen aus dem Fenster geflogen war. Monsieur Bia machte sie alle gleich. Doch ich war überzeugt, dass

Leben Vielfalt braucht, keine Ahnung, wie ich darauf kam. Ich gelangte zu dem Schluss, dass die Frauen in Monsieur Bias Haus langsam starben. Ich konnte die Veränderung in ihren Gesichtern beobachten, sie breitete sich aus wie ein Geschwür. Als Erstes verschwand ihr Lächeln, und an seine Stelle trat ständige Alarmbereitschaft, ein Ausdruck, der auch von meinem Gesicht nicht mehr wegzudenken war. Sie lachten nur noch selten und schrien immer häufiger, mal aus Angst und mal vor Schmerz, und irgendwann, wenn ihre Körper zu oft misshandelt worden waren und sie die Schläge kaum noch spürten, trat Stille ein. Das war der Tod. Als mir dieser Gedanke kam, wurde mir angst und bange. Ich begriff, dass Monsieur Bia uns kaufte, um uns zu töten.

Zwei Ereignisse bestätigten meine Befürchtung. Sie brachten mich dem Tod so nah, wie man ihm nur kommen kann, aber durch sie begegnete ich auch Iman und seiner ausgestreckten Hand. Das erste trat ein, als ich eines Tages in der dunklen Küche auf dem Boden saß. Wir hatten gerade keine Geliebte im Haus, die letzte war gegangen, und es gab noch keine neue. Monsieur Bia war nicht da, ich nahm an, dass er arbeitete. Ich hatte keine Ahnung, was er den ganzen Tag trieb. Jedenfalls saß ich in der Küche, wartete auf seine Rückkehr und spielte mit den Zweigen des Besens, als es an der Tür klingelte. Mein Körper versteifte sich. Alles, was vom gewohnten Ablauf abwich, versetzte mich in Angst und Schrecken. Vielleicht hatte Monsieur Bia seinen Schlüssel verloren, weil er zu viel getrunken hatte? Oder er war wütend, weil ich einen Fehler gemacht hatte, und kam zurück, um mich zu bestrafen? Ich ging hektisch alles durch, was ich in den letzten Tagen hätte falsch machen können. Manchmal bestrafte Monsieur Bia mich für etwas, was eine Woche zuvor passiert war. Manchmal bestrafte er mich auch für etwas, wofür er mich bereits bestraft hatte, weil es ihm einfach nicht aus dem Kopf wollte, sagte er, und solange es ihn nicht losließ, schlug er mich. Es klingelte noch einmal an der Tür. Ich zuckte zusammen und sprang auf, um den Besucher nicht warten zu lassen. Als ich öffnete, stand ein fremder Mann vor mir. Er war etwa vierzig Jahre alt, ziemlich klein und trug ein khakifarbenes Hemd, eine ebensolche Hose und staubige Sandalen. Daraus schloss ich, dass er viel zu Fuß unterwegs war. Vermutlich ging er von Haus zu Haus, allerdings hatte er keine Faltblätter der Zeugen Jehovas dabei. Er schob den kahlen Kopf ein Stück vor, warf einen Blick in das halbdunkle Wohnzimmer und fragte:

»Ist dein Papa da?«

So nannten die Leute Monsieur Bia. Er hieß »Papa«, weil er mich erzog.

»Nein«, sagte ich und wollte die Tür schließen. Der Mann wirkte ungefährlich, aber ich hatte Angst, dass Monsieur Bia nach Hause käme, während ich mit ihm sprach. Er hatte mir streng verboten, Fremden die Tür aufzumachen. Doch der Mann stand in der Tür und wich nicht zurück. Er hinderte mich zwar nicht daran, die Tür zu schließen, machte aber auch keine Anstalten zu gehen. Er stand einfach da, und der Schweiß auf seiner Glatze glänzte in der Nachmittagssonne.

»Wie heißt du?«

Ich geriet in Panik. Ich fragte mich, ob das eine Falle war. Vielleicht hatte Monsieur Bia den Mann geschickt, um mich auf die Probe zu stellen und sich zu vergewissern, dass ich die Frage auch in seiner Abwesenheit richtig beantwortete.

»Apollinaire«, sagte ich.

Er musterte mich von Kopf bis Fuß. Sein Blick blieb an den Narben an meinen Armen und Beinen hängen, und er schien einen Moment lang nachzudenken.

»Keine Angst, ich bleibe nicht lange«, sagte er dann. »Ich will nicht, dass dein Papa mich sieht.«

Mehr brauchte es nicht, damit ich ihm vertraute. Er war auf meiner Seite, er verstand mich!

»Ja, Monsieur Bia mag es gar nicht, wenn ich Fremden die Tür öffne.«

»Nein? Und wenn er jetzt nach Hause kommt und mich sieht, was tut er dann?«

»Er schlägt mich.«

»Was? Er wird dich doch sicher nicht nur deshalb schlagen, weil jemand an der Tür geklingelt hat und du so nett warst aufzumachen.«

»Oh doch!«

»Wegen so einer Kleinigkeit?«

»Er hat mich schon für viel weniger verprügelt.«

»Wirklich? Wofür denn zum Beispiel?«

Ich zögerte einen Moment, weil ich mich nicht für ein Beispiel entscheiden konnte. Es gab so viele. Ich hätte ihm von dem Mal berichten können, als ich zu lang für das Falten der Wäsche gebraucht hatte, oder von dem Mal, als ich die Maisfladen nicht schnell genug aufgegessen hatte, die Monsieur Bia mir an Tagen vorsetzte, an denen seine Geliebten keine Lust hatten zu kochen. Ich hätte ihm so viele Geschichten erzählen können, dass mir ganz schwindelig wurde.

»Ich weiß nicht«, stammelte ich.

»Das macht nichts«, sagte er. »Du hast es vergessen, aber das macht nichts. Versuche, dir von jetzt an alles zu merken.«

Ich wusste nicht, worauf er hinauswollte, aber er war noch nicht fertig:

»Kannst du lesen? Kennst du die Zahlen?«

Nein, ich konnte nicht lesen. Und ich wusste nicht einmal, was eine Zahl war.

»Na gut. Ich wollte dir eigentlich meine Telefonnummer geben, aber das macht nichts«, sagte der Mann.

Er zog ein Stück Papier aus der Hosentasche und kritzelte etwas darauf. Dann gab er mir den Zettel:

»Apollinaire, kennst du Terre des hommes? Nein? Aha. Also, wir kümmern uns um Kinder wie dich, Kinder, die geschlagen werden und nicht wissen, warum. Wenn dich Monsieur Bia das nächste Mal schlägt, wenn er dir wehtut, so wie er das offensichtlich schon oft getan hat, dann nimmst du diesen Zettel und bringst ihn in das Haus da drüben auf der anderen Straßenseite. Dort fragst du nach Monsieur Adinsi, das ist der Stadtteilvertreter für Terre des hommes. Das darfst du nicht vergessen, hörst du? Du sprichst nur mit ihm. Du fragst nach Monsieur Adinsi und gibst ihm diesen Zettel mit meiner Telefonnummer bei Terre des hommes. Dann bleibst du bei ihm, bis wir dich abholen.«

»Aber ich will nicht, dass Sie mich abholen«, antwortete ich verwirrt.

»Willst du lieber hierbleiben?«

Ich wusste es nicht. Noch nie in meinem Leben hatte mich jemand gefragt, was ich wollte, und so hatte ich mir darüber auch noch keine Gedanken machen müssen. Er bemerkte meine Ratlosigkeit und fügte hinzu:

»Hör mal, Kleiner, niemand zwingt dich zu irgendwas, aber denk darüber nach. Wenn du nicht mehr hierbleiben willst, kannst du zu uns kommen. Und wenn es dir bei uns nicht gefällt, bringen wir dich woanders hin, zu deinen Eltern oder sonst wem. Gibt es denn jemanden, bei dem du wohnen willst?«

Alissa! Aber das sagte ich nicht. Schweigend nahm ich den Zettel entgegen.

»Gut, ich gehe jetzt. Ich will nicht, dass Monsieur Bia mich sieht und dich verprügelt. Wir mögen es nicht, wenn Kinder verprügelt werden.«

Er wandte sich um, machte ein paar Schritte, blieb stehen und kam zurück. Er wühlte wieder in seinen Taschen und zog ein paar Münzen hervor.

»Hier, kauf dir ein paar Bonbons, wenn du das nächste Mal aus dem Haus gehst. Du magst doch Bonbons, oder?«

Als ich das Geld nehmen wollte, zog er die Hand zurück und fragte:

»Nach wem sollst du in dem Haus auf der anderen Straßenseite fragen?«

»Nach Monsieur Adinsi.«

»Und wer ist das?«

»Der Stadtteilvertreter.«

»Und für wen arbeite ich?«

»Terre des hommes.«

»Sehr gut, Kleiner. Merk dir das. Dieses Wissen kann lebenswichtig für dich sein. Du schaffst das schon, du scheinst mir nicht auf den Kopf gefallen zu sein.«

Er drückte mir das Geld in die Hand und ging davon, während ich verzückt auf die ersten Münzen starrte, die ich je besessen hatte. Sie waren neu und glänzend. Ich schwor mir, dass ich sie niemals ausgeben würde.

Vielleicht hätte ich sie ausgeben sollen. Aber wofür? Ich durfte das Haus ja nicht verlassen. Also bewahrte ich sie in der Hosentasche meiner Shorts auf, zusammen mit Alissas Ohrring. Sobald ich allein war, holte ich sie hervor und betrachtete sie von allen Seiten.

Der zweite Zwischenfall, der mich mit Iman zusammenbringen würde, ereignete sich eines Tages, als ich wieder einmal meine glänzenden Münzen betrachtete. Monsieur Bia rief aus dem Schlafzimmer nach mir, er hatte Durst und wollte etwas zu trinken, aber ich war so versunken, dass ich ihn nicht hörte. Also schlich er sich an, um herauszufinden, was ich trieb. Als er die Münzen in meiner Hand sah, blieb er wie angewurzelt stehen. Zu meinem Grauen erschien ein Ausdruck auf seinem Gesicht, den ich nur zu gut kannte. Er würde schimpfen und mich dann verprügeln. Allerdings hatte ich nicht mit folgenden Worten gerechnet:

»Jetzt bestiehlst du mich also auch noch!«

Meine Augen weiteten sich vor Angst. Ich wollte widersprechen, aber dann hätte er mich gefragt, woher ich die Münzen hatte, und ich hätte gestehen müssen, dass ich einem Fremden die Tür geöffnet hatte. Das Dilemma lähmte mich, und ich stand wie erstarrt da, bis eine schallende Ohrfeige mir fast den Kopf von den Schultern riss. Ich fiel hintenüber, und obwohl mir der Schädel dröhnte, gab ich keinen Mucks von mir. Ich weinte längst nicht mehr, wenn ich geschlagen wurde. Ich hatte mich damit abgefunden, denn nur so konnte ich mein Schicksal ertragen. Wenn ich stumm beobachtete, wie er sich abmühte, mich zum Schreien zu bringen, war das ein kleiner Triumph. Auch jetzt war er nach mehreren Schlägen ganz außer Atem. Er stemmte die Hände in die Hüften und schien zu überlegen, was er als Nächstes tun sollte. Er warf wilde Blicke um sich und zeterte:

»Du beklaust mich also? Du dreckiger kleiner Dieb! Ihr seid alle gleich, euch kann man einfach nicht erziehen. Ich gebe dir zu essen, und du beklaust mich? Das dulde ich nicht!«

Plötzlich blieb sein irrer Blick an einem Punkt hinten in der Küche hängen. Er stürzte zum Wandschrank, riss den Plastikbeutel mit meinen Sachen heraus, zerfetzte ihn und verstreute den Inhalt auf dem Boden.

»Wenn ich irgendwas finde, was mir gehört, bist du tot!«

Ich wich zurück und vergrub die Hände in den Taschen meiner Shorts. Er fand ein paar Sachen, die ich im Laufe der Zeit gesammelt hatte und mit denen ich manchmal spielte: eine leere Konservenbüchse, eine Schachtel mit einer bunten Schleife, eine leere Batterie, einen abgenagten Hühnerknochen. Monsieur Bia schob alles zu einem kleinen Haufen zusammen und starrte angewidert darauf:

»Du dreckiger Dorflümmel! Wenn ich dir sage, dass du etwas wegwerfen sollst, dann tust du das auch und behältst es nicht! Hörst du?«

Er schimpfte, aber ich merkte, dass er enttäuscht war. Er hatte gehofft, Geld zu finden oder einen anderen Grund, mich zu bestrafen. Ich wusste, dass er auf Prügel aus war. Wenn er keine Geliebte hatte, war er noch aggressiver als sonst. Sein Blick wanderte zu mir zurück. Er packte meine Schulter und schrie mir ins Ohr:

»Und jetzt will ich sehen, was du am Körper trägst. Los, zieh dich aus. Worauf wartest du?«

Mein Herz raste, während ich gehorchte. Angeekelt musterte er meinen dürren, geschundenen Körper. Es war demütigend, nackt vor ihm zu stehen und seinen Blick auf mir zu spüren. Aber er beachtete mich kaum, sondern wandte sich den Kleidern am Boden zu. Mit der Fußspitze schob er sie hin und her, ging dann in die Hocke und durchsuchte die Hosentaschen. Als er auf den Ohrring stieß, verzogen sich seine Lippen zu einem hämischen Grinsen.

»Aha!«, rief er. »Wusste ich es doch.«

Er holte den Ohrring hervor, betrachtete ihn, befand ihn für wertlosen Plunder und warf ihn zu den anderen Sachen auf den Haufen. Als Nächstes stieß er auf den Zettel mit der Telefonnummer von Terre des hommes, und mein Herz blieb stehen. Aber er musterte ihn nur flüchtig und warf den Zettel ebenfalls auf den Haufen.

»Wehe, ich erwische dich noch mal beim Klauen! Wenn du eine Münze findest, legst du sie in mein Glas.«

Er schob sich mein Geld in die Hosentasche.

»Und jetzt wirfst du diesen Müll weg!«, brüllte er und zeigte auf meine Spielsachen.

Dann besann er sich eines Besseren.

»Nein, hinterher versteckst du das Zeug noch irgendwo. Ich werde es selbst wegwerfen.«

Er ging in die Hocke, nahm ein Taschentuch, hob die Sachen damit auf, warf sie in eine Plastiktüte und ging nach draußen. Ich rannte hinter ihm her und spähte durch den Türspalt, um zu sehen, in welche Mülltonne er den Ohrring warf. Am nächsten Tag, wenn er aus dem Haus wäre, würde ich mir meine Sachen wiederholen. Zur Not würde ich aus dem Fenster klettern. Ich zog mich wieder an und setzte mich im Dunkeln auf den Küchenboden. Ich konnte an nichts anderes denken als an Alissas Ohrring im Müll.

Mitten in der Nacht schreckte ich hoch. Im Schlaf war mir ein schrecklicher Gedanke gekommen. Einmal in der Woche zog ein Mann mit einem Karren frühmorgens durch die Straßen und sammelte die Müllsäcke ein. Ich wusste das, weil Monsieur Bia, wenn der Mann klingelte und sein Geld verlangte, mir manchmal befahl, ihm zu sagen, es sei kein Erwachsener im Haus. Was ich jedoch nicht wusste, war, ob er am nächsten Morgen seine Runde drehte. Wenn er käme, dann, bevor Monsieur Bia aus dem Haus ginge, und dann bliebe mir keine Zeit mehr, den Ohrring zu retten. Dieser Gedanke ließ mich nicht los. Ich wälzte mich auf meinem Schlafplatz auf dem harten Küchenboden hin und her und bekam kein Auge mehr zu. Vielleicht kam er ja gar nicht am nächsten Morgen. Ich hatte keine Vorstellung davon, welcher Tag war und wann eine Woche vorbei war. In meiner Welt war jeder Tag gleich. Bei Tante Caro hatte ich mich zeitlich besser zurechtgefunden, weil sie und ihr Mann an den Wochenenden zu Hause blieben, aber Monsieur Bia hatte keine festen Gewohnheiten. Er kam und ging, wann er wollte, und kehrte manchmal erst mitten in der Nacht nach Hause zurück. Oft war er betrunken und brachte Frauen mit, wobei er vergaß, dass bereits eine Geliebte bei ihm wohnte. Dann stritt er sich mit ihr, schlug wild um sich und rannte wieder aus dem Haus, um weiterzutrinken. Wenn er dann nach Hause getorkelt kam, brach er im Wohnzimmer zusammen und schlief auf dem Boden ein. Auch deshalb hatte ich keine Ahnung, ob ich am nächsten Morgen die Gelegenheit haben würde, mich zu den Mülltonnen zu schleichen und den Ohrring wiederzuholen. Ich beschloss, es noch in dieser Nacht zu tun, während Monsieur Bia schlief. Als ich aufstand, war es stockdunkel im Haus. Auf Zehenspitzen schlich ich zu Monsieur Bias Zimmer und legte ein Ohr an die Tür. Er schnarchte, was ein gutes Zeichen war. Vorsichtig bewegte ich mich auf das Münzglas im Wohnzimmer zu. In dem Glas bewahrte Monsieur Bia auch die Hausschlüssel auf, doch nach dem Vorfall vom Abend hatte er das Glas oben auf einen Schrank gestellt, damit ich nicht herankam. Ich holte einen Stuhl, stellte ihn vor den Schrank und kletterte auf die Sitzfläche. Mein Herz schlug zum Zerspringen, als ich den Arm ausstreckte und auf der Suche nach dem Schlüsselbund blind in den Münzen herumtastete. Ich bekam ihn zu greifen, aber als ich ihn herauszog, sprang eine Münze aus dem Glas. Ich schloss die Augen und hielt die Luft an, während die Münze klirrend auf den Kachelboden fiel. Das Geräusch hallte von den Wänden wider. Ich hielt den Atem an und stand wie versteinert auf dem Stuhl. Monsieur Bias Schnarchen war verstummt. Im Haus herrschte jetzt Totenstille, nur meine Herzschläge hörten sich an wie Silvesterböller. Hinter meinen Augenlidern explodierten kleine Feuerwerksraketen. Mein Mund war staubtrocken, und mir wurde schwindelig. Nach einer Weile beschloss ich, von dem Stuhl herunterzusteigen. Ich musste den Ohrring wiederholen. Das Letzte, was Alissa zu mir gesagt hatte, war: »Verlier ihn nicht.« Ich kletterte vom Stuhl, tastete mich zur Tür und schloss sie auf. Die Angeln quietschten, aber ich war schon zu weit, um noch kehrtzumachen. Kühle Abendluft wehte ins Zimmer. Ich war wie gelähmt. Seit meiner Ankunft bei Monsieur Bia vor unbestimmter Zeit hatte ich das Haus nicht verlassen. Mir ging auf, dass ich Angst davor hatte. Ich sah mich um und erwog, mich wieder schlafen zu legen und alles zu vergessen, aber die Mülltonnen standen direkt vor mir. In einer von ihnen war das Taschentuch, und in dem Taschentuch befand sich der Ohrring. Ich musste es tun. Barfuß überquerte ich die sandige Straße. Komisch, selbst mitten in der Nacht war der Sand unter meinen Füßen wärmer als die Kacheln im Haus. Auf der anderen Straßenseite legte ich eine Hand auf den Rand der Mülltonne und drehte mich um. Das Haus wirkte furchtbar klein. Es von außen zu sehen war ein merkwürdiges Gefühl. Mir war, als hätte mich eine Boa Constrictor verschlungen und wieder ausgespuckt, und plötzlich wäre mir klargeworden, dass ich sie mit dem Fuß zertreten konnte. Zum ersten Mal dachte ich an Flucht. Ich könnte einfach verschwinden, weg von Monsieur Bia und seinen Geliebten. Aber wo sollte ich hin? Sicher nicht zu Tante Caro, denn sobald Monsieur Bia bei ihr auftauchte, würde sie mich zu ihm zurückschicken, so wie sie es auch mit dem anderen Jungen getan hatte. Jetzt begriff ich, warum der Junge auf die Knie gesunken war und Tante Caro angefleht hatte, ihn nicht zu Monsieur Bia zurückzuschicken. Seltsam, bis zu diesem Moment hatte ich nicht mehr an ihn gedacht. Ich begriff nun auch, warum Alissa stumm geblieben war, als ich mich über den Jungen lustig gemacht hatte. Als ich das Haus von außen sah, verstand ich mit einem Mal Vieles, woran ich zuvor keinen Gedanken verschwendet hatte. Warum war mir das alles nicht eingefallen, solange ich im Haus war? Dieser Gedanke machte mir Angst. Würde ich alles wieder vergessen, wenn ich ins Haus zurückging? Offenbar starb man tatsächlich, sobald man Monsieur Bias Haus betrat. Ich schüttelte den Kopf, um die finsteren Gedanken zu verscheuchen, und beugte mich über die Tonne. Es war gar nicht so einfach, den Müll zu durchsuchen, weil viele Plastiktüten hinzugekommen waren, seit Monsieur Bia meine Sachen weggeworfen hatte. Aber zum Glück war der Ohrring ja in ein weißes Papiertaschentuch eingewickelt. Ich zog mehrere Müllsäcke heraus und durchwühlte sie, und nach einigen Minuten fand ich das Taschentuch. Hurra! Ich schlug es auf, nahm den Ohrring und schob ihn mir in die Hosentasche. Als ich das Taschentuch gerade wieder in die Tonne werfen wollte, hielt ich inne und nahm auch den Zettel mit der Telefonnummer von Terre des hommes an mich. Gleich morgen früh würde ich zu Monsieur Adinsi gehen. Hastig warf ich die Mülltüten wieder in die Tonne und schob den Deckel drauf. Dann ging ich in die Hocke und betrachtete den Zettel, aber ich konnte nicht lesen, was darauf stand. Außerdem war ich schon viel zu lange draußen, ich musste schleunigst zurück ins Haus und mich auf meinen Schlafplatz legen. Vermutlich würde es eine lange Nacht werden, denn ich würde kein Auge zutun. Ich war hundemüde, aber stolz auf mich selbst. Als mir einfiel, welche Angst ich gehabt hatte, das Haus zu verlassen, schämte ich mich. Eigentlich ist es gar nicht so schlimm gewesen, sagte ich zu der Mülltonne. Lachend gab ich ihr einen Klaps. Und jetzt los!

Als ich mich aufrichtete, stand Monsieur Bia vor mir.

Seine massige Gestalt versperrte mir den Blick auf das Haus. Seine Stimme dröhnte zu mir herab:

»Gehen wir rein.«

Ich sah mich hektisch um. Es war mitten in der Nacht, und wir waren allein auf der Straße. Es gab keinen Ausweg, ich hatte keine Chance. Er nahm mich an die Hand und führte mich zurück zum Haus. Monsieur Bia wirkte äußerst gefasst. In meiner Abwesenheit hatte er drinnen Licht gemacht, und so liefen wir auf das größer werdende helle Rechteck der Tür zu. Mir war, als näherte ich mich dem aufgerissenen Maul eines wilden Tieres, das mich bei lebendigem Leib verschlingen würde!

Im Haus stellte Monsieur Bia mich an die Wand, ging zurück zur Tür und schloss ab. Ich hatte ihn noch nie so ruhig erlebt. Mir kam der Gedanke, dass er vielleicht noch im Halbschlaf war. Vielleicht würde er einfach das Licht löschen und sich wieder schlafen legen, und am nächsten Morgen würde er glauben, alles nur geträumt zu haben. Er zog den Stuhl, den ich vor dem Schrank hatte stehen lassen, in die Mitte des Zimmers, setzte sich und befahl mir, ihm den Zettel zu bringen, den ich in der Hand hielt. Er entfaltete ihn und las ihn aufmerksam.

»Mhm ...«, sagte er.

Eine Minute verging. Monsieur Bia saß mitten im Zimmer, und die Deckenlampe warf unheimliche Schatten auf sein Gesicht. Er musterte mich wortlos. Ich hatte Angst, schreckliche Angst. So hatte ich ihn noch nie erlebt, und jede Abweichung von der Gewohnheit versetzte mich instinktiv in Panik. Mein Magen zog sich zusammen, mein Körper verkrampfte sich, und zum ersten Mal seit Langem stiegen mir Tränen in die Augen. In diesem Moment stand Monsieur Bia auf und hielt den Zettel ins Licht der Deckenlampe.

»›Terre des hommes also?‹«

Er sah mich an, als erwarte er eine Antwort, aber ich verstand die Frage nicht, also half er mir auf die Sprünge.

»Weißt du, was das ist?«

Ich schüttelte den Kopf, aber er wusste, dass ich nicht die Wahrheit sagte.

»Was haben die gesagt? Dass ich dich misshandle?«

Wieder schüttelte ich den Kopf.

»Dass sie dich retten?«

Ich schüttelte den Kopf.

»Dass sie dich zu deinen Eltern zurückbringen?«

Ich schüttelte den Kopf.

»Dass sie dafür sorgen, dass man mich ins Gefängnis steckt?«

Oh, auf die Idee war ich noch gar nicht gekommen.

»DAS IST ES ALSO!«

Er war lauter geworden, auch wenn seine Stimme immer noch völlig ruhig klang. Er packte den Stuhl, hob ihn hoch und zertrümmerte ihn auf dem Kachelboden. Mit dem Rest der Stuhllehne in der Hand stürzte er sich auf mich.

»Du kleiner Bastard, du nimmst dir ganz schön was raus! Du willst mich also ins Gefängnis bringen!«

Das zersplitterte Holz traf mich mit voller Wucht im Gesicht, und mein Kopf krachte gegen die Wand. Ich spürte, wie sich einer meiner Zähne löste und mir Blut in den Mund lief. Als Monsieur Bia abermals die Arme hob, um zuzuschlagen, war sein Gesicht eine hasserfüllte Fratze. Ich begann zu schreien, eher aus Angst als vor Schmerzen. Ich musste fliehen! Doch er hielt mir mit seiner riesigen Hand den Mund zu. Wieder traf mich die Stuhllehne, diesmal am Auge. Ich versuchte mich zu wehren, aber Monsieur Bia drückte mich mit dem Knie zu Boden und schlug abermals zu, wieder und wieder und wieder. Ich spürte nicht mehr, an welchem Körperteil er mich traf, ich wusste nicht mehr, ob ich schrie, ich wusste nur noch eins: Ich würde sterben. Als er kurz von mir abließ, entwand ich mich seinem Griff, sprang auf und rannte zur Tür, aber ein Schlag mit der Stuhllehne riss mir die Beine weg. Ich flog durch die Luft, landete auf der Schulter und lag wie eine Marionette mit verrenkten Gliedern da. Ich warf einen hastigen Blick auf meinen Unterschenkel, dahin, wo der Stuhl mich getroffen hatte. Das zersplitterte Holz hatte ein großes Loch gerissen. Die Wunde war so tief, dass der Unterschenkelknochen aus dem rohen Fleisch herausragte, er war weiß wie ein abgenagter Hühnerknochen. Ich wurde ohnmächtig.

Als ich wieder zu mir kam, war es kalt. Ich hörte ein lautes Brummen und spürte Erschütterungen am ganzen Körper.

Bewegen konnte ich mich nicht. Nach einer Weile dämmerte mir, dass Monsieur Bia mich in einen Teppich gewickelt und hinten auf seinen Motorroller gebunden haben musste. Er lenkte die Maschine durch die dunklen Straßen. Ich wollte um Hilfe rufen, aber ich hatte nicht die Kraft dazu.

Ich kam abermals zu mir. War es das zweite Mal? Ich war mir nicht sicher. Diesmal lag ich auf dem Boden neben dem Motorroller. Der Boden war sandig und mit Müll bedeckt. Wir befanden uns auf einem verwilderten Grundstück. Ein paar Meter weiter ragte eine Bauruine in die Höhe. Monsieur Bias Silhouette zeichnete sich in der Dunkelheit ab. Er beugte sich vor, räumte etwas Schweres beiseite, trat an den Rand eines Lochs im Boden und blickte hinein. Dann kam er auf mich zu. Ich geriet in Panik und verlor wieder das Bewusstsein.

Der Teppich, in den ich eingewickelt war, wurde über den Boden gerollt. Nur meine Beine und mein Kopf schauten heraus. Ab und zu stieß mein Kopf gegen einen Stein. Nach einer Weile blieb Monsieur Bia keuchend stehen. Ich roch seinen Schweiß.

»Du machst mir nicht mehr das Leben zur Hölle«, stieß er hervor. »Verpiss dich!«

Ich hatte immer gewusst, dass Monsieur Bia und ich uns über diesem Wort trennen würden. Er entrollte den Teppich mit einem Ruck, und meine Arme und Beine waren frei.

Im nächsten Moment fiel ich und prallte hart auf. Ich versuchte, mich aufzurichten, aber jede Bewegung jagte mir einen stechenden Schmerz durch den Körper. Ich lag auf dem Bauch, das Gesicht dem Boden zugewandt. Ich hörte, wie Monsieur Bia den Kanalschacht, in den er mich geworfen hatte, mit einem schweren Deckel verschloss.

Wie lange lag ich in dem dunklen Loch? Einen Tag? Mehrere? Eine ganze Woche? Ich weiß es nicht. Ich lag da und wartete auf den Tod. Mir war kalt, und ich hatte entsetzliche Schmerzen. Mein Körper war eine einzige Wunde. Irgendwann hörte ich das Trippeln von Ratten. Anfangs zuckte ich noch mit Armen und Beinen, um sie zu verscheuchen, aber mit der Zeit begriffen sie wohl, dass ich mich nicht mehr wehren konnte. Ich war nur noch ein blutendes Stück Fleisch. Als ich ihre Schnauzen an meinen Wunden spürte, wusste ich, dass ich kein Mensch mehr war.

Ich weiß nicht, wie viel Zeit verging. Von außen drang kein Geräusch zu mir herunter. Ich hörte nur das Quieken der Ratten und meine schwindende Menschlichkeit. Ich betete, dass der Tod mich erlöste, denn ich fror erbärmlich. Die Kälte war mir in den Körper gekrochen und hatte jedes Gefühl betäubt. Selbst die Ratten spürte ich nicht mehr. Doch ich hörte sie, und deshalb wusste ich, dass sie von meinem Bein fraßen. Aber das machte mir nichts aus, denn ich empfand keine Schmerzen, ich existierte nicht mehr. Sie und ich, wir waren eins. Da hörte ich plötzlich einen Namen, laut und deutlich:

»Iman!«

Die Stimmen von spielenden Kindern drangen an mein Ohr. Sie kamen von oben, von dem Deckel, der den Schacht verschloss. Wieder hörte ich:

»Iman!«

Dann hörte ich sein Lachen. Ein Lachen, das ich nie vergessen würde. Es explodierte in meinen Ohren und holte mich ins Leben zurück. Oben kamen schnelle Schritte näher. Ich wälzte mich auf den Rücken und spürte, wie die Ratten zurückzuckten. Ich sah hoch. Der Ausgang war gar nicht so weit entfernt, wie ich gedacht hatte, vielleicht zwei Meter. Sonnenstrahlen fielen durch die Löcher in dem runden Deckel. Hin und wieder legte sich ein Schatten darüber, jemand trat auf eins der Löcher, Staub rieselte mir ins Gesicht. Ein paar Jungen spielten direkt über mir. Ich spürte das Blut in meinen Adern, das Blut in meinem Mund, auf meinem Gesicht, zwischen den Fingern. Das Licht, das von oben zu mir herabfiel, blendete mich, aber ich wagte nicht, die Augen zu schließen. Ich konnte nicht mehr klar denken. Mein Kopf war leer, aber die Leere füllte sich nach und nach mit einem Wort:

»Iman.«

Ich sagte es leise, sehr leise sogar, aber ich lag in einem Schacht, und das Echo verstärkte meine Stimme. Ich hörte, wie die Kinder oben innehielten.

»Iman!«

Iman-Iman-man-man, wiederholten die Wände. Diesmal hatte ich lauter gerufen. Ich wusste nicht, woher ich nach all der Zeit in dem Loch noch die Kraft nahm. Oben regte sich jetzt nichts mehr.

»Iman!«

Ich hörte das Scharren von Füßen und dann eine Stimme:

»Ist da jemand?«

»Iman ...«, wiederholte ich.

Ich hatte keine Kraft mehr. Es war vorbei. Oben redeten die Stimmen aufgeregt durcheinander. Ich wurde ohnmächtig.

Grelles Licht traf mich und brannte mir in den Augen. Ich wusste nicht, ob ich sie aufreißen oder zukneifen sollte, damit der Schmerz verging.

»Das gibt's ja nicht. Da unten liegt ein Junge!«

»Wie sollen wir ihn da rausholen? Der Schacht ist zu tief.«

»Keine Ahnung, uns fällt schon was ein.«

»Das schaffen wir nicht, Iman. Wir müssen einen Erwachsenen holen.«

»Auf keinen Fall. Wir retten ihn. Wir haben auch keinen Erwachsenen gebraucht, um den Deckel wegzuschieben. Wir kommen allein klar.«

»Ach ja? Und wie sollen wir das machen? Wenn wir runtersteigen, kommen wir nicht wieder hoch, wir haben kein Seil.«

»Also, ihr haltet mich an den Füßen fest und lasst mich in das Loch runter. Ich packe ihn, und ihr zieht uns hoch.«

»Du bist verrückt, Iman, das funktioniert nicht.«

»Das ist der einzige Weg. Wir müssen es versuchen.«

»Und was machen wir, wenn wir aus Versehen loslassen und du runterfällst?«

»Nichts. Ihr lasst einfach nicht los.«

»Okay.«

Ein Schatten robbte zum Rand des Lochs, stützte sich auf die Ellbogen und schaute zu mir herunter.

»Da unten wimmelt es von Ratten.«

»Ich wusste gar nicht, dass du Angst vor Ratten hast.«

»Halt die Klappe! Ich habe vor gar nichts Angst. Los, lasst mich runter. Worauf wartet ihr noch?«

Nach einigem Hin und Her kam ein Körper zu mir herabgeschwebt. Er hing mit dem Kopf nach unten und streckte die Arme nach mir aus. Es war Iman. Sein Gesicht, umrahmt von hüpfenden Locken, war meinem ganz nah. Er hielt mir die Hände hin, aber seine Arme waren zu kurz.

»He, du! Lebst du noch?«

Ich bewegte mich ein wenig, weil ich nicht sprechen konnte.

»Gut! Wie heißt du?«

»Apolli- ... Toumani.«

»Okay, Toumani, hör mir zu. Wir holen dich hier raus. Pass auf, ich – He!«

Ich spürte seine Panik. Von oben erklangen aufgeregte Stimmen.

»He, Jungs! Wehe, ihr lasst mich los! Sonst komm ich hoch und brech euch die Knochen.«

»Dann hör auf zu quatschen und zieh ihn hoch, und zwar schnell!«, rief eine keuchende Stimme.

»Ja, ja. He, Toumani, wir haben nicht den ganzen Tag Zeit. Du musst mir helfen. Siehst du meine Hände? Du musst die Arme heben, damit ich deine Hände packen kann. Wenn dir dazu die Kraft fehlt, halt mir einfach die Handgelenke hin. Und beeil dich, ich habe keine Lust, hier unten zu übernachten.«

Wie durch Magie hoben sich meine Arme und streckten sich Iman entgegen. Ich griff nach seinen Händen, erst nach der einen, dann nach der anderen. Er packte meine Handgelenke und brüllte:

»He, Jungs. Wann immer ihr wollt! Lasst euch ruhig Zeit, ich hab ja sonst nichts zu tun!«

Und zu mir sagte er:

»Hör mal, das wird jetzt etwas ruckeln. Auch wenn's wehtut, versuch stillzuhalten!«

Es fühlte sich an, als würden mir die Arme ausgerissen. Ich wollte schreien, aber dazu hatte ich nicht die Kraft. Stück für Stück wurde ich an den Handgelenken hochgezogen, erst nur von Iman, dann auch noch von anderen Händen.

Sie legten mich auf den Boden, und ich sah in den Himmel. Vier Köpfe tauchten in meinem Blickfeld auf.

»Oh Gott! Seht nur, wie schwer er verletzt ist! Die Ratten haben ihn halb aufgefressen. Wir dürfen ihn nicht anfassen, er hat bestimmt Tollwut.«

»So ein Quatsch. Außerdem ist Tollwut nicht ansteckend.«

»Woher weißt du das, bist du Arzt?«

»Nein, aber du vielleicht? Also, was machen wir jetzt? Bringen wir ihn ins Krankenhaus?«

»Ja. Aber wie transportieren wir ihn?«

»Keine Ahnung. Iman, können wir ihn nicht zu deiner Großmutter bringen?«

»Hadscha? Ich weiß nicht, ob das eine gute Idee ist. Sie ist manchmal ein bisschen seltsam. Am besten versorgen wir ihn selbst. Du wirst schon sehen, Toumani, wir kümmern uns um dich. Du kannst uns vertrauen. Bei uns bist du in Sicherheit.«

ISLAM
Hadscha

Man sagt, der Mensch habe sein Schicksal in der Hand, aber das ist eine Lüge. Meist ist das Schicksal bloß die Spitze eines Speers, den jemand mehrere Generationen zuvor abgeworfen hat. Ich bin überzeugt, dass Imans Schicksal mit dem Blut geschrieben wurde, das ich bei der Geburt seiner Mutter Zainab verlor, meiner Tochter. Hätte Zainab ihm doch nur eine gute Mutter sein können. Hätte sie doch nur irgendetwas sein können, und sei es sie selbst. Ich erinnere mich noch gut an die mitleidigen Blicke bei ihrer Geburt. Das war lange bevor ich den Namen Hadscha annahm, als ich selbst noch ein halbes Kind mit einem strahlenden Lächeln war. Ich erinnere mich noch gut an die Glückwünsche, die die Traurigkeit nicht zu vertreiben vermochten. Allah hat mir zwei Kinder geschenkt. Das erste starb bei der Geburt, bekam gemäß der Tradition aber trotzdem einen Namen, denn es hatte seinen ersten Schrei ausgestoßen, bevor es von uns ging. Ein paar Jahre später, 1965, kam Zainab nach einer langen Nacht voller Schmerzen und Wehklagen zur Welt. Die Familie hatte es mir verheimlichen wollen, aber ich hatte einen Traum gehabt, der es mir verriet: Mein Mann, der Vater meiner beiden Kinder, würde nicht mehr zurückkehren. Imans Schicksal ergibt sich aus dem Zusammentreffen dieser beiden Ereignisse: Younous' Tod und Zainabs Geburt. Mein Mann kam nicht mehr zu mir zurück, nur ein Sarg mit seinem Leichnam. Wir hoben ihn heraus, um ihn in der nackten Erde zu bestatten. Ich erkannte Younous in dem steifen, kalten Körper nicht wieder, dem der Geruch des Jenseits anhaftete. Während wir ihn wuschen und ihm das Gewand anzogen, das er bei seinem Tod getragen hatte, denn er war im Zustand der Weihe gestorben, begriff ich, dass der Körper, den wir wuschen und anzogen, bloß eine leere Hülle war. Younous selbst war in Mekka geblieben, wo der endlose Zug der Gläubigen ihn weiterhin tottrat und ihm wieder und wieder das Leben nahm. Ich weiß nicht, ob er gelitten hatte oder ob er schon vor Erschöpfung gestorben war, bevor er zu Boden ging. Bevor unzählige Füße ihn niedertrampelten. Ich selbst habe gelitten. Aber nur kurz. Dann sah ich in Zainabs Augen, und darin las ich, dass Younous über mich wachte. Fortan litt ich nicht mehr. Ich weinte und klagte nicht mehr, und ich war nicht mehr wütend, denn Gott ist gerecht. Er kennt keine Grausamkeit. Wer ungerecht handelt, tut dies aus einem der folgenden drei Gründe: Er weiß nicht, dass er Böses tut – aber Gott weiß alles. Er will ein lebenswichtiges Bedürfnis stillen – aber Gott hat keine Bedürfnisse. Oder jemand anderes hat ihn zum Bösen verleitet – aber Gott ist allmächtig, und niemand kann ihn zu irgendetwas verführen. Deshalb ist Gott gerecht, und alles, was er tut, hat einen tiefen Sinn. Er schenkt oder nimmt uns einen geliebten Menschen, er füllt unsere Bäuche oder lässt uns hungern. Ich weiß nicht, für welches Gebet Younous sein Leben gegeben hat, aber ich wusste, dass es meine Pflicht war, seine Tochter aufzuziehen. Ich kümmerte mich nicht nur deshalb um Zainab, weil sie meine Tochter war und ich sie liebte, sondern vor allem auch, weil ich auf diese Weise ihrem Vater Ehre erwies. Für ihr Wohl zu sorgen war meine Pflicht. Eine Mutter, die ständig jammert und klagt, lehrt ihre Tochter bloß Traurigkeit. Deshalb lächelte ich nach Zainabs Geburt nur noch. Ich lächelte, als wir Younous' Leichnam in Empfang nahmen, ihn wuschen, abtrockneten, ankleideten und die Schahada für ihn beteten. Ich lächelte, als sein Leichnam, der nach Tod und Verwesung roch, weil wir Gesicht, Hände, Knie und Füße nicht mit Kampfer eingerieben hatten – das ist verboten, wenn jemand auf der Pilgerreise stirbt –, zum Friedhof gebracht wurde und Männer ihn in das Grab hinabließen, ihn auf die rechte Seite betteten und sein Gesicht nach Mekka ausrichteten. Und selbst danach lächelte ich, während der dreitägigen Trauerzeit, als ich in unserem Haus saß und die Frauen empfing, während Younous' Brüder im Haus des Nachbarn die Männer empfingen, und ich mit geschlossenen Augen der wiederkehrenden Beileidsbekundung lauschte, »möge Allah deine Belohnung vergrößern, deinen Trost bessern und deinem Verstorbenen vergeben«, worauf ich jedes Mal »Amen« antwortete. Und auch wenn mir ein paarmal die Tränen kamen, weinte ich auf würdevolle Art und Weise, stumm und ohne Wehklage, denn der Prophet (Allahs Frieden und Segen seien auf ihm) lehrt uns, dass der Tote in seinem Grab für das Weinen der Lebenden büßt.

»Wir gehören Gott, und zu Ihm kehren wir zurück.« Younous ist tot, und auch ich werde eines Tages sterben. Zainab ist die Einzige, die bleibt. Zainab ist meine Pflicht.

Es gibt eine Geschichte von einem Zimmermann, der ein geschickter Handwerker war. Jetzt war er alt und wollte sich zur Ruhe setzen, um seinen Lebensabend im Kreise der Familie zu genießen. Sein Chef war traurig, weil er einen guten Handwerker verlor, und bat ihn um einen Gefallen: Er sollte noch ein letztes Haus bauen. Nachdem sich der Zimmermann vergewissert hatte, dass es tatsächlich sein letzter Auftrag sein würde, ließ er sich darauf ein, aber er dachte nur an seinen Ruhestand und war nicht mit dem Herzen dabei. Er verwendete schlechtes Holz und arbeitete nachlässig. So beendete er sein Berufsleben auf unrühmliche

Weise. Nach getaner Arbeit rief der Zimmermann seinen Chef und zeigte ihm das fertige Haus. Dieser überreichte ihm einen Schlüssel und sagte: »Bitte schön. Das Haus ist mein Abschiedsgeschenk an dich.« Der Zimmermann war wie vor den Kopf geschlagen. Wenn er gewusst hätte, dass er sein eigenes Haus baute, hätte er sorgfältiger gearbeitet.

Ich werde nicht denselben Fehler machen, ich weiß, dass Zainab mein Haus ist. Sie ist meine letzte Bleibe, und ich hoffe, dass sie einst meinen Leichnam waschen wird, so wie ich den ihres Vaters gewaschen habe.

Üblicherweise trauert eine Witwe vier Monate und zehn Tage. In dieser Zeit verlässt sie das Haus nur im Ausnahmefall. Eine Schwangere trauert hingegen bloß bis zur Geburt ihres Kindes. Da Zainab einen Tag nach dem Tod ihres Vaters zur Welt kam, konnte ich nicht um Younous trauern. Die fehlende Trauerzeit trug ich den Rest meines Lebens als Leere mit mir herum. Während ich versuchte, dieses Loch zu füllen, so wie man einen hungrigen Magen füllt, musste ich hilflos mit ansehen, wie um mich herum alles zerstört wurde, was Younous aufgebaut hatte. Jeden Morgen, wenn ich mit dem Waschkrug in der Hand aus meinem Zimmer trat und die Stufen zum Hof der Familie hinabging, hob ich die Augen zum Himmel und fragte mich, welcher Teil von Younous mir wohl heute entrissen werden würde.

Alles begann am siebten Tag nach der Beerdigung. Mehrere Familienmitglieder aus anderen Teilen des Landes waren eingetroffen, und man versammelte sich im Wohnzimmer eines Onkels. Die Männer wollten Younous' Besitz untereinander aufteilen. Die Palmenplantage, Younous' Haus auf dem Hof der Familie, die Moschee, mit deren Bau er begonnen hatte, die er aber nicht mehr hatte fertigstellen können, und natürlich seine Frau. Die Verhandlungen hatten gegen Mittag begonnen und gingen bis tief in die Nacht, sie wurden nur zu den Gebeten und zum Abendessen unterbrochen. Immer wenn einer der Männer vor die Tür trat, berichtete er vom Stand der Dinge. Über das Haus war bereits entschieden worden. Wakil, der jüngere von Younous' Brüdern, würde es erben. Es war das Haus, in dem ich lebte. Die Moschee würde die Dorfgemeinschaft übernehmen, denn keiner aus der Familie wollte für ihren Weiterbau zahlen. Über die Ehefrau war aus Gründen der Pietät noch nicht gesprochen worden, aber alle wussten, dass Oumar, Younous' älterer Bruder, mir bald Avancen machen würde. Das Problem war die Plantage. Sie hatte ursprünglich Younous' Vater gehört. Als Younous das staubige Stück Land erbte, hatte sich niemand groß dafür interessiert, aber Younous hatte das Land urbar gemacht, und mittlerweile lieferte es reiche Erträge. Jetzt stritt man sich über die Frage, an wen das Land gehen sollte.

Tatsächlich wäre Younous' Tod nur eine Welle im weiten Meer gewesen, wäre da nicht die Plantage gewesen. Schneller noch als die Nachricht von seinem Tod hatte sich die Kunde verbreitet, dass das Grundstück zu vergeben war – wie Samen, die von einem Schwarm Krähen fortgetragen werden. Die Samen waren in den Köpfen von Younous' Halbbrüdern aus einer früheren Ehe seines Vaters gekeimt. Die vier Halbbrüder hatten seit Langem vergeblich versucht, zu Wohlstand zu kommen. Nun tauchten sie mit ausgestreckter Hand und gefletschten Zähnen bei uns auf, und alle vier hatten es auf die Palmenplantage abgesehen. Aber jeder wollte das gesamte Grundstück! Eine Aufteilung kam nicht infrage, angeblich warf ein Viertel des Landes nicht genug Ertrag ab. Da die vier schon in jungen Jahren mit dem Vorhaben, reich zu werden, losgezogen waren und sich in unterschiedlichen Teilen des Landes niedergelassen hatten, waren sie einander völlig fremd. Sie hatten keinerlei Wohlwollen füreinander. Eine Aufteilung der Plantage war ausgeschlossen! Die Halbbrüder hatten ihre Macheten mitgebracht und stießen sie bei jedem Satz in die Luft, als wollten sie beweisen, dass sie, sobald die Plantage ihnen gehörte, an die Arbeit gehen würden. Younous' Brüder schlugen noch ein letztes Mal vor, die Plantage aufzuteilen, aber zwei der Brüder fuchtelten drohend mit ihren Macheten herum und brachten sie so zum Schweigen. Oumar war Lehrer und sein Bruder Wakil noch ein halbes Kind. Sie konnten ihren Halbbrüdern nicht die Stirn bieten. Von diesem Moment an zogen sie sich zurück und warteten stumm, dass die Halbbrüder sich einigten, damit sie endlich in Frieden um Younous trauern konnten. Aber die vier wurden sich nicht einig. Gegen Mitternacht sprang einer der Halbbrüder auf und befand, der Streit habe lange genug gedauert. Mit der Machete in der Hand stürzte er sich auf einen seiner Brüder und brüllte, er werde die Rechnung vereinfachen. Die anderen warfen sich auf ihn. Sowohl im Wohnzimmer als auch draußen im Hof brach ein Kampf aus, und die Streithähne schlugen unter wilden Schreien mit Macheten aufeinander ein. Männer stürmten herbei, Frauen brachten sich mit ihren Kindern in Sicherheit. Im allgemeinen Getümmel wurde einem der Halbbrüder der Schädel gespalten, und ein anderer verletzte Oumar, der sich schützend vor das Opfer gestellt hatte, mit der Machete am Hals. Der Schlag war so heftig, dass sein linkes Auge aus der Höhle sprang. Wakil hechtete in Todesangst auf sein Mofa und raste davon, während die Halbbrüder ihm wüste Drohungen hinterherriefen. Die Männer kämpften immer noch im Hof, alle brüllten durcheinander, es herrschte ein fürchterliches Chaos. Jemand rannte zum Militärstützpunkt und benachrichtigte die Soldaten. Ich hatte mich in meinem dunklen Zimmer verbarrikadiert, saß auf dem Boden und drückte wimmernd Zainab an mich. Irgendwann klopfte es an der Tür. Es war eine alte Frau aus der Nachbarschaft. Sie befahl mir, meine Sachen zurückzulassen und auf der Stelle mit ihr zu fliehen. Sie werde mich an einen sicheren Ort bringen. Jetzt, wo Oumar schwer verletzt und Wakil geflohen war, würden die Männer jeden Moment in mein Zimmer einfallen. Mit Zainab auf dem Arm trat ich vor die Tür. Der Vollmond stand hoch am Himmel. Draußen wartete Souwé, Oumars Frau. Angeführt von der alten Frau, verließen wir das Dorf und liefen durch den Wald. Meine Sandalen klapperten auf der Erde, während mir Tränen über die Wangen liefen. Ich war wütend auf Younous, weil er mich alleingelassen hatte. Oumars Frau weinte auch, denn sie wusste nicht, ob ihr Mann noch lebte. Nur die alte Frau behielt einen klaren Kopf. Wir liefen bis zur nächsten Stadt, wo die alte Frau Familie hatte. Der Marsch dauerte die ganze Nacht. So fand ich mich am nächsten Morgen als Witwe mit einem kleinen Kind auf dem Arm in einer völlig fremden Stadt wieder. Verängstigt, erschöpft von dem langen Fußmarsch und vor Kälte zitternd, wartete ich mit Oumars Frau vor einem Haus, in dem die alte Frau sich mit ihren Verwandten beriet. Als sie nach einer Weile herauskam, verkündete sie: »*Alhamdu lillahi*, gelobt sei Gott, er hat uns den richtigen Weg gewiesen. Das ist das Haus meines Bruders Lawani. Er ist kein reicher Mann, aber er hat sich eure Geschichte angehört, und er wird tun, was Gott befiehlt.«

Im Koran steht geschrieben, wahre Frömmigkeit sei, an Gott, den Jüngsten Tag, die Engel, die Schrift und die Propheten zu glauben und sein Geld – mag es einem noch so lieb sein – den Verwandten, Waisen und Armen zu geben. Als die Leute von den dramatischen Ereignissen hörten, die sich im Nachbardorf abgespielt hatten, beschloss man, uns etwas Geld zur Verfügung zu stellen, damit Souwé und ich einen kleinen Lebensmittelladen eröffnen konnten. Doch Souwé schlug das Angebot aus. Sie hatte erfahren, dass ihr Mann noch lebte und man ihn in die Hauptstadt ins

Krankenhaus gebracht hatte. Es war ihre Pflicht, zu ihm zurückzukehren. Sie schlug mir vor, sie zu begleiten.

»Ich weiß, dass Oumar dich bitten wird, ihn zu heiraten, falls er wieder gesund wird«, sagte sie. »Er ist ein guter Mann, und er wird sich um Zainab kümmern, denn sie ist auch von seinem Blut.«

Ich lehnte ihr Angebot ab. Zwar befiehlt der Herr, das Leben solle nach der Trauerzeit weitergehen, aber tief in meinem Herzen hatte ich noch nicht genug um Younous getrauert.

»Souwé«, sagte ich zu ihr, »die Leute hier waren gut zu uns. Ich werde ihr Angebot annehmen und den Lebensmittelladen führen. Geh du nur. *Inch'Allah* wird Oumar überleben, und du wirst ihm dabei helfen, seinen Traum zu verwirklichen. Er hat Großes vor.«

Es war das Jahr 1965, und das Land war erst fünf Jahre zuvor unabhängig geworden. Es gab viel zu tun, vor allem für einen Lehrer. Seit dem Ende der Kolonialherrschaft, so hatte man es mir erzählt, hatten sich junge Afrikaner mit Leib und Seele der Aufgabe verschrieben, neue Unterrichtspläne zu entwerfen und neue Schulbücher zu schreiben. Ich hatte Oumar unzählige Male flammende Reden halten hören:

»Die Kolonialherren haben uns versklavt und uns die französische Kultur und Sprache aufgezwungen! Dieses Erbe müssen wir ablegen! Jetzt, wo wir keine Neger mehr sind, können wir endlich Afrikaner sein!«

Doch das alles ging mich nichts an. Ich wollte einfach nur Younous' Tochter großziehen, denn mehr war mir nicht von ihm geblieben. Ich glaubte, dass Souwé mit Oumar in der Hauptstadt ein gutes Leben haben würde, und das sagte ich ihr auch. Sie dankte mir und nahm mir das Versprechen ab, mich bei ihr zu melden, sollte ich jemals in Schwierigkeiten geraten. Dann machte sie sich auf den Weg.

So führte ich den Lebensmittelladen allein. Es war kein richtiges Ladenlokal, bloß ein einfacher Holztisch unter einem Wellblechdach mit ein paar Kisten darauf. Ich baute meinen Stand vor dem Haus meines Wohltäters auf, saß mit einem Fächer in der Hand auf einem Hocker, lehnte mich an die Wand und beobachtete die Leute, die unter der brennenden Sonne vorbeigingen. Viele blieben stehen, grüßten und sahen gerührt auf Zainab hinab, die neben mir im Sand spielte. Sie zog die Blicke auf sich, weil sie ein hübsches Kind war. Schönheit kann Segen oder Fluch sein. Damals zauberte sie jedem ein Lächeln ins Gesicht. Mit ihrem langen Haar, das ich zu zwei Zöpfen flocht, dem strahlenden Lächeln und der goldenen Haut, die der Farbe des Sonnenuntergangs glich, stand sie überall im Mittelpunkt. Die Leute kamen an meinen Stand, kauften eine Kleinigkeit und machten mir Komplimente: »Gott hat dir ein hübsches Kind geschenkt.« Wenn sie sich von mir verabschiedeten und ein paar Worte an Zainab richteten, blickte meine Tochter nicht von ihrem Spiel auf. Zainab erfüllte die Erwartungen ihrer Umgebung nicht. Keine Süßigkeit, kein nettes Wort, kein Geschenk konnte ihre Aufmerksamkeit kaufen. Sie streckte die Hand aus, nahm, was man ihr hinhielt, lief weg und versteckte sich irgendwo, um weiterzuspielen. Gott hat ihr viele Eigenschaften ihres Vaters mitgegeben, vor allem aber seine Freiheitsliebe. Iman ist da ganz anders. Iman ist wie ich, er weiß, was seine Pflicht ist. Vielleicht versucht jede Generation, die Übertreibungen der vorigen Generation zu korrigieren. Zainab kannte keine Pflicht. Sie war genauso frei wie der salzige Wind, der vom Meer durch die Straßen der Stadt wehte. Er hob die Röcke der Frauen, brachte die Hosenbeine der Männer zum Flattern und fuhr einem über die Lippen wie ein unschicklicher Kuss. In dieser Stadt aus rotem Backstein, feinem Sand und betörenden Düften saß ich auf meinem Hocker vor dem

Haus wie ein Schatten, den die Sonne an die Wand wirft, und sah voller Glück zu, wie das Leben im Körper meiner Tochter Gestalt annahm.

Jahre vergingen. Ich war nicht mehr in Younous' Heimatstadt zurückgekehrt, und so sah ich auch die Straßen, durch die wir geschlendert waren, die Orte, an denen wir gemeinsam gelacht hatten, und die Bäume, in deren Schatten wir uns umarmt hatten, nicht wieder. Aber ich blickte nicht zurück. Das lag nicht daran, dass ich Angst hatte. Wenn ich Zainabs Hand nahm und sie fest drückte, machte mir nichts Angst. Ich wollte nur das, was mir zu Ohren gekommen war, nicht mit eigenen Augen sehen: Die Moschee war zu einer Ruine verfallen, einer der Halbbrüder war tot, sein Mörder saß im Gefängnis, und die anderen beiden hatten die Plantage unter sich aufgeteilt. Aber sie warf nicht mehr viel Ertrag ab, denn zwischen den beiden Brüdern herrschte Krieg. Sie verbrachten mehr Zeit damit, die Pläne des anderen zu sabotieren, als Palmen anzupflanzen und sich um die Plantage zu kümmern. Wakil war verschwunden. Seit er an jenem Abend auf dem Mofa geflohen war, hatte ihn niemand mehr gesehen. Vielleicht war er überfallen worden oder er war mit seinem Mofa in eine Lagune gefallen. Jedenfalls hatte er sich in Luft aufgelöst. Vielleicht war er aber auch noch am Leben. Darüber entscheidet Gott allein: »Keiner wird sterben ohne Allahs Erlaubnis.« So steht es geschrieben.

Oumar wohnte immer noch in der Hauptstadt. Er hatte durch den Machetenhieb nicht nur ein Auge verloren, sondern war seitdem auch querschnittsgelähmt, aber dank Gottes Gnade hatte er überlebt, und das Leben ist ein sehr viel größeres Geschenk als das Augenlicht oder die Fähigkeit zu gehen. Auch ihn hatte ich seit jenem verhängnisvollen Tag nicht mehr wiedergesehen. Ich wusste nicht, was aus seinen Träumen geworden war, aus unser aller Träumen. Waren die

Neger tatsächlich zu Afrikanern geworden? Ich hatte keine Ahnung. Hin und wieder traf ein Brief ein, in dem Souwé von ihrem Leben in der Hauptstadt erzählte. Ich stellte mir eine Welt vor, in der jeder für sich allein lebte und niemand sich um den Nachbarn kümmerte. Sie schrieb, jeden Tag träfe ein langer Zug von Dorfbewohnern in der Stadt ein, die auf ein besseres Leben hofften. Es kämen immer mehr. Sie lebten in Wellblechhütten am Stadtrand ohne fließendes Wasser, Strom oder Müllabfuhr. Die Gegenden, in denen sie sich niederließen, verwandelten sich im Laufe der Zeit zu Slums, und irgendwann kamen die Leute von der Stadtverwaltung, zerstörten die verdreckten Hütten und jagten die Menschen fort. Dann waren sie obdachlos und hatten keine andere Wahl, als sich den Scharen von Ausgestoßenen und Gesetzlosen anzuschließen, die die Straßen unsicher machten. Wenn ich Souwés Briefe las, zitterte ich vor Angst. Sie schrieb auch über Politik, über wechselnde Regierungen und Staatsstreiche. Ich dankte dem Herrn, dass er mir an dem Tag, als Younous starb, Zainab geschenkt hatte, denn sonst wäre ich sicher Souwé in die Hauptstadt gefolgt und hätte Oumar geheiratet. Jetzt war ich zwar mit meiner zwölfjährigen Tochter allein, aber ich war glücklich. Doch nicht einmal dieses Glück sollte von Dauer sein.

Eines Tages saß ich hinter meinem Stand, als ich einen Schuss hörte. Ein Junge rannte barfuß an mir vorbei. Ich sprang auf und folgte ihm mit dem Blick, während er um die Ecke verschwand. Gleich darauf kam ein zweiter Junge angerannt, gefolgt von zwei Männern. Plötzlich war die Straße voller Menschen. Von allen Seiten stürzten aufgeregte Leute herbei.

»Sie kommen! Sie kommen!«, riefen sie.

Ich verließ meinen Stand und kämpfte mich durch die Menge. Ich griff nach einem Arm:

»Was ist los?«

»Soldaten! Sie suchen nach Lawani!«, rief ein junger Mann mit irrem Blick.

Er riss sich los, jemand rempelte mich an, und ich verlor den jungen Mann aus den Augen. Um mich herum wirbelte Staub auf. Das Blut gefror mir in den Adern. Lawani war der Mann, bei dem ich wohnte! Was wollten die Soldaten von ihm? Über die Menschenmenge hinweg sah ich bewaffnete Soldaten auf uns zukommen. Einige saßen auf der Ladefläche eines Lastwagens, andere liefen zu Fuß nebenher. Sie hatten ihre Gewehre auf die Menschenmenge gerichtet. Ein Mann mit einem Megaphon brüllte:

»Agnidé Lawani, ich verhafte Sie wegen verfassungsfeindlicher Umtriebe. Kommen Sie mit erhobenen Händen aus dem Haus, oder wir holen Sie raus!«

Die Soldaten versuchten, zu dem Haus vorzudringen, aber die Menge versperrte ihnen den Weg. Lawani war der größte Wohltäter der Stadt, und die Leute wollten ihn schützen. Der Mann mit dem Megaphon rief:

»Geben Sie die Straße frei! Von nun an gilt jeder Demonstrant als Feind der marxistischen Republik! Wer meinem Befehl nicht folgt, wird verhaftet und kommt ins Gefängnis!«

Niemand rührte sich vom Fleck. Ein junger Mann hob einen Stein auf und warf ihn ungelenk auf einen Soldaten. Der Soldat wich dem Geschoss aus und sah nervös zu dem Mann mit dem Megaphon hinüber. Der zuckte mit den Schultern.

»Auf meinen Befehl eröffnet ihr das Feuer!«

Ohne zu zögern, brachten die Soldaten ihre Waffen in Anschlag. Ein Mann rannte auf sie zu, eine Frau schrie, dann fiel ein Schuss. Ich weiß nicht, ob der Mann getroffen worden war, denn um mich herum brach Panik aus. Männer und Frauen flohen schreiend in alle Richtungen, Schüsse knallten durch die Luft. Ich lief los, rempelte Menschen an und wurde selbst angerempelt. Mein Herz raste. Ich fiel hin und rappelte mich sofort wieder auf, um nicht totgetrampelt zu werden. Totgetrampelt wie Younous in Mekka! Ich rannte zu Zainabs Grundschule, die nur fünf Minuten entfernt war. Hier waren weniger Menschen auf der Straße. Vor der Schule sah ich die Kinder, angeführt von ihren Lehrern, in Kleinbusse einsteigen. Ich kam gerade noch rechtzeitig, um zu beobachten, wie Zainab in einen der vorderen Busse kletterte. Ich rannte auf sie zu, aber als ich den Bus fast erreicht hatte, trat mir ein Mann in den Weg.

»Wo wollen Sie hin?«

»Ich bin Zainabs Mutter! Was machen Sie mit ihr?«

»Lawanis Kinder gehen auf unsere Schule, und wir haben erfahren, dass die Soldaten nach ihnen suchen. Wir bringen Lawanis Kinder in Sicherheit und nehmen die anderen mit, damit die Soldaten nicht wissen, welche seine sind.«

»Aber Sie können meine Tochter nicht fortbringen! Nirgends ist ein Kind sicherer als in den Armen seiner Mutter!«

Er setzte zu einer Antwort an, wurde aber abgelenkt, weil jemand brüllte:

»Die Soldaten sind jeden Augenblick hier!«

Der Mann sprang in den nächststehenden Kleinbus und rief dem Fahrer zu: »Fahr los!«

Dann drehte er sich um, streckte mir die Hand hin und rief: »Steigen Sie ein.« Er zog mich in den Bus, und der Fahrer drückte das Gaspedal durch. Der Bus war brechend voll. Erwachsene versuchten, die aufgeregten Schulkinder zu beruhigen. Ich saß direkt hinter dem Mann, der mich in den Bus gezogen hatte. Er beugte sich zum Fahrer und gab ihm Anweisungen. Ein kleines Mädchen, das nach Schweiß roch, kletterte auf meinen Schoß und schmiegte sich an mich. Ich wandte den Blick nicht von dem Bus ab, in dem Zainab saß. Der Mann wandte sich zu mir um:

»Sie sind Zainabs Mutter? Sie ist ungefähr dreizehn Jahre alt und eher klein, nicht? Mit heller Haut?«

»Ja.«

»Ich kenne sie«, sagte er laut, um den Motor zu übertönen. »Sie ist eine gute Schülerin. Ich bin Ermile, der Direktor. Haben Sie keine Angst, den Kindern passiert nichts. Wir fahren zum Busbahnhof und übergeben Lawanis Kinder an einen Freund der Familie. Die anderen Kinder fahren dann zur Schule zurück. He! Schauen Sie mal da!«

Ich drehte mich um und sah, wie ein Militärfahrzeug vor der Schule hielt.

»Bevor sie begreifen, warum die Schule leer ist, sind wir längst über alle Berge«, rief Ermile triumphierend.

»Was ist eigentlich los?«, fragte ich.

Ermile warf mir einen überraschten Blick zu.

»Das wissen Sie nicht?«

Ich zuckte mit den Schultern.

»Haben Sie nicht von dem Putschversuch gegen den Präsidenten gehört?«

Mir kamen Souwés Briefe in den Sinn. Vor einigen Jahren hatte sich General K. mithilfe der Armee an die Macht geputscht. Zuvor hatte es einen Präsidentenrat mit drei Mitgliedern gegeben, die sich als Staatsoberhaupt abwechselten. Der General hatte die drei Präsidenten ins Gefängnis werfen lassen und verkündet: »Wir ahmen keine ausländischen Ideologien nach. Wir sind weder Kommunisten noch Kapitalisten noch Sozialisten. Wir haben unsere eigene Kultur und unsere eigene Gesellschaft.« Er setzte ein marxistisches Militärregime ein, das mit der Zeit immer stärker wurde. Regimegegner wurden brutal unterdrückt. Vor ein paar Monaten war dann eine Gruppe von Regimegegnern, die im Exil gelebt hatten, auf dem Flughafen der Hauptstadt gelandet und hatte versucht, die Macht zu übernehmen. Sie wurde vom Ausland unterstützt, aber der Putsch war gescheitert, und das hatte dazu geführt, dass das Militär seine Macht ausweitete. Der General, der es zum Staatspräsidenten gebracht hatte, beschloss, das Land von allen Oppositionellen zu säubern, seien es radikale oder moderate, tatsächliche oder imaginierte Kritiker seines Regimes. Ich hatte Souwés Briefe gelesen, aber ich hatte nie das Gefühl gehabt, dass mich die Ereignisse betrafen. Ermile beugte sich zu mir:

»Offenbar hat Lawani bei der Organisation des Putsches geholfen. Deshalb wollen sie seine Haut. Sie werden ihn ins Gefängnis werfen und seine Kinder und alle anderen, die sie in die Finger kriegen, zu Dienstboten machen.«

Dann drehte er sich wieder nach vorn und sagte bis zum Busbahnhof nicht mehr viel. Ab und zu gab er dem Fahrer eine Anweisung. Es dauerte eine Ewigkeit, bis wir unser Ziel erreichten. Der Bus machte immer wieder Umwege, um Kolonnen von Militärfahrzeugen auszuweichen. Als wir ankamen, ging bereits die Sonne unter. Die Kinder waren im Bus eingeschlafen. Der Busbahnhof befand sich neben einem Markt. Als wir ausstiegen, bauten gerade die letzten müden Verkäufer ihre Stände ab. Ihr Anblick rief mir in Erinnerung, dass ich meinen eigenen Stand unbewacht zurückgelassen hatte. Vermutlich war nicht mehr viel davon übrig. In der Ferne hörte ich den Ruf des Muezzin zum letzten Gebet des Tages. Das hielt ich für ein gutes Omen: Wir trafen genau in dem Moment ein, als Gott die Gläubigen zum Gebet rief. Während die Lehrer im Dämmerlicht ihre Glieder streckten, ging ich zu dem Kleinbus, in den Zainab eingestiegen war. Auch sie schlief. Sie sah so friedlich aus, dass ich sie nicht wecken wollte. Ich sah mich nach einem Ort um, an dem ich beten konnte. Mein Blick fiel auf einen Mann in knöchellangem Gewand, der eine Gebetskette um das Handgelenk trug. Er ging zu einem Brunnen, schöpfte Wasser und kniete sich für die rituelle Waschung nieder. Ich wartete, bis er fertig war, und ging dann zu ihm. Er sah zu mir hoch und fragte:

»Sind Sie mit den Kindern im Bus gekommen?«

»Ja.«

»Sind Sie Lehrerin?«

»Nein, ich bin die Mutter eines der Kinder.«

»Machen Sie einen Ausflug?«

»Nein, wir sind auf der Flucht vor Soldaten.«

»Ach ja, davon habe ich gehört. Sie suchen Lawani. In seinem Haus haben sie ihn wohl nicht angetroffen, aber sie haben alle Bewohner verhaftet. Angeblich wollen sie sie verhören. Die Armen, man wird sie verprügeln wie räudige Hunde!«

Mich überlief es eiskalt.

»Ich wohne in dem Haus.«

»Dann können Sie von Glück sagen, dass Sie nicht da waren. Was haben Sie jetzt vor? Ich habe gehört, dass die Soldaten Lawani enteignet haben und sein Haus jetzt der Regierung gehört. An Ihrer Stelle würde ich nicht dorthin zurückkehren. Haben Sie jemanden, bei dem Sie bleiben können?«

Ich verneinte. Ich hatte kein Zuhause mehr, aber ein Blick auf den Kleinbus beruhigte mich. Meine Tochter war bei mir.

»Sie haben niemanden? Keine Familie?«

»Mein Schwager und seine Frau leben in der Hauptstadt.«

»Gut. Hören Sie, ich fahre ohnehin in die Hauptstadt. Morgen früh nehme ich den Bus. Wenn Sie wollen, können Sie in meinem Hotelzimmer übernachten. Morgen bringe ich Sie dann zu Ihrem Schwager.«

Ich trat zögernd von einem Fuß auf den anderen. Er verstand:

»Madame, ich bin ein Diener Allahs. Ich habe mich gerade zum Gebet gewaschen. Glauben Sie mir, ich werde Ihnen nichts tun.«

Er war etwa fünfundvierzig Jahre alt und hatte einen dichten Bart, eine runde Brille und ein ernstes Gesicht.

Er wirkte wie ein gottesfürchtiger Mann. Bald würde der Bus mit den Kindern zur Schule zurückfahren. Wenn ich mitfuhr, wo sollte ich dann hin? Ich hatte kein Zuhause mehr und wohl auch keine Arbeit, denn mein Stand war sicher zerstört. Ich dachte an den Ruf des Muezzin, den ich bei unserer Ankunft am Busbahnhof gehört hatte, und an die Gebetskette, die der Fremde ums Handgelenk trug. Sein Gesicht war noch feucht von der rituellen Waschung. Manchmal muss man einfach an das Gute im Menschen glauben. Ich nickte. Er lächelte mir zu. Ich ging zu Ermile, um ihm zu sagen, dass ich nicht mit zur Schule zurückfahren würde.

Ich wurde die ganze Nacht von Albträumen heimgesucht. Ich sah, wie Kinder gefoltert wurden. Manchen wurden die Glieder verstümmelt. In einem anderen Traum suchte ich Zainab unter einem Haufen Leichen, und als ich sie endlich im Arm hielt, war sie nur noch ein kalter, lebloser Körper. Beim Aufwachen waren meine Kleider schweißnass. Ich hatte mich zum Schlafen nicht ausgezogen, da ich im Zimmer des Fremden übernachtete. Ich und Zainab schliefen im Bett, er auf dem Boden davor. Aber ich konnte mich nicht umziehen, denn ich besaß nur noch die Kleider, die ich am Leib trug. Draußen ging die Sonne auf. Der Fremde stand am Fenster und sah hinaus. Als ich mich aufsetzte, wandte er sich zu mir um und schenkte mir ein aufmunterndes Lächeln. Wir gingen hinunter in den Hof, und nach dem Morgengebet bestiegen wir den Bus in die Hauptstadt. Der Fremde zahlte meine Fahrkarte, und in der Stadt brachte er mich in einem Taxi zu Oumars Haus. Als Souwé das Tor zum Hof öffnete, wirkte sie glücklich, aber nicht überrascht.

»Ich wusste, dass du kommen würdest. Schön, dich zu sehen. Nur herein, fühl dich wie zu Hause. Hallo, Zainab. Wie hübsch du geworden bist!«

Sie ging gebeugt, und sie war dünner geworden. Wir folgten ihr durch das Tor, überquerten den Hof, der von sechs Familien gemeinsam genutzt wurde, und betraten Souwés Wohnung. Aus Höflichkeit kam der Fremde kurz mit herein, aber er trank nur ein Glas Wasser und verabschiedete sich dann. Ich habe ihn nicht wiedergesehen, doch ich bin überzeugt, dass er jeden Tag über mich wacht, denn ich glaube, dass er Djibril war, der Erzengel Gabriel, den Gott auf die Erde schickt, um verlorenen Seelen den Weg zu weisen. Erst als der Fremde gegangen war, fiel Souwé auf, dass ich kein Gepäck dabeihatte. Sie verlor kein Wort darüber, sondern sagte nur:

»Komm, ich zeige dir, wo du dich umziehen kannst.«

Sie schob einen Vorhang hinten im Zimmer beiseite, und wir gingen durch einen dunklen Flur an einem Badezimmer vorbei. Am Ende des Gangs gelangten wir in ein schummeriges Zimmer. Das einzige Fenster ging auf den hinteren Hof hinaus, und an der gegenüberliegenden Wand lag Oumar mit nacktem Oberkörper auf einem Bett. Er war ein anderer Mann als der, den ich gekannt hatte. Er hatte beträchtlich zugenommen, weil er sich nicht mehr bewegen konnte, und sein Gesicht war sehr viel stärker gealtert, als es die dreizehn Jahre vermuten ließen, die seit unserer letzten Begegnung vergangen waren. Seitlich am Hals hatte er eine lange Narbe, und eines der Augenlider verdeckte eine leere Höhle. Sein gesundes Auge leuchtete auf, als er mich sah. Ich warf Souwé einen fragenden Blick zu, und sie antwortete:

»Er kann sprechen, aber er tut es nur noch selten. Hilf mir, ihn in den Rollstuhl zu setzen. Wir schieben ihn raus, damit ihr euch umziehen könnt.«

Zwei Frauen und ein junges Mädchen hievten einen Mann aus dem Bett, der sich seit dreizehn Jahren nicht bewegt hatte. Wir griffen ihm von beiden Seiten unter die Arme und setzten ihn schwer in dem Rollstuhl ab. Ich spürte, dass Zainab Angst vor Oumar hatte. Für sie war er eine Art Monster. Das fand ich ungerecht und so sagte ich: »Er ist der Bruder deines Vaters, Zainab.«

»Ich weiß«, sagte sie kühl. »Onkel Oumar.«

Er lächelte ihr zu, aber sie wandte den Blick ab. Souwé manövrierte den Rollstuhl geschickt aus dem Zimmer. Wenig später kehrte sie zurück, öffnete einen Schrank und holte saubere Kleidung heraus.

»Ich habe keine Kleider in Zainabs Größe«, sagte sie entschuldigend und schlug die Augen nieder.

Sie schämte sich, weil in ihrem Haus Stille herrschte. Es war die Stille des nie geborenen Kindes, die Stille des behinderten Ehemanns, die Stille von zwei Leben, die durch einen Machetenhieb zerstört worden waren. Younous war tot, aber ich hatte immerhin Zainab.

»Das macht doch nichts«, antwortete ich, aber ich meinte nicht die Kleider.

Ich nahm Souwés Hand und drückte sie, während sie mit leerem Blick in den offenen Schrank starrte.

In den nächsten Jahren trug Zainab Kleider, die zu groß für sie waren. Jedes Mal, wenn sie die Ärmel umkrempelte oder einen zu weiten Kragen zurechtzog, wurde ich an Souwés Großzügigkeit erinnert. Souwé war froh, dass ich ihr half, ihren Ehemann zu versorgen. Außerdem erfüllte Zainab das Haus mit allem, was Souwé jahrelang gefehlt hatte: Sie war zu einem trotzigen, schmollenden und streitsüchtigen jungen Mädchen herangewachsen. Anfangs dachte ich, ich würde Souwé für ihre Gastfreundschaft danken, indem ich Zainab in ihr Haus brachte. Gastfreundschaft ist sehr wichtig für eine Frau, die nie ein Zuhause gehabt hatte und immer wieder vertrieben worden war. Doch mit der Zeit ging mir auf, dass es genau andersherum war. Mit ihrer Gastfreundschaft dankte mir Souwé, dass ich Zainab in ihr

Haus gebracht hatte. Im Verlauf der Jahre ging Souwé wieder aufrechter, ihre Wangen wurden fülliger, und sie blickte immer seltener zu Boden. Sie blühte richtig auf. Endlich war sie frei. Doch durch die neu gewonnene Freiheit fühlte sie sich Oumar nicht mehr ganz so verpflichtet. Er war nicht länger der Mittelpunkt ihres Lebens. Deshalb begann Oumar langsam zu sterben. Eines Tages kurz vor seinem Tod rief er mich mit dem Blick zu sich. Ich trat an sein Bett, und er fragte:

»Willst du meine Frau werden?«

Ich nahm seine Hand und sagte leise ja. Kurz darauf feierten wir Hochzeit, denn ihm blieb nicht mehr viel Zeit. Unsere Hochzeit war ein Freudenfest, und nur wenige Monate später starb Oumar. Souwé überließ mir Oumars ganzen Besitz.

»Mach damit, was du willst«, sagte sie.

Souwé behielt nur ihren Ehering. Ich ging durchs Haus und suchte Oumars Hab und Gut zusammen. Dann verkaufte ich alles. Ich verkaufte seine Sachen, seine Kleider, seinen Rollstuhl, unsere Eheringe und alle Hochzeitsgeschenke. Ich nahm das Geld und machte mir selbst im Andenken an Oumar das schönste Geschenk der Welt. Wenn er gewusst hätte, dass es mein sehnlichster Wunsch war, hätte er ihn mir erfüllt, das weiß ich: Ich reiste nach Mekka.

In dem Augenblick, als ich den Boden der heiligen Stadt betrat, fand ich eine Antwort auf all meine Fragen. So wie die Fluten des Roten Meers zurückkehrten, nachdem Moses und sein Volk sicher ans andere Ufer gelangt waren, füllte Mekka die Leere in meinem Inneren, die bei Younous' Tod entstanden war. Und so wie die Fluten die Ägypter fortspülten, spülte Mekka all meine Enttäuschungen fort. Ich sah mich um, und was ich sah, heilte mich. Ich sah Hoffnung. Noch nie hatte ich so viele verschiedenfarbige

Gesichter gesehen, aber die Farbe der Handflächen, die sich dem Himmel entgegenreckten, hatten alle dieselbe Farbe, und die Füße gingen alle in dieselbe Richtung. Unsere Wege unterscheiden sich voneinander, aber wir alle teilen dasselbe Schicksal. Ich begriff, dass uns der Sinn des Lebens auf ewig verborgen bleibt, und seither stelle ich keine Fragen mehr. Als ich von der Pilgerreise zurückkehrte, war ich ein anderer Mensch. Seither trage ich den Namen Hadscha, den Ehrentitel der Frauen, die nach Mekka gepilgert sind. Man bringt mir Ehrfurcht entgegen, und mein Wort hat Gewicht, aber ich hülle mich in Schweigen. Selbst als sich nach meiner Rückkehr aus Mekka schlimme Dinge ereigneten, blieb ich stumm. Ich richtete einfach meinen Blick auf den Schmerz zweier Generationen, auf Zainab und Iman, und nahm ihn an. Gott ist allmächtig, und die Welt ist so, wie sie ist, weil Er es so will. Schweigend, mit geschlossenen Augen und mit Vertrauen im Herzen gehe ich den Weg, den Er mir gewiesen hat. Den Weg des Islam.

IRIDIUM

Zainab

Ich bin von Menschen umgeben, die mich verurteilen. Die Leute sagen, ich hätte keine Gefühle, mein Herz sei aus Eis oder härter als Stahl. Sie mögen recht haben, denn es ist mir egal, was sie über mich denken. Ihre Meinung interessiert mich nicht. Jeder lebt sein Leben, und ich habe nicht vor, mich nach anderen zu richten. Wer sind sie, dass sie sich ein Urteil über mich erlauben? Zum Beispiel die beiden wartenden Frauen, die neben der offenen Tür meines Friseursalons sitzen. Warum kommen sie immer wieder her und lassen sich von mir frisieren, wenn sie mich nicht mögen? Um über mich zu urteilen? Wollen sie sich vergewissern, dass ihr Leben im Vergleich zu meinem perfekt ist? Sie stellen mir scheinbar unschuldige Fragen voller unterschwelliger Andeutungen. Aber ich beantworte ihre Fragen offen. Ich schäme mich nicht für mein Leben, ich bereue keine meiner Entscheidungen. Deshalb sehe ich ihnen in die Augen, bis sie den Blick senken. Ich empfinde es nicht als Sieg, denn für mich ist es kein Spiel, ihnen die Stirn zu bieten. Ich schlage die Augen nicht nieder, ich trage den Kopf hoch. Es ist seltsam, in meinem Salon halten alle außer mir den Blick gesenkt. Die drei Frauen, die sich gerade die Haare machen lassen, halten den Kopf gesenkt, weil man ihnen die Haare macht, meine drei Angestellten blicken auf die Köpfe der Kundinnen hinab, und die beiden wartenden Frauen neben der Tür heben den Blick nicht von ihren

Zeitschriften. Ich lehne an der Theke und sehe durch die Glasscheibe, draußen fällt Regen auf die staubige Straße. Ich beobachte, wie sich große Pfützen bilden und die wenigen Autos, die hier vorbeikommen, abbremsen und um sie herumfahren müssen. Meine Straße liegt abseits der vielbefahrenen, asphaltierten Hauptstraßen, und in unserem Viertel gibt es nicht viel Verkehr. Ich wohne direkt hinter meinem Salon, ich muss nur durch die Hintertür treten, den betonierten Hof überqueren und schon bin ich in meiner Wohnung. Eine weitere Tür führt vom Hof direkt auf die Straße, so dass man nicht durch den Salon muss. Ich fühle mich wohl hier, es ist ruhig. Deshalb bereue ich auch nichts. Mein ganzes Leben lang wollte ich nur meine Ruhe. Ich wollte einfach glücklich sein. Ganz gleich wie. Und jetzt schaue ich aus dem Fenster und beobachte, wie Kinder Steine in die Pfützen legen, um die Straße trockenen Fußes zu überqueren. Andere schaufeln am Rand kleine Gräben, damit das Wasser zu den Rinnsteinen der Hauptstraße abläuft. Ich beobachte die Männer, die unter kleinen Wellblechdächern sitzen, Palmwein trinken, Karten spielen und dem Regen zuschauen. Manche winken mir zu, weil sie mich kennen, andere, weil ich ihnen Geld schulde, nachdem sie in meiner Wohnung oder meinem Badezimmer eine Reparatur durchgeführt haben. Und auch wenn sie über mich reden, sobald sie die Hand senken und das Lächeln auf ihrem Gesicht erlischt, weiß ich, dass mich die Leute nehmen, wie ich bin. In meinem Salon, in dem die Trockenhauben beruhigend summen und es angenehm nach Regen und Kosmetikprodukten riecht, fühle ich mich zu Hause. Der Salon ist meine Welt, hier herrsche ich. Hier bin ich glücklich. Warum sollte ich also den Weg bereuen, der mich hierhergeführt hat? Ich habe einen Friseursalon, ein Haus, ein Auto, zwei Kinder. Vielleicht auch nur eins, das weiß ich nicht so genau. Mit Iman ist es nicht leicht. Das war es noch nie. Iman ist der

Einzige, dem ich nicht in die Augen sehen kann. Meinem eigenen Sohn, meinem Ältesten. Ich weiß gar nicht, ob ich ihn überhaupt noch meinen Sohn nennen darf. Denn ich wollte, dass er stirbt, und das weiß er, seit mir jener schreckliche Satz entschlüpft ist, während im Badezimmer das Blut von den Fliesen rann. Seither krampft sich mir jedes Mal, wenn ich an ihn denke, das Herz zusammen. Ich beiße die Zähne zusammen und frage mich, wie mein Leben wohl verlaufen wäre, wenn es ihn nicht gäbe. Wie es gewesen wäre, wenn alles anders gekommen wäre, wenn mein Vater nicht kurz vor meiner Geburt gestorben wäre, wenn Onkel Oumar nicht in die Hauptstadt ins Krankenhaus gekommen wäre, wenn meine Mutter ihm nicht gefolgt wäre und ihn nicht aus Mitleid geheiratet hätte, wenn er ihr nicht all seinen Besitz hinterlassen hätte und wenn sie nicht nach Mekka gepilgert wäre. Diese verfluchte Stadt! Mit der Pilgerreise nach Mekka begann mein Unglück.

Ich war sechzehn, als Onkel Oumar von uns ging, als er uns endlich allein ließ. Der Patriarch mit seinen zwei Frauen, die sich aufopferungsvoll um ihn kümmerten. Die erste aus Pflichtgefühl, die zweite aus Mitleid. Während Onkel Oumar im Sterben lag, beobachtete ich seine beiden Frauen, Tante Souwé und meine Mutter. Sie waren meine beiden Vorbilder. Meine beiden abschreckenden Vorbilder. Auf keinen Fall wollte ich werden wie sie. Souwé ließ sich von einem übergewichtigen alten Krüppel unterdrücken, sie wusch ihn, zog ihn an und putzte ihm den Hintern ab. Und die ganze Zeit dachte Onkel Oumar nur an eins: Er bemitleidete sich, weil er meine Mutter nicht geheiratet hatte, bevor er zum Krüppel wurde. Denn dann hätte er ihr die Schenkel auseinanderdrücken und seinen Schwanz in sie stecken können. Tja, Onkel Oumar, du wirst niemanden mehr penetrieren, du wirst keinen Orgasmus mehr haben, dein Samen ist zu nichts mehr nütze. Die einzigen Flüssig-keiten, die noch aus deinem Körper austreten, sind Spucke, Kotze und Scheiße. Vom ersten Moment an, als wir das düstere Haus betraten und er meine Mutter wollüstig mus-terte, fand ich ihn widerlich. Er starrte uns an, und Mutter fragte, ob er nicht mehr sprechen könne. Ich erinnere mich noch genau an Souwés Antwort, denn in diesem Augen-blick verlor ich jede Achtung für sie: »Er kann sprechen, aber er tut es nur noch selten.« Dein Mann ignoriert dich seit Jahren, aber du opferst dich weiter für ihn auf und schiebst ihn im Rollstuhl herum. Schließlich konnte er auch spre-chen, als er meine Mutter mit seinem baldigen Tod erpress-te und ihr befahl, ihn zu heiraten. »Willst du meine Frau werden?«, fragte er mit lüsternem Blick. Du liegst im Ster-ben, und dein letzter Wille ist es, die Frau zu heiraten, um die du deinen Bruder immer beneidet hast. Während der Hochzeitsvorbereitungen tat Tante Souwé so, als wäre sie glücklich, aber sie konnte mir nichts vormachen. Sie tat nur deshalb alles für meine Mutter, um sich selbst zu beweisen, dass das Verhalten ihres Mannes sie nicht verletzte. Sie tat so, als berührte sie das Elend ihres Lebens nicht. Aber sie übertrieb es, und wenn ich sie durchschaute, durchschaute meine Mutter sie auch. Da konnte sie sich noch so sehr hinter ihrem Koran, ihren Gebetsketten und ihren sechs Gebeten pro Tag verschanzen.

Wie meine Mutter will ich auch nicht sein. Ich will nicht alles Unglück, das mir widerfährt, einfach so hinnehmen, weil ich zu feige bin, dagegen anzukämpfen. Noch nie hat meine Mutter eine bewusste Entscheidung getroffen, noch nie hat sie einen entschlossenen Schritt getan oder etwas verändert, was ihr nicht von außen aufgezwungen worden ist. Sie ist leer, und diese Leere füllt sie mit Religion, sie schickt jedem Satz ein *Inch'Allah* hinterher, so Gott es will, um bloß keine Verantwortung für sich und ihr Leben übernehmen zu müssen. Die Krönung war, als sie eines Tages behauptete, der Erzengel Gabriel sei extra vom Himmel herabgestiegen, um sie in die Hauptstadt zu führen. Er weist nämlich verlorenen Seelen den Weg. Aber du warst nicht verloren, Mutter, du lebtest wie eine Made im Speck vom Geld eines barmherzigen Mannes, der Mitleid mit dir hatte. Und als er dreizehn Jahre später fliehen musste, warst du da etwa verloren? Entschuldige mal, dreizehn Jahre? In über zehn Jahren bist du nicht ein einziges Mal auf die Idee gekommen, du könntest dein Leben selbst in die Hand nehmen? Dir ist nie in den Sinn gekommen, dass dein Wohltäter nicht ewig für dich da sein würde? Und als du dann verloren warst, wie du es nennst, fiel dir nichts Besseres ein, als zu dem letzten Mann zu rennen, der dich ins Bett hatte kriegen wollen? Und dann hast du ihn auch noch geheiratet, dich ihm dankbar hingegeben, um deine Schuld zu begleichen. Während der Hochzeitsfeier beobachtete ich angewidert, wie sich meine Mutter wie die ordinärste Hure gebärdete. Das war mir eine Lehre. Ich werde mein Leben nicht dem Zufall überlassen. Ich war glücklich, als meine Mutter Onkel Oumars Besitz verkaufte. Wie lange hatte ich gebetet, er möge verschwinden und mit ihm der Gestank nach Krankheit. Noch glücklicher war ich, als meine Mutter nach Mekka fuhr. Endlich war ich frei! Alle sagten mir, ich solle für sie beten, aber das tat ich nicht. Sollte ich etwa darum beten, dass ihr größter Traum in Erfüllung ginge und sie wie mein Vater zu Tode getrampelt würde? Nein, ich betete nicht, das hätte ich abartig gefunden.

Nach der Abreise meiner Mutter ging ich gleich am nächsten Tag in die Stadt, überwältigt von dem neuen Gefühl der Freiheit. Meine Mutter hatte uns die Telefonnummer des Hotels dagelassen, in dem sie mit ihrer Reisegruppe übernachtete. Sie hatte uns gesagt, wir könnten sie zu einer bestimmten Zeit am Nachmittag von einem der Telefone

in der Hauptpost anrufen. Unter dem Vorwand, mit ihr telefonieren zu wollen, verließ ich das Haus. Auf der Straße
unterhielt man sich über die drei Präsidenten, die ein paar
Jahre zuvor, als die Einheitspartei die Macht ergriffen hatte,
verhaftet worden waren. Jetzt waren sie aus dem Gefängnis
entlassen worden, und die Menschen waren voller Hoffnung.
Ihre Euphorie war ansteckend. Ich spürte sie in jeder Faser
meines Körpers. Mit einem Lächeln auf den Lippen betrat
ich die Hauptpost. Es tat gut, in den Schatten zu kommen.
Noch war es September und brütend heiß, aber bald würde
die dreimonatige kleine Regenzeit beginnen. In der Post war
es sehr stickig. Hinter den Schaltern taten Beamte so, als
würden sie arbeiten. Es herrschte Rezession, und niemand
tat seine Arbeit gern. Die staatlichen Repressionen hatten
etwas nachgelassen, aber die Menschen hatten verlernt, sich
offen zu beschweren. Alle versteckten sich hinter Masken,
wiederholten das Motto des Staatspräsidenten, »Armut ist
kein Schicksal«, und warteten untätig darauf, dass sich die
Lage besserte. Ich wandte mich nach rechts und betrat den
Saal mit den öffentlichen Telefonen. In der Hand hielt ich
den säuberlich gefalteten Zettel, auf dem meine Mutter die
Nummer ihres Hotels notiert hatte. Ich hatte keine große
Lust, sie anzurufen, denn ich wusste genau, was sie sagen
würde. Sie würde mir ganz verzückt erzählen, wie viele
Gläubige in Mekka zusammenkamen, wie gottesfürchtig sie
alle waren und wie schön die Stadt war. Sie würde sagen,
dass ihr größter Traum in Erfüllung gegangen war und sie
sich endlich lebendig fühlte. Damit würde sie mir zu verstehen geben, dass sie sich in den sechzehn Jahren, in denen sie
mich großgezogen hatte, nicht lebendig gefühlt hatte. Vielen Dank, Mutter. Ich rief sie nur an, weil ich auf keinen Fall
wollte, dass sie sich Sorgen um mich machte. Denn wenn
sie sich Sorgen machte, würde sie anfangen, mich zu über-
wachen, und dann würde ich meine Freiheit verlieren. Ich

wollte sie beruhigen. Als ich den Saal betrat, fiel mein Blick auf Georges. Anfangs hielt ich ihn nur für irgendeinen alten weißen Mann. Er trug ein kurzärmliges Hemd, Strümpfe bis unter die Knie und diese Khaki-Shorts mit Außentaschen, die fast alle Europäer in Afrika tragen, weil sie glauben, der ganze Kontinent sei Safari-Gebiet. Er thronte wie ein König vor einem der Telefone und sprach mit lauter Stimme in den Hörer, als würde ihm das ganze Gebäude gehören. Später erfuhr ich, dass er einer der Ausländer war, die die Regierung ins Land geholt hatte, damit sie in die Wirtschaft investierten, und ihm das Land sozusagen tatsächlich gehörte. Als er mich in der Post dümmlich angrinste, musterte ich ihn einfach nur kühl. Ich wusste, dass er auf meinen Hintern starrte, als ich mich über den Tresen beugte und mit dem Beamten redete. Der Mann wies mir den Apparat neben Georges zu. Ich wählte die Nummer meiner Mutter, wartete auf das Freizeichen, wartete darauf, dass ich zu ihrem Zimmer durchgestellt wurde, und wartete, während eine Frau meine Mutter an den Apparat holte. Dann klemmte ich mir den Hörer zwischen Wange und Schulter und lauschte mit halbem Ohr ihren Schwärmereien, während ich die Farbe meiner Finger mit der des Bretts verglich, an dem das Telefon angebracht war. Ich hatte helle Finger und überhaupt eine recht helle Haut. Jeder, der mich zum ersten Mal sah, war deswegen ganz aus dem Häuschen. Männer wie Frauen sagten mir, was für eine Schönheit ich sei. Damals stimmten auch Frauen noch in die Lobpreisungen ein, weil sie mich nicht für eine Konkurrentin hielten. Ich war ja erst sechzehn, ein trotziges Mädchen, das seinen Charme nicht einzusetzen wusste. Die Männer glotzten auf meinen Körper, meine Brüste, meinen ausladenden Po, so wie Georges in der Post. Sie warteten auf den richtigen Moment. Auch Georges wartete darauf. Nach dem Ende seines Telefonats blieb er sitzen und starrte Löcher in die Luft.

Der Beamte wagte nicht, ihn aufzufordern, seinen Platz für den nächsten Kunden freizugeben, denn Georges war weiß. Wir in Afrika haben instinktiv Angst vor Weißen, vor den Weißen als Kollektiv und vor jedem einzelnen Weißen. Ich ließ meine Mutter eine Weile reden, dann behauptete ich, dass das Gespräch zu teuer würde und ich das restliche Geld aufbewahren wollte, um sie in zwei Tagen wieder anzurufen. Sie fragte, warum erst in zwei Tagen und nicht schon am nächsten Tag. Darüber ärgerte ich mich so sehr, dass ich wortlos auflegte. Ich stand auf, Georges stand auch auf, und meine Ohren begannen zu glühen. Ich schloss kurz die Augen, atmete tief durch und ging dann zum Tresen, um das Telefonat zu bezahlen. Georges hielt mir die Tür zur Haupthalle des Postamtes auf, aber ich würdigte ihn keines Blickes. Am Ausgang trat er neben mich.

»Bald wird es regnen.«

Sein Atem roch nach Zigaretten.

»Ich weiß. Es ist September.«

»Ich mag den Regen. Wie heißt du, schönes Mädchen?«

»Wie wollen Sie mich denn nennen? Schlampe? Kleine, süße Negerin?«

Schockiert wich er einen Schritt zurück, und ich lief die Außentreppe hinab. Doch so schnell ließ er nicht locker.

»Ich wollte dich nicht beleidigen. Du bist einfach eine schöne junge Frau. Wo willst du hin? Ich könnte dich ein Stück mitnehmen.«

Großspurig wies er auf einen Mercedes, der am Straßenrand parkte.

»Wenn Sie wollen, können wir auch gleich zu Ihnen fahren und ficken.«

Er blieb wie versteinert stehen, während ich weiterging, aber diesmal erholte er sich schneller von seiner Überraschung. Er lachte laut, lief los und holte mich ein. Er schrieb etwas auf eine Visitenkarte und reichte sie mir.

»Ich mag dich. Ruf mich an, wenn du bessere Laune hast, ja? Und falls du Arbeit suchst, könntest du vielleicht als Sekretärin in meinem Büro anfangen ... Lass uns einen Kaffee trinken gehen, dann siehst du, dass ich ganz anders bin, als du denkst. Ich suche nur Freunde.«

»Hör mal, Opi, ich bin sechzehn.«

»Dann ruf mich in zwei Jahren an. Ich kann warten.«

Er schob die Visitenkarte unter den Träger meines Kleids, zögerte kurz und befestigte dann auch die Klemme seines Kugelschreibers daran.

»Hier, den Kugelschreiber kannst du auch haben. Er ist etwas Besonderes, die Spitze ist aus Iridium.«

Mit diesen Worten drehte er sich um und ging zu seinem Auto. Ich nahm die Karte in die Hand und wollte sie schon wegwerfen, behielt sie dann aber doch. Sie roch gut. Der Duft war mir fremd. Unter den Schriftzug »Georges Brun – Import/Export« stand handschriftlich: »Ruf mich an. Jederzeit!«

Das Problem mit der Freiheit ist, dass man sie nur in kleinen Dosen genießen kann. Hat man zu viel davon, wird sie zum Gefängnis. Ich hatte Tante Souwé deutlich zu verstehen gegeben, dass sie nicht meine Mutter war, dass ich kommen und gehen würde, wann immer ich wollte, und dass meine Mutter mich ja nach ihrer Rückkehr bestrafen konnte. Wenn Souwé jemanden bemuttern wollte, hätte sie eigene Kinder kriegen sollen. Ich wusste ohnehin, dass meine Mutter nichts sagen würde. Sie würde all meine Eskapaden schicksalsergeben hinnehmen und meine Aufsässigkeit mit dem frühen Tod meines Vaters begründen. Dann würde sie sagen, dass sie gewusst hatte, dass alles gutgehen würde, weil mein Vater uns vom Himmel aus beobachtete. Mich konnte er erst einmal dabei beobachten, wie ich mich langweilte. Ich wusste einfach nichts mit mir anzufangen. Weil ich nicht mehr zur Schule ging, hatte ich keine Freundinnen. Ich hatte einen der vielen Lehrerstreiks dazu genutzt, mich für immer von der Schule zu verabschieden. Meine Mutter war todunglücklich, weil meine Lehrer gesagt hatten, dass ich einen klugen Kopf hatte, aber sie konnte mich schließlich nicht fesseln und mit Gewalt zur Schule schleifen. Also war ich nach dem Ende des Streiks einfach zu Hause geblieben. Die wenigen Freundinnen, die ich gehabt hatte, verlor ich mit der Zeit aus den Augen. Wir hatten uns sowieso nie gut verstanden, denn für sie war es unter ihrer Würde, sich mit einem Mädchen vom Land abzugeben. Deshalb fand ich es nicht weiter schlimm, sie nicht mehr zu sehen. Seit gut einem Jahr war ich nun schon zu Hause und lebte in den Tag hinein. Tante Souwé, die in einem vollgestopften Ladenlokal Kondensmilch, Dosensardinen, Würfelzucker und anderen Kram verkaufte, wollte immer, dass ich ihr half, aber ich hatte keine Lust. Sie sollte sich bloß nicht der Hoffnung hingeben, ich würde eines Tages ihr Geschäft übernehmen. Wenn ich etwas auf die Beine stellte, wollte ich es auf keinen Fall einer der beiden Frauen zu verdanken haben, mit denen ich unter einem Dach lebte. Onkel Oumars Sklavinnen. Ich versuchte mich an verschiedenen Dingen. Als Erstes hatte ich die Idee, Kleider zu schneidern, stellte aber fest, dass ich nicht mit der Nähmaschine umgehen konnte. Nach Onkel Oumars Tod war ich auf den Gedanken gekommen, seinen Schmuck zu verkaufen und von dem Geld anderen Schmuck zu kaufen, aber leider besaß er nur wertloses Zeug. Natürlich war das kein Wunder, schließlich hatte der Mann sechzehn Jahre lang keinen Finger gerührt. Nachdem all meine hochfliegenden Pläne im Sande verlaufen waren, hing ich einfach zu Hause herum, lackierte mir die Nägel und entwarf neue Frisuren für mein Haar, von dem die Leute sagten, es sei schön.

Ein paar Wochen nach unserer Begegnung in der Post dachte ich an Georges' Angebot. Vielleicht hatte er es ja ernst gemeint und würde mich tatsächlich als Sekretärin einstellen. Davon abgesehen machte mich der Duft seiner Visitenkarte neugierig. Ich hatte es mir zur Gewohnheit gemacht, jeden Morgen vor dem Aufstehen daran zu riechen und den Kugelschreiber in die Hand zu nehmen. Der Stift und der Duft schienen von ungeheuer weit her zu kommen, aus einer anderen Welt. So war Georges zu dem Mann geworden, mit dem ich morgens aufwachte. Während Tante Souwé in ihrem Zimmer ihr Gebet sprach, lag ich auf dem Sofa im Wohnzimmer, roch an Georges' Karte und spielte mit dem Stift herum. Eines Tages beschloss ich, ihn anzurufen. Unter dem Vorwand, mit meiner Mutter telefonieren zu wollen, lieh ich mir Geld von Tante Souwé und ging zur Post. Dem Ort, an dem wir uns begegnet waren. Als er meine Stimme hörte, sagte er mit einem Lachen: »Ah, die hübsche junge Dame aus der Post! Wie geht es dir? Rufst du deinen alten Opa mal wieder an?« Ich freute mich über seine Reaktion. Also hatte er mich nicht vergessen. Er sagte, dass er gerade bei der Arbeit sei, wir uns aber um fünf in der Stadt treffen könnten.

Mein erstes Treffen mit Georges war aufregend. Er faszinierte mich. Wir saßen in einer der Strandbars am Meer, in die reiche dicke Männer Mädchen ausführen, die ihre Töchter sein könnten. Aber Georges war anders. Zunächst einmal war er nicht dick. Obwohl er schon fünfzig war, war er groß und schlank, er sagte, das verdanke er dem Surfen. Sein Auftreten war charmant und ungezwungen. Während wir uns unterhielten, schweifte sein Blick gedankenverloren über das Meer, und zwischen zwei ausgestreckten Fingern hielt er lässig eine Zigarette. Ich musterte seine weiße, mit Leberflecken übersäte Haut, sein schütter werdendes Haar, die Falten in den Augenwinkeln und überlegte, warum ich ihn eigentlich anziehend fand. Vielleicht, weil er mich zum Lachen brachte. Wenn er mit mir sprach, sah er mir direkt in die Augen. Während unseres Gesprächs rieb ich meine Zehen unter dem Tisch nervös aneinander. Anfangs hatte ich ständig Angst, einen Fehler zu machen, ich fühlte mich wie in einer mündlichen Prüfung. Aber Georges' Humor war ansteckend, auch wenn ich nicht alles verstand, was er sagte. Ich faszinierte ihn anscheinend auch. Er stellte viele Fragen, hakte aber nie nach und kommentierte meine Antworten nicht. Er fragte mich, ob ich etwas trinken wolle, und ich sagte, dass ich noch nie Alkohol getrunken hätte, weil meine Mutter Muslimin sei. Im Verlauf des Gesprächs hatte ich das Gefühl, in eine andere Welt einzutauchen. Ich fragte ihn, was eine Kugelschreiberspitze aus Iridium sei. Er erklärte mir, Iridium sei das härteste Metall der Welt. So unzerbrechlich wie unsere Liebe, fügte er lachend hinzu. Er fragte mich, ob ich in Europa leben wolle, und ich antwortete, dass ich darüber noch nie nachgedacht hätte. Er fragte mich, ob ich traurig über Bob Marleys Tod sei, und ich sagte, dass ich keine Ahnung hätte, wer dieser Bob sei. Die einzige Musik, die meine Mutter hörte, waren Koransuren, und da ich nicht mehr zur Schule ging, verbrachte ich kaum Zeit mit Gleichaltrigen. Er fragte mich, ob er mich beim nächsten Mal ins Schwimmbad einladen dürfe, und ich sagte, ich könne nicht schwimmen. Wozu auch? Lachend fragte er, was ich stattdessen könne. Ernst antwortete ich, gar nichts. Er sagte, er werde mir alles, was ich wolle, beibringen, er werde mich zum Schwimmkurs anmelden, er werde mich zu sich nach Hause einladen und mir Bob Marley und seinen Reggae vorspielen. Ich antwortete, dass ich gerne käme, und fragte, ob seine Frau eine gute Köchin sei. Seine Frau lebe in Europa und hasse Afrika, erwiderte er. Sie habe Angst, sich eine ansteckende Krankheit einzufangen. Er behauptete, dass er seine Frau schon seit Jahren nicht mehr liebe, er liebe die Afrikanerinnen und ihre straffe Haut. Seine Offenheit gefiel mir. Vielleicht verführte er mich damit. Er wollte mich in seinem Mercedes nach Hause fahren, aber ich bat ihn, mich an der Straßenecke herauszulassen. Er sagte, das verstehe er. Als ich mich durch die offene Tür beugte, um mich von ihm zu verabschieden, küsste er mich auf den Mund. Ich stand völlig verwirrt auf dem Bürgersteig, allein mit meinen Gefühlen, einer Mischung aus Scham, Aufregung und Glück, während die roten Lichter seines Mercedes im Abendverkehr verschwanden. Erst als ich dort stand, den Geschmack von Alkohol und Zigaretten auf der Zunge, fiel mir ein, dass ich vergessen hatte, ihn nach dem Job als Sekretärin zu fragen. Ich würde ihn nochmal anrufen müssen.

Doch meine Mutter kehrte aus Mekka zurück, und mit meiner Freiheit war es vorbei. Die Ausrede mit dem Telefonieren funktionierte nicht mehr. Nach ihrer Rückkehr verhielt sich meine Mutter noch seltsamer als vor ihrer Abreise. Sie sprach kaum noch. Nach und nach versiegten ihre Worte wie ein Bach, der austrocknet. Irgendwann reagierte sie nicht einmal mehr auf Fragen. Ich schlug meiner Tante vor, sie in die Irrenanstalt zu bringen, aber Tante Souwé schimpfte mich aus. »Hadscha geht es gut, du bist diejenige, um die ich mir Sorgen mache.« Natürlich, sie hatte ja auch sonst niemanden mehr, um den sie sich Sorgen machen konnte. Meine Mutter war jetzt Hadscha, und der letzte Rest Persönlichkeit, den sie vor ihrer Abreise noch gehabt hatte, ging in dem Ehrentitel auf. Die Leute glaubten, hinter ihrem Schweigen verbärge sich eine tiefe Weisheit, und grüßten respektvoll, wenn sie ihr auf der Straße begegneten. Ich war vielmehr der Meinung, dass sie schwieg, weil ihr Kopf leer war. Ich hielt das Theater nicht mehr aus, und ich wollte nicht länger in dem dunklen Haus eingesperrt sein, also behauptete ich, ich ginge wieder zur Schule. Ich stand morgens auf und vertrödelte den Tag in der Stadt, während ich darauf wartete, dass es fünf Uhr wurde und Georges aus dem Büro kam. Das lange Warten verlieh den wenigen Stunden, die wir miteinander verbrachten, einen ganz besonderen Wert. Georges zeigte mir die Stadt. Er führte mich an Orte, von denen ich nicht einmal gewusst hatte, dass es sie gab. Einmal nahm er mich mit in die Disco, aber ich machte mich die ganze Zeit über seine ungelenken Bewegungen lustig, und so war es das erste und letzte Mal. Außerdem fühlte er sich von den jungen Männern in der Disco bedroht. Dabei hatte ich nur Augen für ihn! Wir gingen auch ins Schwimmbad, und mir wurde klar, dass er mir nur deshalb Schwimmen beibringen wollte, um mich anfassen zu können. Ich mochte die Art, wie er mich berührte. Einmal gingen wir ins Kino, und als mich der Film zu langweilen begann, schob ich ihm eine Hand unters Hemd und streichelte seine Brust. Die Haare, die dort wuchsen, waren unglaublich weich. Wo wir auch hinkamen, zogen wir missbilligende Blicke auf uns, aber immer wenn ich Angst bekam, jemand könnte mich erkennen und meiner Mutter erzählen, was ich trieb, genügte ein Blick von Georges, um mich zu beruhigen. Er war unglaublich stolz, wenn er meine Hand hielt und mit lauter Stimme Anweisungen gab. Er schien stets genau zu wissen, was er wollte. Er hatte Macht über andere, und das gefiel mir. Aber noch mehr gefiel es mir, wenn ich in seinen klimatisierten Mercedes stieg, er die getönten Scheiben hochfahren ließ und uns so einen Kokon erschuf, in dem wir ganz allein miteinander waren. Wenn er mich nach Hause fuhr, setzte er mich immer an der Straßenecke ab, und ich ging den Rest des Wegs zu Fuß. Eines Tages, als ich die Tür öffnete und mich anschickte auszusteigen, nahm er meine Hand und fragte:

»Bist du bereit für Bob Marley?«

Ich hatte gewusst, dass dieser Moment kommen würde, und ich hatte ein wenig Angst davor gehabt, aber als ich ihm an jenem Abend in die grauen Augen sah, entdeckte ich darin nur Ehrlichkeit und Güte. Der Motor schnurrte wie eine zufriedene Katze, die Sitze waren weich, und ich fühlte mich rundum wohl. Wortlos zog ich den Fuß zurück in den Wagen, schloss die Tür, ließ mich in den Sitz sinken und machte die Augen zu, während er wendete und mit mir zu sich nach Hause fuhr.

Als wir ankamen, war die Sonne bereits untergegangen. Eine leichte Brise kühlte die Luft, während der Boden die den Tag über gespeicherte Hitze ausstrahlte. Zum ersten Mal sah ich Georges' Haus, zum ersten Mal öffnete mir ein Diener das Garagentor, zum ersten Mal ging ich über Marmorsteine. Doch während ich am Swimmingpool entlangspazierte, rückte das alles in den Hintergrund. Ich dachte an nichts anderes als an das, was vor mir lag. Das, was in Kürze geschehen würde. Jede Bewegung des Sekundenzeigers meiner Armbanduhr brachte mich dem Ereignis näher. Georges hatte vorgesorgt. Auf der Terrasse, die den Swimmingpool überragte, stand auf einem Tisch eine Flasche Alkohol bereit. Er bot mir davon an, aber ich lehnte ab. Ich wollte einen klaren Kopf behalten. Er nickte verständnisvoll, trat zu mir und schob mir mit erfahrener Hand den Träger meines Kleids von der Schulter. Ich sah meine Schulter im Mondlicht schimmern und fühlte mich so nackt wie nie zuvor. Ich konnte den Blick nicht von meiner Schulter abwenden, ich wagte nicht, woanders hinzusehen. Seine Finger schoben sich unter den zweiten Träger, und mein Herz setzte einen Schlag aus. Der Träger rutschte zur Seite. Ich ließ die Arme hängen, das Kleid glitt langsam an meiner Brust hinab, es entblößte den BH und wurde dann von meinem breiten weißen Gürtel aufgefangen. Ich starrte auf meine staubigen Füße in den Sandalen. Ich war doch nur ein kleines Mädchen mit dreckigen Knien. Ich fragte mich ernsthaft, was er an mir fand. Er hob mein Kinn an, und ich sah ihm in die Augen. Ich begann zu zittern und kämpfte vergeblich dagegen an. Er fragte, ob mir kalt sei, ich schüttelte schüchtern den Kopf. Seine Hände wanderten zu meinem Gürtel, ich wich instinktiv vor ihm zurück. Er hielt inne. Dann kam ich mir dumm und kindisch vor, also öffnete ich den Gürtel selbst. Ich behielt ihn in der Hand, damit ich mich an etwas festhalten konnte, während mir das Kleid über den Po glitt. Ich starrte auf die blau schimmernde Oberfläche des Swimmingpools, um nicht loszuschreien oder wegzulaufen, und fragte mich plötzlich, wo eigentlich der Diener war. Hatte er sich irgendwo versteckt und beobachtete uns heimlich? Noch nie hatte mich ein Mann nackt gesehen, und jetzt stand ich womöglich nackt vor gleich zwei Männern. Ich schämte mich fürchterlich, aber ich wollte Georges nicht enttäuschen, also drängte ich die Tränen zurück und bemühte mich zu lächeln. Er fragte: »Ist es dein erstes Mal?« Ich nickte, weil ich kein Wort herausbrachte. Meine Unsicherheit schien ihn zu rühren, er trat dicht an mich heran und nahm mich in den Arm. Er küsste mich, seine Zunge schmeckte nach Alkohol und Zigaretten. Ich streichelte sein Haar, weil mich das beruhigte. Jedenfalls ein bisschen. Seine Hand kroch über meinen Rücken und öffnete den BH-Verschluss. Er streifte den BH ab, trat einen Schritt zurück und musterte meine Brüste wie ein Künstler, der ein Meisterwerk betrachtet. Er zog mir auch den Slip aus, führte mich splitterfasernackt zu einem Liegestuhl, half mir, mich darauf auszustrecken, und begann mich zu streicheln. Er ließ sich Zeit und liebkoste meinen ganzen Körper. Nach einer Weile hob er mich hoch, trug mich ins Haus und flüsterte mir dabei Zärtlichkeiten ins Ohr. Er bettete mich auf ein unglaublich weiches Laken. Dann schlief Georges mit mir, und zwar so, wie ich es nie wieder erleben würde.

Wie ich es nie wieder zulassen würde. Er war der erste und der letzte Mann, dem ich mich ganz und gar hingab. Vermutlich wusste er, dass es in seinem Alter mit der Stehkraft nicht mehr weit her war, und widmete sich deshalb ausführlich meinem Körper. Erst küsste er mich an allen möglichen Stellen, zog sich dann irgendwann wortlos aus und drang in mich ein. Ich schloss die Augen und ließ es geschehen.

Als wir am nächsten Morgen durch die Stadt fuhren, blieb ich zum ersten Mal stumm. Gleich nach dem Aufwachen hatte ich ihn gebeten, mich nach Hause zu bringen, ich nahm mir nicht einmal Zeit für eine Dusche, ich war völlig aufgelöst. Unterwegs warf mir Georges immer wieder besorgte Blicke zu. Ich wollte ihn beruhigen, ihm sagen, dass das alles nichts mit ihm zu tun hatte, aber ich stand unter Schock. Ich war sechzehn, hatte meine Mutter angelogen, war über Nacht weggeblieben, hatte mit einem fünfunddreißig Jahre älteren Mann geschlafen und kehrte jetzt seelenruhig nach Hause zurück, während der Geruch seines Spermas noch an meinem Körper haftete. Das alles fühlte sich unglaublich dramatisch an, aber nach einigem Nachdenken dämmerte mir, wie banal es im Grunde war. Dass ich mit Georges geschlafen hatte, war völlig bedeutungslos, selbst dann, wenn ich es wieder tat. Das Ereignis hatte keinerlei Folgen, es hätte ebenso gut nicht stattfinden können. Mir ging auf, dass ich mich nur deshalb mit Georges eingelassen hatte, weil ich die Aufregung genoss, den Reiz des Verbotenen. Aber wer konnte mir schon ernsthaft etwas verbieten? Meine Mutter hatte schließlich auch nicht verhindern können, dass ich die Schule abbrach. Nichts hielt mich davon ab, Georges wiederzusehen und wieder mit ihm zu schlafen, zehnmal, tausendmal. Plötzlich fand ich ihn gar nicht mehr so aufregend. Eigentlich war er sogar ziemlich abstoßend, ein alter Mann mit faltiger Haut, der nach Alkohol und Zigaretten stank. Einer dieser verheirateten Männer, die nach Afrika kommen, um mit Mädchen zu schlafen, die noch Jungfrau sind, und zwar nur, weil sie die Macht dazu haben. Und ich war eine dieser Jungfrauen, die sich ihnen bereitwillig an den Hals warf. Selbst wenn Georges behaupten würde, dass er mich liebt, wäre das nichts als etwas Zucker auf einem Haufen Scheiße. Ich ekelte mich vor mir selbst.

Als wir in meine Straße einbogen, war mir, als stürzten die Mauern auf mich ein. Nachdem ich die ganze Nacht lang nicht nach Hause gekommen war, sollte ich mich jetzt allein zurückschleichen und meiner Familie gegenübertreten? Es war wie immer, der Mann hat das Vergnügen, die Frau muss es ausbaden. Dabei war alles Georges' Schuld, er hatte mich schließlich zu sich eingeladen. Für ihn war das Ganze nur ein Spiel. Aber ich hatte keine Lust, dieses Spiel mitzuspielen. Also bedeutete ich ihm, bis zu Souwés Haus weiterzufahren und erst dort anzuhalten. Es war mir egal, wenn alle Nachbarn den Mercedes sahen. Kaum war ich aus dem Auto gestiegen, lief ein Junge ins Haus und rief: »Hadscha! Hadscha! Sie ist wieder da!« Gleich darauf kam Souwé auf die Straße gerannt. Sie sah aus, als hätte sie die ganze Nacht kein Auge zugetan.

»Wo warst du bloß?«, schrie sie, als sie mich sah.

»Bei meinem Liebhaber«, sagte ich unverfroren und zeigte auf den Mercedes, der gerade wendete.

Sie starrte mich fassungslos an. Der Mercedes parkte am Straßenrand, und Georges stieg aus. Zum ersten Mal, seit ich ihn kannte, wirkte er kleinlaut. Doch seine Überzeugung, allen anderen überlegen zu sein, gewann gleich wieder die Oberhand. Mit selbstsicherem Grinsen kam er auf Souwé zu und streckte ihr die Hand entgegen.

»Sie sind Zainabs Mutter?«

Tante Souwé ignorierte seine Hand. Ein paar Schaulustige scharten sich um uns.

»Was soll das heißen, dein Liebhaber?«

Plötzlich tat mir Tante Souwé leid. Niemand hatte sie auf eine solche Situation vorbereitet.

»Was gibt es da nicht zu verstehen, Tante Souwé? Er ist mein Liebhaber. Riechst du nicht, dass ich die ganze Nacht mit ihm geschlafen habe? Aber wahrscheinlich erinnerst du dich nicht mehr an den Geruch von Sperma.«

Sie gab mir eine schallende Ohrfeige. Ich rechnete damit, dass sie mich beschimpfte und beleidigte, dass sie zeterte und schrie, dass sie ein Riesentheater machte. Aber nichts dergleichen geschah. Sie stand einfach nur da und zitterte hilflos. Georges lief rot an. Sein Mund stand offen, sein Körper roch nach dem Schweiß einer langen Liebesnacht. Im Hof ging eine Tür auf, und meine Mutter trat heraus. Sie kam auf uns zu. Ihre Stirn war staubig. Sie musste die ganze Nacht gebetet haben. Gebetet, dass ich noch lebte. Aber wofür lebte ich? Ich wusste es nicht. Im Gehen zog sie ihr Kopftuch fest. Sie war jetzt Hadscha, sie durfte die Wohnung nicht mehr mit bloßem Haupt verlassen. Sie warf uns einen fragenden Blick zu: Wer ist dieser Mann? Plötzlich hatte ich keine Kraft mehr, zu kämpfen. Ich hatte keine Kraft mehr, gegen meine Mutter anzukämpfen. Ich konnte nur verlieren. Ich konnte anstellen, was ich wollte, nichts würde sie jemals aus der Fassung bringen. Meine Mutter war vor sechzehn Jahren in Mekka gestorben, und seitdem lebe ich mit einem Zombie zusammen. Tante Souwé hatte nicht den Mumm, ihr zu erklären, was los war, und Georges hatte nicht den Mumm, sich einzumischen. Trotz all der schönen Worte hätte er nichts dagegen gehabt, wenn wir uns weiterhin heimlich getroffen hätten. Er wollte heimlich mit einem halben Kind schlafen! Ich war umgeben von Feiglingen. Schlimmer noch, ich war von ihnen abhängig. Ich musste mein Leben endlich selbst in die Hand nehmen.

»Komm, Georges. Wir fahren.«

»Aber ... Deine Mutter, deine Tante ...«, stammelte er.

»Was?«, fuhr ich ihn an. »Du schleppst mich zu dir, um mit mir zu schlafen, aber ansonsten bin ich in deinem Haus nicht willkommen?«

Meine Mutter stieß einen leisen Schrei aus. Sie öffnete den Mund, als wollte sie etwas sagen, aber es war schon so lange kein Ton mehr herausgekommen, dass die Worte den Weg nicht fanden. Also schwieg sie. Mir war zum Heulen zumute. Ich wollte, dass irgendetwas eine Bedeutung hatte, dass einer der Erwachsenen reagierte und mich zurechtwies. Ich wollte, dass die Dinge einen Sinn hatten und dass ein Verhalten besser war als das andere. Georges stand mit hängenden Armen im Hof, während ich ins Haus ging und ein paar Sachen in eine Tasche stopfte. Nach fünf Minuten war ich fertig. Ich würde später zurückkommen und den Rest holen, jetzt musste ich erst einmal hier raus. Als ich wieder in den Hof kam, standen die drei noch genauso da wie vorher und starrten mich entgeistert an. Zwei Frauen, die mich durchs Leben führen sollten und stattdessen darauf warteten, dass ich die Entscheidungen traf. Ein alter Mann, der mich kaufen und benutzen wollte und der nichts mehr mit mir anzufangen wusste, nachdem ich mich ihm hingegeben hatte. Denn was man umsonst bekommt, kann man nicht mehr kaufen. In diesem Moment begriff ich, worin meine Macht lag: Ich musste mich umsonst hingeben. Ich wäre wortlos an den drei Erwachsenen vorbei zu dem Mercedes gegangen, wenn meine Mutter nicht gemurmelt hätte:

»Zainab, mein Kind, meine Bleibe ...«

In meinem Kopf explodierte eine Bombe.

»Hadscha, nenn mich nie wieder deine Bleibe, ich bin kein verdammtes Haus! Ich bin ein Mensch aus Fleisch und Blut!«

Sie wich einen Schritt zurück.

»Und hör auf, mich jeden Tag daran zu erinnern, dass ich nach deinem Tod deine Leiche waschen werde. Das ist makaber! Das ist nicht mein einziger Lebenszweck. Und ich bin auch nicht mein aus Mekka zurückgekehrter Vater. Ich bin kein Symbol! Ich bin ein stinknormales Mädchen ohne Schulabschluss, ein dummes Gör, das nicht weiß, was es will. Ganz die Mutter also! Du kannst nicht alle Verantwortung auf mich abwälzen! Wach endlich auf und nimm dein Leben in die Hand. Das ist nicht einfach, ich weiß, aber wir alle müssen es tun, warum also nicht auch du? Willst du dein Leben lang auf das Mitleid anderer Leute angewiesen sein? Das ist so peinlich!«

Georges zog mich fort.

»Ich werde versuchen, sie zur Vernunft zu bringen, Madame«, stammelte er.

Er schob mich ins Auto, lief hastig zur Fahrerseite, stieg ein und fuhr los.

Georges wollte mich dazu überreden, zu Hadscha und Souwé zurückzukehren, aber nachdem ich meine Tasche nun bei ihm abgestellt hatte, rührte ich mich nicht mehr vom Fleck. Ich holte nicht einmal weitere Sachen von zu Hause. Ich hielt mich von der Haustür seiner Villa fern. Stattdessen vertrödelte ich meine Zeit im Schlafzimmer. Ich wollte sehen, ob Georges irgendwann etwas unternahm. Doch er war zu feige, um mich vor die Tür zu setzen. Also tat er das, was all die Schwächlinge tun, von denen ich umgeben bin: Er arrangierte sich mit der Situation. Er ging arbeiten und kam abends nach Hause, um mit mir zu schlafen. Von Zeit zu Zeit fuhr er bei Hadscha und Souwé vorbei, um ihnen zu sagen, dass es mir gutging, schließlich war er ein verantwortungsbewusster Erwachsener.

Mit der Zeit legte sich die Aufregung, die Wut verflog, der Ekel war hinuntergeschluckt und verdaut. Kurzum, es stellte sich Routine ein, und ich begann mich zu langweilen. Im Haushalt rührte ich keinen Finger. Der Diener war für das Aufräumen und Putzen zuständig, die Köchin für das Essen. Ich versuchte, mich mit ihr anzufreunden, aber sie war eine grimmige alte Frau, die kein Interesse an einer Sechzehnjährigen hatte. Sie verstand nicht, was ich im Haus eines alten, verheirateten Weißen zu suchen hatte, aber es lag ihr zu viel an ihrer Arbeit, um dumme Fragen zu stellen. Sie versuchte mir beizubringen, wie man ein paar einfache Gerichte kochte, aber angesichts meiner Lustlosigkeit gab sie schnell auf. Und dann war da noch der Diener. Mir gefiel gar nicht, wie er mich ansah. Er schien zu wissen, dass er irgendwann an der Reihe sein würde, dass er nur geduldig abwarten musste. Mittlerweile war ich sicher, dass er am ersten Abend, als Georges und ich miteinander geschlafen hatten, zugeschaut hatte. Wahrscheinlich war es nicht das erste Mal, dass er eine solche Szene beobachtete. Für ihn war ich nur ein Gegenstand, mit dem Georges sich verlustierte.

Nach ein paar Wochen begann ich mich zu fragen, ob es nicht langsam an der Zeit war, nach Hause zurückzukehren. Ob ich den Bogen nicht überspannt hatte. Doch dann geschahen zwei Dinge. Erstens bekam ich Kreislaufprobleme und mir war mit einem Mal ständig übel. Meine Periode blieb aus, und mir war sofort klar, was das bedeutete. Ich geriet in Panik. Ich hatte keine Ahnung, was ich tun sollte. Es gab zwei Lösungen für das Problem, und ich konnte mich für keine von beiden entscheiden. Georges war ein Feigling, so viel war sicher, aber ich wusste nicht, welchen Schluss ich daraus ziehen sollte. Das zweite Ereignis half mir bei der Entscheidung. Eines Tages sagte Georges beim Abendessen:

»Wir müssen etwas besprechen.«

Ich saß ihm gegenüber und gab keine Antwort. Was wollte er von mir?

»Es ist nämlich so«, fuhr er fort, »dass Marguerite zu Besuch kommt.«

Ich wusste nicht, wer Marguerite war. Natürlich ahnte ich es, aber bisher hatte er den Namen in meiner Gegenwart nicht ausgesprochen, und das wusste er auch genau. Weil ich mich über ihn ärgerte, sagte ich:

»Und was hast du mit deinem Kind vor?«

Er sah mich verständnislos an.

»Marguerite ist nicht mein Kind.«

»Das weiß ich. Aber ich frage dich, was du mit deinem Kind vorhast.«

»Wovon redest du, Zainab?«

Ich sah ihm ungerührt in die Augen, bis er erbleichte. Seine Lippen wurden lila, ein schöner Kontrast.

»Ich verstehe das nicht«, stammelte er. »Wir haben doch immer aufgepasst.«

Ich lächelte.

»Am ersten Abend hast du dich einen Dreck um Verhütung geschert. Darum hast du dir erst Sorgen gemacht, als du mich nicht mehr einfach wegschicken konntest. Wenn du solche Probleme vermeiden willst, musst du dir eine Acht- oder Neunjährige suchen.«

Er schluckte schwer.

»Kann man da nicht etwas machen?«, sagte er leise.

Ich verengte die Augen zu Schlitzen, verschränkte die Arme und wartete ab. Ich hätte alles getan, was er gefordert hätte, aber Georges war ein Feigling, und Feigheit treibt manchmal seltsame Blüten.

»Schön. Du kannst das Kind bekommen. Ich werde für euch beide sorgen«, erklärte er widerstrebend.

Im Grunde wollte er einfach nur einen Streit und jede Diskussion vermeiden.

»Gut. Also, was ist nun mit dieser Marguerite?«

»Äh, ja. Also, sie kommt zu Besuch.«

»Das weiß ich bereits, aber warum erzählst du mir das? Wenn du willst, dass ich verschwinde, sag es einfach. Glaubst du etwa, ich würde darum betteln, hierbleiben zu dürfen? Da kennst du mich aber schlecht.«

»Das meinte ich damit nicht.«

»Woher soll ich wissen, was du meinst, Georges, wenn du nie etwas klipp und klar sagst. Marguerite – wer auch immer das ist – kommt also. Schön. Ich nehme an, das ist Marguerites Entscheidung. Und was ist deine Entscheidung?«

»Aber was ist mit dir? Was willst du? Ich bin offen für alles.«

Ich verschränkte die Hände und betrachtete meine Fingernägel. Gepflegte, lackierte Fingernägel, die Fingernägel einer Frau, die sich aushalten lässt. In diesem Moment widerte mich mein Leben an. Warum war ich nur von Feiglingen umgeben?

»Du hast mich auch nicht gefragt, was ich will, als du mich vor den Augen deines Dieners geschwängert hast«, sagte ich.

Er verschluckte sich, hustete und lief rot an.

»Ich weiß wirklich nicht, was dein Problem ist. Ich tue alles für dich, ich lese dir jeden Wunsch von den Lippen ab, aber du führst dich auf wie ein verwöhntes Kind!«, brüllte er und hieb mit der Faust auf den Tisch.

Ich lächelte. Georges machte mir eine Szene. Es war wie im Film. Ich blieb vollkommen ruhig.

»Du wusstest, dass ich noch ein Kind bin, als du mich vor den Augen deines Dieners geschwängert hast.«

Er sprang auf und blickte sich wild um, als suchte er nach einem unsichtbaren Gegner. Er boxte einmal ins Leere und stützte sich dann keuchend auf dem Tisch ab.

»Du sollst deinen Willen haben, Zainab. Morgen besorge ich dir eine Wohnung. Natürlich zahle ich die Miete. Dort wirst du wohnen. Hier kannst du nicht bleiben. Meine Frau kommt zu Besuch! Meine Ehefrau! Du bist schließlich nur meine Geliebte! Ein Negerbalg! Bist du jetzt zufrieden?«

Er sah mich an und begann zu schluchzen. Jetzt sollte ich wohl Mitleid mit ihm haben.

»Nein. Ich werde bestimmt nicht in einer Wohnung herumsitzen und hoffen, dass du dein Versprechen hältst und am Monatsende die Miete zahlst. Morgen gehe ich ins Hurenviertel und suche mir einen Zuhälter, bevor meine Schwangerschaft sichtbar wird. Dann kann ich die Rolle, die du mir zugedacht hast, endlich richtig ausfüllen. Dann wächst dein Kind wirklich als Sohn einer Hure auf.«

Georges schluckte die Tränen hinunter. Er strich sich das Haar zurück und fragte mit gebrochener Stimme:

»Zainab, ich verstehe dich nicht ... Warum hast du so viel Bosheit in dir? Warum?«

Ich öffnete den Mund, um eine schnippische Antwort zu geben. Ich wollte ihn verletzen, ihm wehtun, aber mein Hals war wie zugeschnürt. Ich stand so hastig auf, dass mein Stuhl umkippte, und floh in mein Zimmer, damit er mich nicht weinen sah. Ich weiß nicht, warum ich so viel Bosheit in mir habe. Jeden Morgen beim Aufstehen fühle ich mich wie ein verwundetes Tier. Jedenfalls hielt Georges sein Versprechen. Er besorgte mir eine Wohnung. Er meldete mich auch an einer Friseurschule an, damit ich irgendwann mein eigenes Geld verdienen konnte. Er sagte, dass ich begabt sei. Es sei fantastisch, was ich mit meinem eigenen Haar mache. »Stell dir nur vor, was du auf den Köpfen anderer Leute vollbringen könntest!« Vielleicht liebte Georges mich wirklich. Vielleicht hätte aus uns ein ganz gewöhnliches Liebespaar werden können. Aber ich liebte ihn nicht. Keine Ahnung, warum. Vielleicht habe ich nicht gelernt, wie man liebt. Vielleicht dachte ich mir tausend Gründe aus, um ihn nicht lieben zu müssen. Jedenfalls wusste ich nach unserer ersten gemeinsamen Nacht, dass ich nicht eines dieser jungen Mädchen sein wollte, die in einem teuren Auto neben einem alten Mann sitzen. Aus Prinzip nicht. Ich zwang mich, ihn zu hassen, um mich nicht selbst zu hassen. Das war feige, ich weiß, und er hatte sicher gehofft, dass es anders käme. Dass unsere Liebe nicht die Bedeutung hatte, die die Welt ihr gab und die mir im Kopf herumschwirrte, als er mich nach unserer ersten gemeinsamen Nacht nach Hause fuhr. Hätten wir doch nur die Welt ändern können. Doch dazu hatten weder er noch ich die Kraft.

Nachdem seine Frau nach Europa zurückgekehrt war, sahen wir uns nicht mehr oft. Als sein Sohn geboren wurde, gab ich ihm nicht Bescheid. Iman. Ich hielt ihn im Arm und hoffte auf ein Wunder. Ich hoffte, dass eine Welle der Mutterliebe über mich hereinbrechen würde. Ich wartete. Ich warte noch immer. Hadscha und Tante Souwé waren bei der Geburt dabei. Tante Souwé weinte. Hadscha lächelte mild.

Ich nahm das Kind mit in meine Wohnung, obwohl Hadscha wollte, dass ich es in ihre Obhut gab. »Dann kannst du dich ganz auf deine Ausbildung zur Friseurin konzentrieren«, sagte sie. Aber ich wollte niemandem etwas schuldig sein. Vor allem wollte ich nicht, dass das Kind wird wie sie. Ich finde nicht, dass Hadscha mir eine gute Mutter war. Als Georges das Kind zum ersten Mal sah, stritten wir uns. Wir waren wütend aufeinander, und wir suchten uns das erstbeste Ventil: Iman. »Warum hast du mich nicht angerufen, als es so weit war?«, fragte er anklagend. Ich wusste keine Antwort. Die Frage war absurd. Er habe das Kind nicht gewollt, also sei es auch nicht seins, murmelte ich schließlich. Aber in Wahrheit hatte niemand Iman gewollt, er war niemandes Kind, er war Waise. Er hatte keine Eltern, nur Leute, die sich um ihn kümmerten, weil sie keine Wahl hatten. Genau wie ich, Tochter eines Zombies.

Dann musste Georges das Land verlassen. Er arbeitete für eine Firma, die in Europa anfallenden Atommüll heimlich nach Afrika verschiffte, um ihn hier zu vergraben. Die Regierung empfing ausländische Investoren mit offenen Armen, da sie die Wirtschaft ankurbelten. Doch in letzter Zeit war die internationale Gemeinschaft auf das krumme Geschäft aufmerksam geworden, und einige Firmen mussten schließen, damit sich die Wogen glätteten. Georges verlor seine Arbeit und musste zurück nach Europa zu seiner Ehefrau. Ich brachte ihn nicht zum Flughafen. Ich sagte dem Chauffeur, den er geschickt hatte, dass ich müde sei und mich hinlegen müsse, er solle ihm eine gute Reise wünschen. Sobald Georges in seiner Heimat aus dem Flugzeug stieg, vergaß er mich. Zum Glück war ich da dank seiner Hilfe längst selbstständig und brauchte ihn nicht mehr. Anfangs fragte ich mich, ob ich ihn vermissen würde, aber bald ging mir auf, dass ich nie wieder jemanden vermissen würde. Da fiel mir ein, was die Leute über mich sagten. Selbst Georges hatte es gesagt: Ich habe zu viel Bosheit in mir. Ein Gefäß kann man nur dann neu befüllen, wenn es leer ist, und mein Herz war voller Hass. Ich habe nie gelernt, wie man liebt. Bei diesem Gedanken bekam ich Angst. Anfangs lehnte ich mich dagegen auf und verstellte mich. Ich wollte mir selbst beweisen, dass ich falsch lag. Ich versuchte, die Erwartungen der Leute zu erfüllen. Ich versuchte, wie alle anderen zu sein. Denn wenn ich ich selbst war, verletzte ich die Menschen um mich herum. Ich verstellte mich bis zur Geburt meines zweiten Sohns, Désiré. Ich versuchte mit aller Kraft, Désiré zu lieben. Ich versuchte, ihn so zu lieben wie alle anderen, und machte damit alles nur noch schlimmer. Eines Tages fiel es mir wie Schuppen von den Augen. Ich musste meine Entscheidungen selbst treffen, ich konnte nicht andere Leute über mein Leben bestimmen lassen. Jetzt lebe ich so, wie ich will, während sie über mich urteilen, während sie sagen, dass ich nicht weiß, was Liebe ist, dass ich innerlich tot bin und dass mein Herz, wenn ich denn überhaupt eins habe, kalt wie Eis ist oder hart wie eine Kugelschreiberspitze aus Iridium.

ZERSTÖRT / INFLÉCHI

Désiré

Ich war immer ein stiller, verträumter Junge mit traurigen Augen gewesen. Als kleines Kind lächelte ich gar nicht, sondern presste die Lippen fest zusammen. So auch an jenem Morgen, als ich auf den Rand meiner Tasse biss, statt von meinem Kakao zu trinken. Ich duckte mich hinter meine erhobenen Hände, weil ich die Szene, die sich vor meinen Augen abspielte, nicht mit ansehen wollte. Am liebsten hätte ich mir auch noch die Ohren zugehalten, um das Geschrei nicht zu hören. Ich weiß nicht, warum ich mich ausgerechnet an jenen Morgen erinnere, schließlich wiederholte sich die Szene damals fast jeden Tag. Ich habe immer noch die karierte Tischdecke und die grüne Metalldose mit dem Kakaopulver vor Augen, auf der ein Fußballer im gestreiften Trikot abgebildet war. Vielleicht erinnere ich mich wegen Imans Gesichtsausdruck ausgerechnet an jenen Tag. Er saß mir in seiner sauberen khakifarbenen Schuluniform gegenüber und biss seelenruhig in seine Baguettehälfte mit Butter. Er schaute nach links zum Flur, und ich beobachtete, wie seine Kiefermuskeln beim Kauen arbeiteten. Er schaute zum Flur, aber sein Blick ging ins Leere. Vielleicht erinnere ich mich aber auch wegen seiner Worte ausgerechnet an jenen Tag:

»Ich habe die Schnauze voll von dem Theater! Zum Glück bin ich bald alt genug, um von hier abzuhauen.«

Das Theater, das waren mein Vater, der in diesem Moment aus dem Schlafzimmer gerannt kam, und meine

Mutter, die ihm hinterherlief. Der Hemdsärmel meines Vaters riss mit lautem Ratschen, als er meiner Mutter den Arm entwand. Mein Vater kam in die Küche und musterte seinen kaputten Ärmel mit finsterem Gesicht. Dann wanderte sein Blick zu uns, und ich duckte mich noch tiefer hinter meinem Kakao. Iman kaute auf seinem Brot herum und sah ihm fest in die Augen, während mein Herz im Takt seiner Kaubewegungen schlug. Bei jedem Herzschlag zitterten meine Hände, so dass sich die Oberfläche des Kakaos kräuselte. Ich war ein Angsthase, während Iman vor nichts Angst hatte. Das lag nicht daran, dass ich sieben Jahre alt war und er fast vierzehn. Iman war einfach anders. Er saß hier bei uns in der Küche, aber im Kopf war er weit weg. Mein Vater überlegte, ob er Iman anschnauzen sollte, entschied sich aber dagegen. In diesem Moment stürzte sich meine Mutter von hinten auf ihn. Sie schlug ihm die Fingernägel in die Schulter, zerriss sein Hemd und kratzte ihm die Haut auf. Mein Vater schrie vor Schmerz auf und sprang zurück. Dann versetzte er meiner Mutter mit der flachen Hand einen Stoß vor die Brust.

»Du Schlampe!«

Meine Mutter flog nach hinten. Als sie mit dem Rücken gegen die Wand stieß, breitete sich eine Schockwelle in der Küche aus und traf meine Brust. Bei dem Aufprall blieb ihr die Luft weg. Im nächsten Moment standen die beiden einander gegenüber. Sie im Bademantel, schwankend, außer Atem; er im zerrissenen Hemd, eine Hand auf die nackte Schulter gepresst, auf der kaffeebohnengroße Blutstropfen perlten. Die Zeit schien stillzustehen. Ich beobachtete ihre nach vorne gebeugten Körper, die zusammengekniffenen Augen, die offenen Münder, den keuchenden Atem. Zwei benommene Boxer. Ich fragte mich, wer als Erster aus der Erstarrung erwachen würde. Was würde dann geschehen? Wer würde als Erster zuschlagen? Ich hatte schreckliche

Angst, meine Ohren dröhnten, am liebsten wäre ich im Erdboden versunken. Ich trank einen Schluck von meinem Kakao und atmete scharf ein. Zu schnell. Luft strömte mir in die Nase, bildete in meinem Hals eine Blase und kam dem Kakao in die Quere. Ich hustete, spuckte aus und ließ die Tasse los. Wie in Zeitlupe fiel sie mir aus der Hand, prallte auf den Tisch und rollte ein Stück zur Seite. Während der Kakao auf die karierte Tischdecke lief und die braune Lache größer und größer wurde, hielt ich mir mit beiden Händen den Hals, weil ich keine Luft mehr bekam. Der warme Kakao vermischte sich mit Rotze und lief mir aus der Nase und über die Lippen. Ich schmeckte den salzigen Geschmack auf der Zunge. Ich konnte nicht mehr atmen. Ich hatte Angst zu sterben und begann zu weinen. Wann kam meine Mutter und klopfte mir auf den Rücken? Ich weiß es nicht. Wann nutzte mein Vater den Tumult, um sich aus dem Haus zu stehlen? Ich weiß es nicht. Ich frage mich noch heute, ob er sich vorher umzog oder ob er im zerrissenen Hemd aus dem Haus ging. Vielleicht holte er sich auch ein frisches Hemd aus dem Schlafzimmer und zog sich vor der Tür oder im Auto um. Ich weiß es nicht. Es gibt so viele Möglichkeiten. Ich weiß nur, dass Iman die ganze Zeit seelenruhig in seiner sauberen khakifarbenen Schuluniform dasaß und seine Baguettehälfte mit Butter kaute. Abwesend, schweigend, die Augen halb geschlossen.

Ich weiß nicht mehr, ob wir an diesem Morgen noch zur Schule gingen. Ich weiß auch nicht, wann mein Vater zurückkam. So viele Tage waren wie dieser. Es gab Streit, und mein Vater machte sich aus dem Staub. Irgendwann tauchte er wieder auf. Wie lange blieb er weg? Ich weiß es nicht. Manchmal eine Woche, manchmal einen Monat. Als Kind kommt einem die Zeit endlos vor. Alles ist groß, viel zu groß, man kann es nicht einschätzen, man ist allem hilflos ausgeliefert. Meine Gefühle erstickten mich, ständig blieb

mir die Luft weg. Es war, als lebte ich auf dem Meeres-
boden und die Wassermassen drohten mich zu erdrücken.
Ich musste die ganze Zeit die Luft anhalten. Ich hatte auch
Angst davor, niemals erwachsen zu werden, und der Gedanke war grauenvoll, denn ich wusste, dass ich meine Kindheit
nicht lange überleben würde. Ich lief einen Marathon durch
eine brütend heiße Wüste, und je schneller ich rannte, desto weiter war es bis zur Ziellinie. Die Entfernungen waren
zu groß für mich, bei der kleinsten Anstrengung war ich
zutiefst erschöpft. Der Arzt sagte, ich hätte Asthma und
solle aufhören, beim geringsten Anlass durch die Wohnung
zu rennen und mich in einem Schrank zu verkriechen. Aber
das konnte ich nicht. Nur in meinen Verstecken fühlte ich
mich sicher. Im Schrank, unter dem Bett oder zur Not auch
unter einer Decke mitten im Zimmer. Jedenfalls irgendwo,
wo es tröstend eng war. In der Schule setzte ich mich immer
in die letzte Bank. So konnte ich die achtzig bis hundert
Schüler überblicken, die in dem Klassenraum der öffentlichen Grundschule zusammengepfercht waren. Sie bildeten
eine kompakte Menschenmasse, in der ich unterging. Das
war beruhigend. Denn das war mein Ziel: unsichtbar sein.
Wenn man nicht gesehen wird, kann einem niemand etwas
tun. Ich hatte ständig Angst, jemand könnte mich ohne Vor-
warnung beschimpfen oder schlagen, deshalb bemühte ich
mich, so wenig Raum wie möglich einzunehmen. Wenn ich
schmal wie eine Rasierklinge wäre, müsste ich keine Angst
mehr haben. Vielleicht war ich deshalb so dünn und klein
für mein Alter. Iman hingegen war groß, sehr groß. Anscheinend war sein Vater auch sehr groß gewesen, ein richtiger
Riese. Iman war zwar dünn, aber er war athletisch und mus-
kulös. Wenn wir von der Schule nach Hause kamen, zog
er sein T-Shirt aus und ging mit nacktem Oberkörper auf
die Straße, um mit den anderen Jungen Fußball zu spielen.
Ich beneidete ihn um seinen Körper. Ich beneidete ihn um

seine Kraft. Iman war ein Löwe, und sein dichtes krauses Haar war die Mähne. Er war auch ruhig und selbstbewusst wie ein Löwe. Er war mein großer Bruder, er beschützte mich, ich konnte mich immer auf ihn verlassen. Iman tat so, als wären wir gleich, was mich jedes Mal überraschte. Nicht nur, weil wir nicht denselben Vater hatten. Es war noch viel mehr. Meine Mutter war mit Iman viel strenger als mit mir. Ständig gab sie ihm irgendeine Arbeit auf. Gut, er war ja auch schon älter, aber es war nicht nur das, sie redete auch anders mit ihm und sah ihn sogar anders an. Für etwas, wofür ich nur ausgeschimpft wurde, gab meine Mutter Iman gleich eine Ohrfeige. Es war, als bestrafte sie ihn für etwas, was gar nichts mit ihm selbst zu tun hatte. Für ein rätselhaftes Vergehen, für seine bloße Existenz. Wenn meine Mutter ihn bestrafte, sah sie ihn nie an. Stattdessen sah sie durch ihn hindurch, ihr Blick ging in die Ferne, ins Leere. Die Fähigkeit, Löcher in die Luft zu starren, hatte Iman von ihr geerbt. Wenn sie ihn verprügelte, steckte er die Schläge schweigend ein, und selbst wenn er vor Schmerz zusammenzuckte, wirkte er abwesend. Es war, als wartete er auf irgendwas. Es war, als warteten sie alle beide auf irgendwas. Etwas, was kurz bevorstand und was sie auf keinen Fall verpassen durften, nur weil sie von etwas so Banalem wie Schlägen oder Schmerz abgelenkt waren. Später begriff ich, dass sie beide darauf warteten, befreit zu werden, befreit aus dem Gefängnis, das meine Mutter Stein für Stein um sich selbst herum errichtet hatte. Der erste Stein war die Begegnung mit meinem Vater gewesen. Davon erzählte mir Iman eines Tages, als wir im warmen Sand der Dünen unter Palmen saßen und aufs Meer hinausschauten. Der Arzt hatte mir viel frische Luft verordnet, und so nahm mein Bruder mich an einem Freitagnachmittag mit zu seinem Lieblingsplatz am Strand. Es war eine ruhige Stelle, die er ein paar Jahre zuvor entdeckt hatte. In der Ferne brandeten die mächtigen Wellen des Atlantiks an Land, ein Kampf der Giganten.

»Es tut mir leid«, murmelte ich.

Er sah mich verständnislos an.

»Was tut dir leid?«

»Dass du dich mit mir abgeben musst und nicht mit deinen Freunden Fußball spielen kannst.«

»Du bist krank, die Meeresluft tut dir gut. Das ist wichtiger, als Fußball zu spielen.«

»Danke.«

Er malte mit dem Finger Figuren in den Sand. Dann runzelte er die Stirn.

»Du musst dich nicht bedanken, Désiré.«

»Aber niemand sonst bedankt sich bei dir. Mama schlägt dich immer nur.«

»Mama ist auch krank, Désiré.«

Entgeistert starrte ich ihn an. Ich hatte nicht gewusst, dass unsere Mutter krank war. Eine Welle der Angst brach über mich herein. Würde sie sterben? Ich ließ Iman nicht aus den Augen, während ich auf eine Erklärung wartete. Doch seine Miene war unergründlich. Schließlich sagte er:

»Weißt du, es war nicht immer so. Mama war nicht immer so.«

Seine Finger malten jetzt keine Figuren mehr. Sein Blick verlor sich über dem smaragdgrünen Meer. An jenem Tag erzählte er mir eine Geschichte, die ich erst sehr viel später verstand. Einiges hatte ihm Hadscha erzählt, anderes wusste er von Mama, und an manches erinnerte er sich selbst.

Nach Imans Geburt zog sich Mama von allem zurück. Sie verließ das Haus nur noch, um zur Friseurschule zu gehen. Eine alleinstehende Frau mit Kind hat es nicht leicht. Hadscha drängte sie immer wieder, Iman zu ihr zu geben, aber Mama weigerte sich. Sie misstraute Hadschas Erziehung. Doch das war nur die halbe Wahrheit. Den zweiten

Grund verschwieg sie, aber Iman erriet ihn, als er die Angst in ihren Augen sah. Iman begriff sehr früh, dass unsere Mutter ihn brauchte. Dank ihm hatte sie ein Ziel vor Augen. Deshalb bezahlte sie lieber eine Kinderfrau, die auf ihn aufpasste, während sie zur Schule ging, als ihn in die Obhut ihrer Mutter zu geben. Seine Anwesenheit motivierte sie, die Schule so schnell wie möglich zu beenden. Nach dem Abschluss begann sie eine Lehre in einem Friseursalon, und es lief etwas besser für sie. Die Arbeitstage waren lang, aber sie durfte ihren Sohn mitbringen und ihn im Hinterzimmer des Salons lassen, solange er nicht weinte. Iman begriff früh, dass er nicht quengeln durfte. Er hörte früh auf, ein Kind zu sein. Er hatte verstanden, dass er der einzige Antrieb im Leben einer Frau war, die völlig auf sich allein gestellt war. Sie war aus freien Stück allein, aber auch weil sie geächtet wurde. Sie war aus der Gemeinschaft ausgestoßen worden. Die anderen Frauen beäugten sie aus drei Gründen misstrauisch: Sie war unverheiratet, hatte ein Kind und war hübsch. Diese Kombination war gefährlich. Eine alleinstehende Frau drohte anderen Frauen die Ehemänner auszuspannen. Eine Frau mit Kind gab sich mit wenig zufrieden, sie erwartete nicht mehr viel von einem Mann. Und wenn eine Frau hübsch war, wollten die Männer sich mit ihr in der Öffentlichkeit zeigen. Die anderen Frauen fürchteten um ihre Ehemänner. Dabei hatte unsere Mutter für so etwas gar keine Zeit. Wenn sie nicht gerade arbeitete, kümmerte sie sich um Iman. Sie beachtete die Avancen der Männer nicht, sie nahm sie nicht einmal wahr. Ihr Leben drehte sich nur um ihr Kind. Die Männer missverstanden ihr Verhalten. Sie sahen nur, dass diese Frau, die bereits ein Kind hatte und deshalb in ihren Augen nicht mehr viel wert war, sich ihnen verweigerte. Schlimmer noch, die Männer waren Luft für sie. Unsere Mutter schlenderte mit ihrem Bastard auf dem Arm durch die Straßen. Sie hatte mit einem Weißen geschlafen, deshalb waren andere Männer anscheinend nicht mehr gut genug für sie. Offenbar strebte sie nach Höherem. Für wen hielt sie sich eigentlich? Es kam das Gerücht auf, dass unsere Mutter eine Prostituierte war, die mit jedem Weißen im Land ins Bett ging.

Hatten die Männer sie bisher begehrt, sahen sie jetzt auf sie herab. Die Leute rümpften die Nase, wenn sie ihr auf der Straße begegneten. Manche spuckten aus, nachdem sie an ihnen vorbeigegangen war. Wenn sie sich dann umdrehte, schauten sie schnell weg. Das Einzige, was die Leute davon abhielt, sie auf offener Straße zu beschimpfen, zu schlagen oder ihr die Kleider vom Leib zu reißen, war die Tatsache, dass sie Hadschas Tochter war und ihr Vater in Mekka den Tod gefunden hatte. Nur deshalb nahm man auch weiterhin ihr Geld und verkaufte ihr Früchte oder Reis, mit denen sie ihren Bastard ernährte. Das hätte ewig so weitergehen können, denn unsere Mutter bemerkte die Verachtung, die ihr entgegengebracht wurde, gar nicht. Man zog hinter ihrem Rücken über sie her, aber da sie keine Freunde hatte, weder Männer noch Frauen, erfuhr sie nie etwas davon. Sie merkte, dass man sie mied, aber sie ahnte nicht, wie sehr die Leute sie verabscheuten. Hätte sie es gewusst, wäre es ihr vielleicht sogar egal gewesen. Doch alles wurde anders, als Iman in die Schule kam.

Kinder tratschen gern und wiederholen, was ihre Eltern sagen. Iman wurde auf Anhieb zum Prügelknaben der Schule. Die Lehrer waren der Meinung, man solle sich nicht einmischen, und so sahen sie tatenlos zu, wie die anderen Schüler auf Iman einschlugen. Doch sein kurzes Leben hatte ihn bereits abgehärtet. Also ging Iman in die Schule, um sich zu prügeln. Er war größer und stärker als andere Kinder seines Alters. Er erkämpfte sich mit Fäusten Respekt. In der Schule war er ein wildes Tier, zu Hause der liebste Junge der Welt. Seine Mutter sollte auf keinen Fall erfahren, was die

Leute über sie sagten. Mama wunderte sich, dass Iman jeden Tag mit blutiger Nase nach Hause kam, aber sie hatte keine Ahnung, was in der Schule wirklich los war. Sie wusste nicht, wie Jungs waren, sie hatte nie mit einem zusammengelebt. Sie hatte keinen Vater gehabt, keine Brüder, keine Cousins. Sie wusste nur, dass Jungs sich gern prügelten. Außerdem beklagte sich Iman nie. Wenn sie ihn fragte, was passiert war, gab er keine Antwort. Doch eines Tages kam es zu einem Drama. Iman wurde von einer Gruppe älterer Jungen zusammengeschlagen. Unsere Mutter machte sich ernsthaft Sorgen und marschierte schnurstracks zur Schule, um sich zu beschweren. Die Eltern der anderen Jungen wurden in die Schule bestellt. Zwei Ehepaare, ein Vater, eine Mutter, natürlich beide verheiratet, und ihre Söhne saßen Mama gegenüber. Mama war ganz allein. An jenem Tag erkannte sie die Wahrheit. Ihre Worte waren nichts wert. Wenn sie redete, hörte ihr niemand zu. Die anderen waren viel zu sehr damit beschäftigt, sie anzustarren und sie zu verurteilen. Anschließend ging sie völlig verstört mit Iman zu Hadscha. Iman erinnerte sich noch genau an Souwés Worte:

»Das hier ist Afrika. Eine Frau ohne Mann ist wertlos. Warum bin ich wohl all die Jahre bei deinem Onkel geblieben? Du hast mich immer dafür verachtet, aber jetzt bist du selbst eine Frau. Verstehst du endlich, warum? Begreifst du es jetzt?«

Unsere Mutter begann zu weinen. Hadscha saß in einem Schaukelstuhl in der Zimmerecke und verfolgte das Gespräch mit abwesendem Blick, während Tante Souwé immer weiter redete. Es war, als hätte sie auf diesen Tag gewartet, um all das zu sagen, was sie ihr Leben lang nicht hatte sagen können, um all die angestaute Wut herauszulassen. Sie war völlig außer sich.

»Du willst Respekt? Respekt für dich und deinen Sohn? Dann steig von deinem hohen Ross herunter. Und hör auf, vorschnell über andere zu urteilen. Warum tun wir wohl, was wir tun? Glaubst du etwa, wir hätten keinen Stolz? Sieh nur, was dein Stolz angerichtet hat. Sieh dir deinen Sohn an. Eines Tages werden sie ihn in der Schule totprügeln! Und auf seinem Grabstein wird stehen: ›Dieser Junge musste sterben, weil seine Mutter ein selbstsüchtiges Gör ist.‹«

Dann fügte Souwé hinzu:

»Uns kannst du behandeln, wie du willst, Zainab. Wir sind alt, und du bist immer noch ein Kind. Aber du hast entschieden, Mutter zu sein. Niemand hat dich dazu gezwungen. Also verhalte dich auch so.«

»Und was soll ich tun?«

»Mach dich klein. Halt den Mund und hör auf, dich für etwas Besseres zu halten.«

»Warum sagst du das? Ich halte mich nicht für etwas Besseres.«

»Ach ja? Und was ist mit all den Männern, die dir Avancen machen? Denen du die kalte Schulter zeigst?«

»Das ist es also? Sie hetzen ihre Kinder gegen meinen Sohn auf, weil ich die Beine nicht breit mache? So läuft das?«

»So läuft das.«

»Dann werde ich von jetzt an eben jeden Typen ranlassen, der etwas von mir will. Für meinen Sohn. Hörst du, Iman? Alle Männer dürfen mich ficken, weil sie dir sonst das Leben zur Hölle machen.«

Souwé hob drohend die Hand.

»Vor ein paar Jahren hätte ich dir jetzt eine Ohrfeige gegeben. Sag so etwas nie wieder vor deinem Sohn. Ich werde nicht zulassen, dass er genauso verdorben wird wie du.«

»Tu dies nicht, tu das nicht ... Was soll ich deiner Meinung nach denn tun?«

»Ich habe mir geschworen, dass ich meine Kraft nicht mehr darauf verschwende, dir Ratschläge zu geben, Zainab.

Du hast nie getan, was wir gesagt haben, also haben wir es aufgegeben. Du bist auf dich allein gestellt.«

»Gut. Dann verspreche ich dir jetzt etwas. Ich tue, was du mir heute rätst, selbst wenn es mir nicht passt. Ich tue es für Iman. Ich will doch nur meine Ruhe, verdammt«, sagte sie und senkte den Kopf.

Souwé dachte einen Moment lang nach. Sie fragte sich wohl, ob es ihrer Nichte ernst war. Schließlich wagte sie sich vor:

»Finde einen Vater für deinen Sohn. Du musst heiraten, sonst werden die Leute immer schlecht von dir reden.«

»Ich habe keine Zeit, nach einem Mann zu suchen. Finde du mir einen, dann heirate ich ihn.«

»Und du wirst jeden Mann akzeptieren, den ich auswähle?«

»Selbst wenn er Müllmann ist, werde ich ihn nehmen.«

Mein Vater ist kein Müllmann. Er ist Oberst der Armee. In einem Militärregime bedeutet das zum einen, dass er respektiert wird und großen Einfluss hat, und zum anderen, dass er reich ist, weil er beschlagnahmen kann, was er will. Mein Vater liebt meine Mutter, zumindest liebte er sie am Anfang. Das muss ich einfach glauben. Es ist auch nicht schwer, meine Mutter zu lieben, denn sie ist sehr hübsch. Doch da gab es ein Problem. Sie hatte einen Sohn, Iman. Und dieser Sohn war auch noch ein Mischling. Deshalb konnte mein Vater ihn nicht als sein eigenes Kind ausgeben. Aber er konnte selbst ein paar Kinder zeugen und hoffen, dass die Leute das erste mit der Zeit vergaßen. Außerdem war es sehr befriedigend, meine Mutter zur Frau zu haben. Da viele Männer sie begehrten, war sie eine Art Trophäe. Und die Tatsache, dass ihr Kind ein Mischling war, bewies, dass ein Weißer sie gewollt hatte. Und so krank das auch war, man konnte stolz darauf sein, die Frau eines Weißen abbekommen zu haben. Man musste sie nur noch in Besitz nehmen. Diese Art von Liebe empfand mein Vater für meine Mutter. Es war eher ein Besitzanspruch als wahre Liebe. Deshalb war mein Vater auch sofort bereit, meine Mutter zu heiraten, und deshalb kam ich schon neun Monate nach der Hochzeit zur Welt. Er versuchte mit allen Mitteln, meine Mutter zu erobern. Gleich im ersten Jahr der Ehe beschloss er, ihr auf einem der Grundstücke, die er beschlagnahmt hatte, einen Friseursalon zu bauen. Weil die Militärregierung in einer schweren Krise steckte und er Angst vor einem Regimewechsel hatte, übertrug er das Grundstück auf ihren Namen. Auf diese Weise konnten künftige Regierungen es nicht einfach an die Vorbesitzer zurückgeben. Er kaufte ihr auch ein Auto. Meine Mutter hatte ihn geheiratet, ihm ein Kind geboren und stellte ihm das Essen auf den Tisch, aber es war klar, dass sie ihm nicht gehörte. Er besaß ihren Körper, das war auch schon alles. Manchmal kam ihm wohl der Gedanke, dass ein anderer Mann sie auf eine Art und Weise berührt hatte, die es jedem anderen unmöglich machte, ihr nahezukommen. Was hatte dieser Mann gehabt, was er nicht hatte? War es, weil er ein Weißer war? Und sein Sohn ein Mischling? Diese Gedanken führten dazu, dass mein Vater Iman hasste.

»Mama schlägt mich, um mich zu beschützen«, sagte Iman.

Tatsächlich musste sie meinem Vater beweisen, dass sie Iman nicht mehr liebte als mich, und das konnte sie nur, indem sie ihn schlechter behandelte. Wenn sie ihn schlug, musste mein Vater es nicht tun. Sie wollte die Kontrolle nicht an ihn abgeben. Niemand konnte sie dazu zwingen, ihren Ehemann zu lieben. Schließlich hatte sie sich diesen fünfundvierzigjährigen geschiedenen Oberst beim Militär nicht selbst ausgesucht. Als er jedoch fremdzugehen begann, ertrug sie seine Eskapaden nicht. Im Grunde wusste sie, dass er mit den Seitensprüngen auf eine verquere Art um ihre Aufmerksamkeit buhlte, aber sie hatte nicht genug

Lebenserfahrung, um gelassen damit umzugehen. Sie hatte das Gefühl, in der Falle zu sitzen. Mit der Zeit wurde der Schraubstock um ihren Hals immer enger. Sie opferte sich für einen Mann auf, den sie sich nicht ausgesucht hatte, aber sie war nicht bereit, so zu tun, als wäre sie glücklich. Und wenn sie ihr Schicksal tapfer ertrug, warum hatte er dann nicht den Anstand, es ihr gleichzutun? Immerhin hatte er sie sich ausgesucht. Sie hatte ihn geheiratet, um endlich ihre Ruhe zu haben, da hatte er nicht das Recht, ihr das Leben schwerzumachen. Jedes Mal, wenn mein Vater verschwand und erst nach Tagen wieder auftauchte, schäumte sie vor Wut. Er verstand das als Liebesbeweis und genoss ihren Zorn, denn andere Gefühle zeigte sie ihm gegenüber nicht. Er wollte immer mehr davon, und so machte er immer weiter. Die Situation wurde von Mal zu Mal schlimmer. Die beiden waren in einem Teufelskreis gefangen.

»Ich bin schuld daran, dass Mama sich in dieser aussichtslosen Lage befindet«, sagte Iman. »Früher gab ich ihr Kraft, jetzt bin ich ihre Schwäche. Meinetwegen ist sie unglücklich. Wenn es mich nicht gäbe, hätte sie ein besseres Leben. Aber keine Angst, ich werde meinen Platz schon finden. Hier ist er nicht. Ich muss woanders danach suchen, ich weiß nur noch nicht, wo ...«

Er verstummte. Heute frage ich mich, ob er nicht genau in diesem Moment auf die Idee kam, das Land zu verlassen. Genau in diesem Moment, als die smaragdgrünen Wellen an den Strand brandeten und die Gischt an unseren Zehen leckte. Die Flut war gekommen, es war spät. Zeit, nach Hause zu gehen.

Von diesem Tag an hatte ich Angst davor, dass Iman uns verlassen würde. Er war kaum noch zu Hause, und wenn doch, war die Stimmung gereizt. Mein Vater schimpfte leise vor sich hin und machte ihn bei jeder Gelegenheit herunter. Meine Mutter schickte Iman immer öfter zu Hadscha, und ich hatte schreckliche Angst, dass er eines Tages einfach nicht mehr wiederkommen würde. Außerdem war ich überzeugt, dass ich ihn aus dem Haus trieb, weil ich an nichts anderes mehr denken konnte. Doch dann kam alles ganz anders, als ich gedacht hatte. Zu jener Zeit bekam meine Mutter hin und wieder Besuch von einem Mann. Er tauchte immer dann auf, wenn mein Vater zu einem längeren Militäreinsatz aufs Land geschickt wurde. Er trug einen Anzug und hatte einen schwarzen Aktenkoffer dabei. Nachdem er seine Krawatte gelockert hatte, legte er den Koffer mit einem dumpfen Schlag auf den Tisch. Mama brachte ihm ein Guinness, und dann gingen die beiden stundenlang irgendwelche Unterlagen durch. Mit der Zeit blieb der Mann immer länger. Irgendwann blieb er sogar, obwohl er seinen Koffer längst zugeklappt hatte. Er machte es sich auf dem Sofa bequem und legte die Füße auf den Beistelltisch. Mama setzte sich neben ihn, und die beiden lachten miteinander. Ich mochte den Mann gern, er brachte mir immer etwas Süßes mit. Iman erklärte mir, dass er Anwalt sei. Unsere Mutter wollte sich von unserem Vater scheiden lassen, und der Mann half ihr mit den Papieren, damit sie den Friseursalon nicht aufgeben musste. Der Friseursalon war alles, was sie hatte. Wenn er Mama dabei half, ihn zu behalten, war er mein Freund. Iman war da zurückhaltender. Er war weder freundlich noch unfreundlich, er war einfach höflich. Mir fiel auf, dass der Anwalt beim Fernsehen immer näher an meine Mutter heranrückte. Eines Tages, Iman war wieder einmal bei Hadscha und ich spielte auf dem Boden mit einem leeren Milchkarton, sah ich, wie der Mann meiner Mutter eine Hand auf den Schenkel legte. Sie fuhr hoch.

»Du gehst jetzt besser«, sagte sie und schob seine Hand fort.

Unbeirrt griff er wieder nach ihrem Schenkel. Dann versuchte er, ihr die Hand unter den Rock zu schieben und ihr zwischen die Beine zu fassen. Meine Mutter packte sein Handgelenk.

»Was tust du da? Mein Sohn sieht uns zu«, zischte sie. »Hör auf!«

Ich saß wie versteinert da und starrte die beiden an. Ich sah die flehenden Augen meiner Mutter und die pochenden Adern an den Schläfen des Anwalts.

»Dann gehen wir eben ins Schlafzimmer«, sagte er.

»Nein, das tun wir nicht!«, brüllte sie.

Ich bekam Angst. Meine Mutter war außer sich. Hysterisch schrie sie:

»Warum läuft es immer auf das eine hinaus? Gibt es für euch keinen anderen Grund, etwas für eine Frau zu tun?«

»Einen anderen Grund? Warum verschwende ich hier wohl meine Zeit? Warum arbeite ich umsonst für dich? Was hast du schon anderes zu bieten?«

»Was habe ich anderes ...«

Mama beendete den Satz nicht. Auf ihrem Gesicht wechselten sich Scham, Schock und Wut ab. Dann stürzte sie sich auf ihn, so wie sie sich sonst auf meinen Vater stürzte. Doch anders als meinen Vater traf den Anwalt der Angriff völlig unvorbereitet. Er bekam es mit der Angst zu tun und sprang auf. In der Eile stolperte er über den Tisch, und der Inhalt seines Aktenkoffers ergoss sich über den Boden. Während er hastig seine Papiere zusammensammelte, fluchte er:

»Du bist ja verrückt! Für wen hältst du dich? Scheiß auf dich und deinen Salon, ich helfe dir nicht mehr!«

»Das ist mir egal. Für wen hältst *du* dich? Wie kannst du es wagen, mich so zu beleidigen? Ich brauche dich nicht. Du bist nicht der einzige Anwalt in der Stadt.«

»Nein, aber ich bin der Einzige, der es wagt, deinem Mann die Stirn zu bieten.«

Er richtete sich auf und stieg über mich hinweg. Ich hatte zu weinen begonnen. In der Tür drehte er sich um und zeigte mit dem Finger auf meine Mutter.

»Wage es ja nicht, mich nochmal um Hilfe zu bitten.«

»Ich kann mich beherrschen! Du existierst nicht mehr für mich, du bist ein Nichts!«

»Da irrst du dich gewaltig! Du wirst noch von mir hören!«

Er knallte die Tür hinter sich zu. Meine Mutter brach auf dem Sofa zusammen, vergrub das Gesicht in den Händen und rief immer wieder schluchzend: »Warum? Warum?« Sie schien nicht einmal zu bemerken, dass ich noch im Zimmer war und auch weinte.

Die nächsten Tage waren die längsten meines Lebens. Meine Mutter ging kaum vor die Tür. Es waren Schulferien, also verließ auch ich das Haus nicht. Ich verbrachte meine Zeit damit, sie zu beobachten. Mama saß am Fenster und starrte in den Regen hinaus. Manchmal wanderte ihr Blick zu Iman, und sie lächelte. Ich fragte mich, was sie mit dem Regen verband und was sie zum Lächeln brachte. Iman erklärte mir: »An einem Tag kurz vor Beginn der Regenzeit hat Mama meinen Vater kennengelernt.« Daran dachte sie also, wenn sie den Regen sah, und die Erinnerung machte sie glücklich. Ansonsten lächelte sie nicht. Manchmal öffnete sie die Fensterflügel, und Wind und Regen peitschten ihr ins Gesicht. Ihre Augen waren verquollen. Seit dem Vorfall auf dem Sofa hatte ich sie nicht mehr weinen gesehen, aber ihre geschwollenen Augen zeugten davon, dass sie es heimlich tat. So vergingen die Tage. Unsere Mutter starrte stundenlang aus dem Fenster auf die gegenüberliegende Hauswand. Jetzt, wo sie wusste, dass sie sich nicht von meinem Vater scheiden lassen konnte, war ihr Leben vorbei. Die Zukunft hielt nichts mehr für sie bereit. Es war, als hätte sie sich bereits mit dem Gedanken abgefunden, dass ihre Tage von nun an alle so ablaufen würden, dass sie sich gleichförmig aneinanderreihen würden, einer wie der andere. Vielleicht lag es an den vielen Tränen und den Augenringen, aber ihr Gesicht alterte in wenigen Wochen um zehn Jahre. Es wurde zu einer schrumpeligen Maske. Mama redete auch nicht mehr mit uns. Dazu hatte sie nicht die Kraft. Iman machte sich große Sorgen um sie. Beim Essen sah er immer wieder mit gerunzelter Stirn zu ihr hinüber. Er versuchte, ihren Blick einzufangen, aber er kam nicht an sie heran. Sie hatte sich in ihrem Schweigen eingemauert und bemerkte die besorgten Blicke ihres Sohnes nicht. Iman verstand nicht, was mit ihr los war, denn er hatte keine Ahnung, was passiert war. Ich hatte mich nicht getraut, ihm von dem Vorfall auf dem Sofa zu erzählen, weil ich wusste, dass er böse geworden wäre. Ich wollte nicht schuld daran sein, wenn es noch mehr Probleme gab. Nichts war mehr wie früher. Es gab nicht mal mehr Streit. Wenn mein Vater abends von der Arbeit kam, murmelte meine Mutter nur: »Hallo«, ohne den Blick vom Fenster abzuwenden. Er setzte sich an den Tisch und aß das Essen, das sie vorher bereitgestellt hatte, um nicht mit ihm reden zu müssen. Ich glaube, selbst mein Vater litt unter der gedrückten Stimmung. Er war nicht mehr ganz so arrogant und aggressiv. Er aß stumm, sah sich die Nachrichten an und ging schlafen. Manchmal brachte er meiner Mutter sogar ein Geschenk mit nach Hause, und sie legte es auf den Schrank zu den anderen und vergaß es. In diesen Momenten dachte ich, dass mein Vater meine Mutter auf seine Art doch liebte. Wenn sie einen Schritt auf ihn zugemacht hätte, wäre sicher alles anders gekommen. So seltsam das klingt, in dieser Zeit war ich fast glücklich. Ich fragte mich allerdings ständig, wie lange die Ruhe andauern würde.

Eines Morgens wurde ich von Geschrei wach. Ich schob die Decke beiseite, setzte mich langsam auf und schlüpfte in die Gummisandalen, die vor meinem Bett standen. Imans Bett war leer. Ich trat aus dem Zimmer und ging den Flur entlang. Anfangs beeilte ich mich nicht. An Streit im Haus war ich gewöhnt. Es war also vorbei mit der Ruhe, wir kehrten zu unseren alten Gewohnheiten zurück. Doch dann ging mir auf, dass etwas anders war als sonst, und meine Schritte wurden schneller. Ich hörte nur eine Stimme, und zu meiner Überraschung war es Imans. Ich betrat das Schlafzimmer meiner Eltern, von wo das Geschrei kam, sah aber niemanden. Da entdeckte ich meinen Bruder. Er stand im Badezimmer. Er trug Shorts, und wie immer war sein Oberkörper nackt. Er hielt ein Tablettenröhrchen in der Hand und schrie mit sich überschlagender Stimme:

»Dazu hast du nicht das Recht!«

Ich steckte den Kopf ins Badezimmer und sah meine Mutter nackt auf dem Boden neben der Toilettenschüssel sitzen. Sie hielt schuldbewusst den Kopf gesenkt. Schlagartig wurde mir klar, was hier los war. Iman schimpfte meine Mutter aus! Und sie wagte nicht, ihm in die Augen zu sehen. Als sie mich entdeckte, warf sie mir einen flehenden Blick zu, als suchte sie nach einem Verbündeten.

»Was ist passiert?«, fragte ich.

Waren jetzt alle verrückt geworden?

Iman zeigte auf meine Mutter:

»Frag sie! Sie hat eine Riesendummheit gemacht.«

Ich sah meine Mutter an. Sie zuckte nur mit den Schultern und suchte mit dem Blick nach einem Fenster, durch das sie nach draußen schauen konnte, um der Wirklichkeit zu entfliehen. Doch sie saß auf dem Boden, und das Badezimmerfenster war zu hoch. Sie murmelte kraftlos: »Ich verbiete dir, so mit mir zu reden ...«, und es klang, als wären diese Worte ihr letzter Ausweg.

Imans harte Stimme holte uns alle in die Wirklichkeit zurück.

»Und ich verbiete dir, diese Pillen zu schlucken! Dazu hast du nicht das Recht!«

»Aber ich brauche sie, um schlafen zu können«, protestierte sie.

»Na klar! Die ganze Packung!«

Iman schüttelte das Röhrchen in seiner Hand. Plötzlich schien ihm aufzugehen, dass er mir eine Erklärung schuldete. Oder er sehnte sich ebenfalls nach einem Verbündeten. Er sagte zu mir:

»Mama will weg. Sie hat Tabletten genommen, um zu sterben! Sie will weg von dir. Dann bist du ganz allein, Désiré. Verstehst du das?«

Die beiden sahen mich erwartungsvoll an, als könnte ich die Lage entschärfen. Mir schossen Tränen in die Augen, und ich hatte das Gefühl zu ersticken. Ich konnte mich nicht für einen von beiden entscheiden, ich konnte nur stammeln:

»Was redest du da? Mama ist immer für uns da. Sie wird uns nie verlassen.«

»Ach ja? Ich habe sie ohnmächtig im Badezimmer gefunden. Neben ihr lag dieses Tablettenröhrchen. Ich habe sie gezwungen, sich zu übergeben.«

Tatsächlich schwammen in der Toilettenschüssel Reste von Erbrochenem. Ich musterte meine Mutter, ihre aufgesprungenen Lippen, ihre Brüste, ihre Schenkel. Plötzlich war mir der Anblick ihres nackten Körpers peinlich. Sie hob den Blick und sah mich an. Ich weiß nicht, was sie in meinen Augen sah, aber sie griff nach einem Handtuch und legte es sich um. Die Geste war Iman offenbar unangenehm, denn er drehte sich um und rannte aus dem Badezimmer.

»Ich habe die Schnauze voll, ich haue ab«, rief er.

»Nein! Warte!«, flehte ich.

»Worauf denn?«, brüllte er von der Schlafzimmertür aus.

»Wäre ich nicht rechtzeitig gekommen, wäre sie jetzt tot,

und dann hätten wir keine Mutter mehr. Mama hat keine Lust mehr, unsere Mutter zu sein, Désiré.«

Ich glaubte, Tränen in seinen Augen schimmern zu sehen, obwohl Iman nie weinte. Doch an jenem Tag war er näher dran, als ich es je erlebt hatte. Er verschwand in unserem Zimmer und holte sich ein T-Shirt. Meine Mutter blickte zum Fenster über ihrem Kopf hoch. Ich warf mich in ihre Arme.

»Mama, tu was. Iman will weggehen.«

»Vielleicht ist es besser so«, murmelte sie. »Iman hat schon immer das getan, was nötig ist. Vielleicht ist es besser so.«

Im Flur zog Iman seine Schuhe an. Er wirkte fest entschlossen. Als er sich gerade den zweiten Schuh zuband, hörten wir einen Schlüssel in der Eingangstür. Wir erstarrten alle drei. Die Tür wurde geöffnet, und dann hörte ich meinen Vater brüllen:

»Wo ist deine Mutter?«

Warum kam er so früh nach Hause? Er war doch gerade erst gegangen. Wieso war er nicht bei der Arbeit? Ich begann zu zittern, weil ich ahnte, dass eine Katastrophe bevorstand. Ich hörte das Klacken seiner Ledersohlen, als mein Vater den Flur entlangging. Er blieb vor Iman stehen, der immer noch in der Schlafzimmertür kniete, und starrte ihn voller Abscheu an. Er bedeutete ihm mit einer Geste, Platz zu machen, aber Iman rührte sich nicht vom Fleck. Er sah einfach nur mit hasserfülltem Gesicht zu meinem Vater hoch. Mein Vater wedelte mit der Hand, als wolle er eine Fliege verscheuchen, und ging dann um ihn herum. Er betrat das Schlafzimmer und kam auf die Badezimmertür zu. Im Vorbeigehen hob er den Lederriemen auf, der unter dem Bett lag. Wenn wir etwas angestellt hatten, holte Mama ihn hervor und drohte, uns auszupeitschen. In diesem Moment sprang Iman auf, ohne den zweiten Schuh zuzubinden, rannte den Flur entlang und verschwand aus meinem Blickfeld.

»Da bist du ja!«, schrie mein Vater, als er meine Mutter sah.

Sie schob mich sanft beiseite. Mein Vater umklammerte den Lederriemen.

»Du willst dich also scheiden lassen?«

Das Gesicht meiner Mutter hellte sich auf. Jetzt verstand sie, worum es ging. Vielleicht hatte sie sogar schon länger auf diesen Moment gewartet.

»Na und? Ist das nicht mein gutes Recht?«

Sie versuchte, meinen Vater zum Reden zu bringen, sie wollte herausfinden, was in ihm vorging. Mein Vater verzog die Lippen und entblößte das Zahnfleisch zu einem fiesen Grinsen.

»Natürlich ist es dein gutes Recht, dich von mir scheiden zu lassen. Es ist dein gutes Recht, einen Anwalt zu treffen und ihn in *mein* Haus zu holen, damit er dir bei der Scheidung hilft. Und es ist dein gutes Recht, ihn zu bezahlen, indem du mit ihm schläfst!«

Meine Mutter überlegte angestrengt, was sie antworten sollte. Dann zeichnete sich Resignation auf ihrem Gesicht ab. Was konnte sie schon sagen? Es abzustreiten war jedenfalls sinnlos, er hätte ihr ohnehin nicht geglaubt. Also zuckte sie nur kraftlos mit den Schultern. Mein Vater zitterte vor Wut.

»Dir ist das alles völlig egal, nicht? Dir ist es egal, dass du mich blamierst und auf dem Stützpunkt alle über mich reden. Ich habe dir immer Geschenke mitgebracht, ob du mich darum gebeten hast oder nicht! Ist das dein Dank? Du verwöhntes Gör! Deine Mutter hat dich vielleicht nicht erzogen, aber das hole ich jetzt nach!«

Als er den Arm hob, ertönten im Flur schnelle Schritte. Iman kam durch das Schlafzimmer auf meinen Vater zugerannt und brüllte:

»Das tust du nicht!«

Er stieß ihn mit der Schulter beiseite, und der Peitschenhieb ging ins Leere. Mein Vater fuhr herum und starrte Iman fassungslos an.

»Dir will ich schon lange den Hintern versohlen, du kleiner Bast-«

Er verstummte abrupt, und seine Augen weiteten sich. Meine Mutter keuchte auf, während ich wieder das Gefühl hatte, zu ersticken.

Iman stand mit geweiteten Pupillen mitten im Badezimmer, das Gesicht zu einer animalischen Fratze verzerrt. Er umklammerte mit beiden Händen ein großes Messer und richtete es mit ausgestreckten Armen auf meinen Vater. Dieser schrie vor Angst auf wie ein Tier, warf den Lederriemen fort, presste sich mit dem Rücken an die Wand und hob die Hände:

»Dein Sohn ist verrückt geworden.«

Meine Mutter stand auf und ging auf Iman zu, aber selbst sie zögerte.

»Iman, tu das nicht! Bitte! Papa wird mir nichts tun.«

»Oh doch, das wird er! Er wird dich auspeitschen wie einen Büffel. Aber es ist ganz einfach. Wenn du meine Mutter anrührst, schlitze ich dir die Kehle auf. Meine Mutter ist kein Vieh.«

»Iman, du verstehst das nicht, du bist zu jung«, stieß mein Vater hervor. »Ich habe alles für diese Frau getan, und das ist ihr Dank ... Sie betrügt mich ...«

»Das ist nicht wahr«, rief Iman.

»Woher willst du das wissen?«

»Ich weiß es eben. Und selbst wenn es wahr wäre ... Dich schlägt ja auch niemand, wenn du fremdgehst ...«

»Iman, es reicht!«, sagte meine Mutter scharf.

Schweiß perlte auf der Oberlippe meines Vaters. Er presste sich immer noch mit dem Rücken an die Badezimmerwand.

»Dein Sohn bedroht mich? Also gut! Dann packt ihr beide jetzt eure Sachen und verlasst mein Haus. Du kannst sehen, wo du bleibst, und den Salon kannst du auch vergessen!«

»Bist du jetzt zufrieden, Iman?«, murmelte meine Mutter. »Bist du stolz auf dich? Wegen dir werde ich alles verlieren, du undankbares Kind!«

Dann wandte sie sich meinem Vater zu.

»Es ist deine Schuld, du kannst nicht seine Mutter schlagen und erwarten, dass er tatenlos zusieht. Vor allem nicht an einem Tag wie heute. Das hat nichts mit dir zu tun, er ist wütend auf mich, weil ich eine Dummheit gemacht habe. Ich spreche mit ihm, er wird sich beruhigen.«

»Nein!«, sagte mein Vater. »Er hat mich mit einem Messer bedroht. Er ist gefährlich, er kann nicht hierbleiben. Du musst dich entscheiden. Entweder verschwindet ihr beide, oder du schmeißt ihn raus.«

Alle Blicke waren auf meine Mutter gerichtet. Selbst Iman, der noch immer mitten im Badezimmer stand und meinem Vater das Messer entgegenstreckte, starrte sie an.

»Komm, Mama«, sagte Iman leise. »Gehen wir.«

Meine Mutter presste ihre Hände gegen den Kopf. Sie sah von mir zu Iman und sagte dann mit zittriger Stimme:

»Nein, Iman. Du gehst. Ich will dich in diesem Haus nicht mehr sehen, hörst du? Verschwinde!«

Mein Bruder biss die Zähne zusammen, öffnete die Hand und ließ das Messer fallen. Als die Klinge mit einem metallischen Scheppern auf die Kacheln aufschlug, stürzte sich mein Vater auf ihn wie ein Rammbock. Er ballte die Faust, legte all sein Körpergewicht hinein und versetzte Iman den brutalsten Schlag, den ich je gesehen hatte. Mitten ins Gesicht. Mir war, als spürte ich den Schlag im eigenen Gesicht. Erschrocken kniff ich die Augen zusammen. Ein Schwall Blut spritzte auf die Wand, dunkle Tropfen liefen von den

Fliesen. Meine Mutter schrie auf, rannte zu meinem Vater und umklammerte ihn von hinten mit beiden Armen. Iman lag am Boden. Er schlug die Hände vors Gesicht, als könnte er so den Schmerz abwehren. Blut strömte zwischen seinen Fingern hervor.

»Hau ab, du dreckiger Bastard!«, zischte mein Vater.

Dann drehte er sich um, ohne eine Antwort abzuwarten. Iman setzte sich mühsam auf, lehnte sich an die Wand und streckte die Beine aus. Einer seiner Füße war nackt. Im Fallen hatte er den Schuh verloren. Er war viel zu benommen, um sich zu rühren. Seine Arme hingen schlaff herunter, das Gesicht war blutüberströmt. Meine Mutter taumelte. Das Blut auf dem Gesicht ihres Sohns ließ sie schwindeln, sie musste sich setzen. Sie lehnte sich mit dem Rücken an die Wand gegenüber von Iman und rutschte zu Boden. Jetzt war mein Vater der Einzige, der noch stand. Seine Arme hingen herab, aber er hatte immer noch die Fäuste geballt.

»Du nennst deinen Sohn undankbar«, fuhr er meine Mutter an. »Und was ist mit dir? Ich habe dich mit Geschenken überhäuft, ich habe mich halb tot gearbeitet ...«

»Ich habe dich nicht darum gebeten.«

»Du bist eine verdammte Egoistin«, sagte er und drängte die Tränen zurück. »Du hast mich nie geliebt! Warum hast du mich geheiratet, wenn du mich nicht liebst?«

Was sollte sie darauf antworten? Dass sie den erstbesten Mann geheiratet hatte, der ihr über den Weg gelaufen war?

»Peitsch mich doch aus. Dann werde ich dich sicher lieben.«

Mein Vater schlug betroffen den Blick nieder. Dann sah er sich um, als nähme er zum ersten Mal seit seiner Heimkehr die Umgebung wahr. Er fuhr sich mit der Hand über den Nacken.

»Wenn du mich gebeten hättest, dir den Salon zu überschreiben, hätte ich ihn dir geschenkt, selbst wenn du mich danach verlassen hättest. Du verstehst das nicht. Ich will doch nur, dass du mich liebst. Aber offenbar bin ich dir nicht gut genug!«

Er stürmte aus dem Badezimmer. Wir drei blieben zurück. Ich hatte mich in einer Ecke verkrochen, während meine Mutter und Iman einander gegenübersaßen. Iman murmelte mit gesenktem Blick und zusammengebissenen Zähnen:

»Hoffentlich verschwindet er und kommt nie wieder ...«

Meine Mutter starrte auf Imans Zehen und sagte leise, wie zu sich selbst:

»Du willst deinem Bruder den Vater nehmen und einer Frau ihren Mann? Aus purem Egoismus? Du hast schon einem jungen Mädchen seine Kindheit gestohlen. Deine Geburt war der Anfang von meinem Ende. Ich hätte dem Rat folgen sollen, den ich in den Augen deines Vaters las, und dich wegmachen lassen. Hier ist kein Platz für dich, Iman. Du bist derjenige, der verschwinden muss. Bitte geh ...«

Ihr versagte die Stimme. Die Worte schienen fortzuschweben und ihr Leben mit sich davonzutragen. Ich spürte ihre Anspannung, den geballten Schmerz, und es kamen keine Tränen, die den Knoten hätten lösen können. Sie schwieg, aber in Gedanken sprach sie immer weiter, und ihr innerer Monolog verstummte nicht mehr bis zu jenem Tag mehrere Jahre später, als die Freundin einer Prostituierten voller Hoffnung an ihre Tür klopfte.

Ich sah, wie ein Licht in den Augen meiner Mutter erlosch wie ein Stern am Himmel, der für immer verglüht.

Kurze Zeit später verließ Iman das Haus, er wartete nicht einmal, bis er sich von dem Faustschlag meines Vaters erholt hatte. Ich sah ihm nach, wie er die Straße entlangwankte. Im Gehen presste er sich ein Taschentuch auf die

Lippe, die immer noch stark blutete. Ich hatte versucht, ihn aufzuhalten, ihn zur Vernunft zu bringen.

»Du kannst ja für ein paar Tage zu Hadscha gehen und dann zurückkommen«, hatte ich gefleht.

Iman hatte entschlossen den Kopf geschüttelt. Er sagte, ich solle gut auf unsere Mutter aufpassen. Er werde von jetzt an nicht mehr bei uns wohnen, er werde zu Hadscha ziehen. Meine Mutter habe eine neue Familie, es sei offensichtlich, dass in diesem Haus kein Platz für ihn war. Er hindere uns daran, unser Leben zu leben. Wenn er ausziehe, werde alles wieder gut, dann könne unsere Mutter endlich glücklich sein. Das sei er ihr schuldig. Seine letzten Worte hallen mir noch immer in den Ohren:

»Wenn ich gehe«, sagte er, »bringe ich alles wieder in Ordnung. Dann kann sie endlich das Leben führen, das sie verdient. Du verstehst das nicht, aber ich bin schuld an dem Unglück unserer Mutter. Meine Geburt hat ihr Glück zerstört.«

EISBERG / ICEBERG

Toumani

Noch heute fragen mich die Leute oft nach Iman. Sie nehmen meinen Arm und sagen:

»Und wie geht es deinem Freund?«

Dann schließe ich kurz die Augen. Freund? Sie irren sich, Iman und ich waren keine Freunde. Was waren wir dann? Ich weiß es nicht. Ich kenne ihn schon so lange, es ist, als wäre er immer da gewesen. Ich habe keine Ahnung, wie alt ich war, als Iman in mein Leben trat. Ich habe auch keine Ahnung, wie alt ich jetzt bin. Ich besitze kein Dokument, auf dem mein Geburtsdatum steht, keinen Beweis für meine Geburt, und alle Menschen, die an jenem Tag dabei waren, sind aus meinem Leben verschwunden. Ich könnte genauso gut nicht existieren. Als Monsieur Bia mich halb tot in den Kanalschacht warf, hatte er genau das begriffen. Er konnte mich nicht richtig töten, weil ich gar nicht geboren worden war. Bei den Unmengen Kindern, die Tag für Tag in die Stadt verkauft wurden, wer bemerkte da schon, wenn eins fehlte? Und wen kümmerte es? Wir waren schließlich nur Kinder. Davon gibt es so viele! Die meisten Familien haben zehn Kinder oder mehr. Wieso sollte man da eins vermissen? Die Leute bekommen viele Kinder, damit das nächste nachrücken kann, falls eins verloren geht. Das war mir immer klar gewesen. Bis zu dem Tag, als Iman mir das Leben rettete. An jenem Tag erlebte ich zum ersten Mal, dass jemand um mich kämpft. Ich fragte mich, warum Iman und seine Freunde mich nicht einfach sterben ließen. Es gab doch so viele andere Kinder. Zum ersten Mal kam mir der Gedanke, dass die Anzahl nicht den Wert mindert. Dass ein Mensch nicht austauschbar ist, dass jeder Einzelne zählt. Selbst ich, Toumani, geboren an einem unbekannten Tag, Sohn eines unbekannten Vaters und einer unbekannten Mutter. Das war Imans Geschenk an mich. Er brachte mich auf den Gedanken, dass ich nicht nur das Recht, sondern auch die Pflicht hatte, zu leben.

In den ersten Tagen nach meiner Rettung war es brütend heiß. Ich lag in der prallen Sonne auf dem Rücken, ein kleiner Junge mit einem verfaulenden Bein. Ich starrte in den Himmel, meine Lippen waren trocken und aufgeplatzt. Ich lag da und wartete. Um mich herum stank es nach Müll. Monsieur Bia hatte mich in einen Kanalschacht auf einem verwilderten Grundstück geworfen. Unkraut versperrte mir den Blick auf die umliegenden Häuser. Hinter dem Gestrüpp konnte ich undeutlich ein paar Blechhütten erkennen. Die Brache war zugewuchert und von außen nicht einsehbar, weshalb die Anwohner sie als Müllkippe benutzten. In der Mitte ragte eine etwa vier Meter lange und drei Meter hohe Mauer in die Höhe. Vermutlich war sie das Überbleibsel eines gescheiterten Bauvorhabens. Die Jungen hatten mich neben die Mauer in den Schatten gelegt, aber zur Mittagszeit warf die Mauer keinen Schatten. Wenn ich sie anfasste, verbrannte ich mir die Hand. Ab und zu rollte ich mich auf die Seite und entleerte meine Blase. Den Rest der Zeit war ich damit beschäftigt, den dumpfen Schmerz in meinem Bein zu ertragen. Mir tat jeder Knochen im Körper weh, und rasende Kopfschmerzen spalteten mir den Schädel. Immer wieder musste ich mich erbrechen. Anfangs kamen noch Essensreste, aber bald krampfte sich nur noch mein leerer Magen zusammen. Ich wurde immer schwächer, und der Schmerz war so übermächtig, dass ich immer wieder in Ohnmacht fiel. Wenn ich wach war, dämmerte ich vor mich hin. Die Welt zerfloss vor meinen Augen, Geräusche drangen wie aus weiter Ferne an mein Ohr. Meine Erinnerung verschwamm, manchmal wähnte ich mich noch in Monsieur Bias Haus, und dann weinte ich vor Angst. Mir ging es schlecht, aber ich konnte nichts dagegen tun. Ich konnte nur neben der Mauer liegen und beten, dass der Schmerz verging. In meinen klareren Momenten beobachtete ich die Jungen, die mich aus dem Schacht gezogen hatten.

Da waren Marcellin, Gildas, Covi und Iman. Marcellin, der Dicke, war am seltensten da. Er kam nur tagsüber. Nach einer Weile begriff ich, dass er die Schule schwänzte, um Zeit mit den anderen zu verbringen. Morgens stellte er seine Schultasche am Fuß der Mauer ab und tauschte die Schuluniform gegen Kleider, die er aus seiner Tasche zog. Er wollte die Uniform wohl nicht schmutzig machen, damit seine Eltern keinen Verdacht schöpften. Bei Gildas und Covi war das anders. Sie hatten keine Verpflichtungen, keine Verwandten, die sie anlügen mussten. Ich beneidete sie. Sie kamen und gingen, wann sie wollten. Manchmal tauchten sie mitten in der Nacht auf, rollten sich neben der Mauer zusammen und schliefen ein. Tagsüber wühlten sie auf der Suche nach verwertbaren Gegenständen im Müll. Später erfuhr ich, dass sie alles Brauchbare in der Stadt verkauften und davon ihren Lebensunterhalt bestritten. Doch in den ersten Tagen machte ich mir darüber keine Gedanken. Ich war vollauf damit beschäftigt, die Schmerzen in meinem Bein zu ertragen und darauf zu achten, dass ich nicht in mein eigenes Erbrochenes rollte.

Mich quälte der Hunger, bis den Jungen einfiel, dass ich essen musste. Es genügte nicht, mich in den Schatten der Mauer zu legen, das zögerte meinen Tod nur hinaus. Als Erster ging Marcellin neben mir auf die Knie und schob mir ein Bonbon in den Mund, das er von seinem Taschengeld auf dem Markt gekauft hatte. Ich ließ es mir auf der Zunge zergehen, denn ich hatte nicht die Kraft zum Kauen. In den nächsten Tagen brachten mir die vier Jungen abwechselnd etwas zu essen. Für sie war das ein Spiel. Gierig verschlang ich alles, was sie mir in den Mund steckten. Als ich mir nach ein paar Tagen vor Krämpfen den Bauch hielt, standen sie im Kreis um mich herum und sahen sich ratlos an. Nach einer Weile trat Iman einen Schritt vor und hob mich hoch. Er trug mich auf dem Rücken hinter einen Busch, setzte mich ab und forderte mich auf, mein Geschäft zu erledigen. Er stützte mich, weil ich immer wieder umfiel. Als ich fertig war, zog er mir die Hose hoch. Noch nie hatte ich mich so geschämt. Der Vorfall blieb mir noch lange im Gedächtnis, und ich konnte Iman nicht in die Augen sehen.

Nach einiger Zeit fiel den Jungen auf, dass mein Bein nicht von allein heilte. Im Gegenteil, die Entzündung breitete sich weiter aus. Die offene Wunde unter meinem Knie verfärbte sich grünlich. Ich hatte schreckliche Schmerzen. Ich hörte auf zu essen und bestand bald nur noch aus Haut und Knochen. Ich wollte sterben. Eines Tages, als die Sonne wieder erbarmungslos vom Himmel brannte, setzten sie sich im Kreis um mich herum und besprachen, was zu tun war. Sie wussten sich nicht mehr zu helfen. Ich brauchte einen Arzt, aber natürlich kannte keiner von ihnen einen. Sie mussten einen Erwachsenen einweihen. Marcellin war aus dem Spiel, weil seine Eltern nicht wussten, dass er seine Tage mit den anderen Jungen verbrachte, statt in die Schule zu gehen. Gildas und Covi hatten keine Eltern. Blieb also nur Iman. Er lebte bei seiner Großmutter. Ich hatte ihn oft von Hadscha erzählen hören. Besonders begeistert wirkte er allerdings nicht. Schließlich gab er sich einen Ruck. Er streifte sein T-Shirt über und rannte davon. Die anderen Jungen blieben bei mir. Sie warfen mir immer wieder besorgte Blicke zu und sagten bis zu Imans Rückkehr kein Wort. Ihr bedrücktes Schweigen machte mir Angst. Ich wollte darüber nachdenken, was ich für einen Anblick bot, aber ich hatte nicht die Kraft, mich auf die Frage zu konzentrieren. Ich schaffte es nur noch, stumpf vor mich hinzustarren. Ich weiß nicht, wie lange Iman fortblieb, denn nach einer Weile fiel ich in einen Dämmerschlaf. Ich wachte auf, als Marcellin einen Freudenschrei ausstieß. Ich öffnete die Augen und sah, wie er aufsprang und die Arme über dem Kopf schwenkte. Ich hörte ein Motorengeräusch. Iman war zurück. Zwei Mopeds tauchten zwischen den Müllhaufen auf. Es waren *zemidjans*, die Zweiradtaxis, die man an den gelben Hemden der Fahrer erkennt. Viele Leute zogen sie richtigen Taxis vor, weil die Mopeds durch enge Gassen fahren, sich durch Staus schlängeln und die großen Pfützen umfahren konnten, die sich zur Regenzeit überall bildeten. Außerdem kostete eine Fahrt sehr viel weniger als in einem vierrädrigen Taxi. Auf dem Rücksitz des ersten Mopeds saß Iman und wies dem Fahrer den Weg. Den Passagier des zweiten Mopeds konnte ich nicht sehen, er verschwand in der Staubwolke des ersten Fahrzeugs. Als die beiden Mopeds anhielten und sich der Staub legte, sah ich Hadscha. Das heißt, eigentlich sah ich nur ihre aufgerissenen Augen. Sie trug ein Kopftuch, das Zeichen dafür, dass sie nach Mekka gepilgert war, und der untere Teil ihres Gesichts verschwand hinter der Hand, die sie sich vor den offenen Mund hielt. Sie war entsetzt über meinen Zustand. Auch die beiden Fahrer starrten mich fassungslos an. In ihren Augen las ich, woran sie bei meinem Anblick dachten: an den Tod. Ich fiel wieder in Ohnmacht.

Als ich die Augen aufschlug, sah ich ein Gesicht, dessen oberen Teil ich wiedererkannte: Das Kopftuch und die Augen. Die entsetzte Miene war einem neuen Ausdruck gewichen, den ich noch nicht kannte, an den ich mich aber bald gewöhnen würde, denn von nun an würde ich ihn in den Augen aller Menschen sehen. Hadscha blickte mich voller Mitgefühl an. Ich verstand nicht, warum. Ich lebte doch. Und es ging mir wesentlich besser, obwohl ich noch etwas benommen war. Die Schmerzen waren verschwunden. Ich suchte in meiner Umgebung nach einer Erklärung, aber was ich sah, verwirrte mich nur noch mehr. Ich lag in einem Bett in einem großen Raum mit gelb gestrichenen Wänden, von denen die Farbe abblätterte. Um mich herum standen noch mehr Betten. Insgesamt mussten es ein knappes Dutzend sein. In den Betten lagen Männer und Frauen und starrten mit leerem Blick vor sich hin. Manche trugen Verbände an Armen oder Beinen oder um den Oberkörper. Einige schliefen, andere redeten mit Menschen, die an ihrem Bett saßen so wie Hadscha an meinem. Wieder andere lagen oder saßen auf Matten, die neben den Betten ausgerollt waren. Nach und nach fiel mir auf, dass es in dem Raum sehr laut war. Man unterhielt sich angeregt und gestikulierte lebhaft. Weiter hinten machte sich ein Mann im weißen Kittel an einer Flasche zu schaffen, die über einem Bett hing. Ein Plastikschlauch führte von der Flasche direkt zum Arm einer Frau und verschwand unter der Haut. Ich hatte auch so einen Schlauch im Arm. Ich wollte ihn herausziehen, aber jemand nahm meine Hand und hielt sie fest. Es war eine Frau, die ich bisher nicht bemerkt hatte. Sie saß auf der anderen Seite meines Bettes. Ich kannte die Frau nicht. Ich überlegte, ob ich ihr meine Hand entziehen sollte, aber ich hätte es ohnehin nicht geschafft, ich war viel zu schwach. Die Frau sagte:

»Du bist im Krankenhaus, Toumani. Die Ärzte haben dich versorgt, es ist alles in Ordnung. Ich bin Tante Souwé.«

Ich drehte den Kopf und suchte nach Hadschas vertrautem Gesicht, aber ich sah nur ein leeres Lächeln, das die Worte der anderen Frau Lügen strafte. Es war nicht alles in Ordnung, das begriff ich in diesem Moment. Aber was war nicht in Ordnung? Warum war ihr Lächeln so leer? Vielleicht war etwas mit Iman. War ihm etwas zugestoßen?

»Iman?«, fragte ich mühsam.

Aus meinem Mund kam kein Ton, aber Tante Souwé las mir das Wort offenbar von den Lippen ab. Sie antwortete:

»Deinem Freund geht es gut.«

Zum ersten Mal nannte jemand Iman meinen Freund. Das war ein komisches Gefühl. Ihre Worte berührten mich tief. Ich fand sie so beruhigend, dass ich alles andere vergaß und einschlief.

Als ich die Augen wieder öffnete, war um mich herum alles schwarz. Ich konnte nichts sehen. War ich blind geworden? Ich hatte das Gefühl, dass ich schon seit einer Weile wach war, aber ich war noch nicht ganz klar im Kopf. Nach und nach kehrten meine Sinne zurück. Es war Nacht. Statt lauter Stimmen hörte ich nun vielstimmiges Schnarchen. In den Betten lagen dunkle, reglose Gestalten. Auch auf dem Boden schliefen Menschen unter Decken. Die vielen Leiber in dem Raum verliehen ihm eine beklemmende Atmosphäre. Die Ausdünstungen der Kranken vermischten sich mit dem Geruch von Desinfektionsmitteln. Die Luft war schlecht, aber der Gestank war nicht so schlimm wie auf dem vermüllten Grundstück, auf dem ich tagelang gelegen hatte. Mein größtes Problem war, dass ich dringend aufs Klo musste. Ich blickte mich suchend um, konnte aber weder Hadscha noch Tante Souwé entdecken. Es war niemand da, der mir aus dem Bett helfen oder mir hätte zeigen können, wo die Toiletten waren. Ich musste es allein schaffen. Ich hob den Kopf. Ich hatte wohl zu lange gelegen, ohne mich zu rühren. Meine Muskeln wollten mir nicht gehorchen. Ich versuchte vergeblich, meine Arme und Beine unter der Decke zu bewegen. Meine Glieder waren schwer und die

Verbände schränkten meine Bewegungsfreiheit ein. Ich sah zu der einzigen Tür hinüber. Sie stand offen. Aus dem Flur fiel fahles Licht in den Raum. Ich hörte ferne Stimmen. Wenn ich es bis in den Flur schaffte, könnte ich nach der Toilette fragen, aber dazu musste ich erst einmal aufstehen. Bei dem Versuch, mich aufzusetzen und meine Beine auf den Boden zu stellen, fiel ich aus dem Bett. Dumpf prallte ich auf den Boden. Ich richtete mich auf, lehnte mich an die Wand und rieb mir den schmerzenden Arm. Ich war furchtbar schwach, aber ich musste aufstehen und die Plastikflasche, durch die immer noch eine durchsichtige Flüssigkeit in meine Adern tropfte, von ihrem Ständer abhängen. Als Erstes musste ich die Decke loswerden, in der ich mich bei dem Sturz verheddert hatte. Ich stützte mich mit einer Hand ab, zog an der Decke und befreite das linke Bein. Mein Herz begann zu rasen. Plötzlich geriet ich in Panik. Irgendetwas stimmte nicht, aber ich wusste nicht, was. Mein Herz schlug so heftig, dass mir schwindelig wurde. Hitze stieg in mir auf, und mir wurde übel. Ich holte tief Luft und versuchte, mich zu beruhigen. Was war los? Wovor hatte ich plötzlich solche Angst? Ich fragte mich, wie die schwärende Wunde an meinem rechten Bein jetzt wohl aussah. Noch lag die Decke über dem Bein. Ich beschloss, mir Klarheit zu verschaffen, und zog die Decke fort.

Mein Herz setzte einen Schlag aus und rutschte mir dann in den Magen.

Mir wurde schwarz vor Augen.

Ich konnte nicht mehr klar denken.

Ich begann zu schreien.

Unterhalb des Knies war mein rechtes Bein unsichtbar.

Ich erinnere mich undeutlich daran, dass in diesem Moment mehrere Krankenpfleger angerannt kamen. Ein Mann hielt mich fest, während ich mich verzweifelt wehrte. Zwei Schwestern gingen neben mir auf die Knie. Ich schlug um mich, schlug nach ihnen. Ich kratzte, biss, spuckte und brüllte wie ein wildes Tier. Ich versuchte, mich loszureißen, weil sie mich daran hindern wollten, weiterhin auf mein Bein zu starren. Ich konnte den Blick nicht davon abwenden. Mein Knie war von einem grotesken Verband umwickelt, und an der Stelle, wo mein Schienbein und mein Fuß hätten sein sollen, war nichts. Gar nichts. Ich hatte kein Bein mehr!

Die anderen Patienten wachten auf und wurden unruhig. Wie aus dem Nichts erschien eine Krankenschwester mit einer Spritze und stach sie mir in den Arm. Ich kam mir vor wie in der Hölle. Das weiße Licht aus dem Flur verwandelte die Menschen um mich herum in Gespenster. Ich wollte mich wehren, mich aus diesem Albtraum befreien, aber mich verließen die Kräfte. Ich verteilte noch zwei, drei Schläge, wurde aber immer müder.

Ich spürte meine Arme nicht mehr. Sie wurden schwer, unendlich schwer, und fielen schlaff an mir herab. Ich hatte furchtbare Angst, auch sie noch zu verlieren. Vor meinen Augen drehte sich alles, dann wurde es schwarz. Die Stimmen der Pfleger zerplatzten wie Seifenblasen. Ich spürte undeutlich, wie mir Tränen über die Wangen liefen. Ich fragte mich, ob ich sterben würde.

Ich starb nicht. Nicht körperlich jedenfalls. Es war, als würde die Welt stillstehen. Menschen, die ich nicht zuordnen konnte, kamen und gingen, es wurde Tag, es wurde Nacht, es wurde wieder Tag. Ich war wach, aber ich bewegte mich nicht. Meine Augen waren offen, aber was ich sah, hatte keine Bedeutung. Zwei- oder dreimal setzte man mich auf die Toilette, und jeden Morgen wurde ich gewaschen. Tante Souwé redete mit mir, aber ich hörte nicht, was sie sagte. Aus ihrem Mund kamen nur seltsame Laute. Ich verstand zwar einzelne Wörter, aber die Sätze ergaben keinen Sinn. Im Übrigen hatte ich nicht das Gefühl, dass sie mir galten.

Ich hatte nicht das Gefühl, tatsächlich zu existieren. Ich konnte an nichts denken als an mein halbes Bein unter der Decke. Seit meinem Sturz aus dem Bett hatte ich es nicht mehr gesehen. Natürlich sah ich, dass die Decke unterhalb des Knies flach war, aber ich schlug sie nicht beiseite, um mir den Stumpf anzusehen. Nicht, weil ich Angst vor dem Anblick hatte, sondern weil ich einfach nicht auf die Idee kam. In meinem Kopf herrschte Leere. Ich habe keine Ahnung, wie lange dieser Zustand anhielt. Tagelang gestikulierten die Menschen um mich herum, sie klappten ihre Münder auf und zu, aber es drangen keine Laute an meine Ohren.

Dann betrat Iman den Raum, und die Geräusche kehrten schlagartig zurück. Mit einem Lächeln kam er auf mich zu. Er trug Shorts aus Jeansstoff und ein gelbes Trägerhemd, seine schlanken, muskulösen Arme und Beine waren nackt. Die braunen Augen funkelten spitzbübisch, und zwischen den halb geöffneten Lippen schimmerten weiße Zähne. Er trat neben den Stuhl, auf dem Tante Souwé saß, beugte sich zu mir herunter und fragte:

»Na, wie geht es dir, Toumani?«

»Gut«, antwortete ich.

Tante Souwé starrte mich überrascht an und sah dann zu Iman hoch:

»Das ist das erste Wort, das dein Freund sagt. Die ganze Woche lang war er stumm. Ich dachte schon, er hätte einen Hirnschaden. Der Doktor sagt, dass er unter Schock steht und es noch eine Weile dauern kann, bis er wieder richtig zu sich kommt.«

Iman gab keine Antwort. Er sah mich einfach nur lächelnd an. Ich wünschte mir, dass er ewig so weiterlächelte. Ich blickte ihm in die Augen. Er hatte wunderschöne, mandelförmige Augen mit langen Wimpern. Iman legte mir eine Hand auf die Schulter:

»Wir holen dich nach Hause.«

Seine Finger waren warm, und die Berührung ließ mich wohlig schauern.

Tante Souwé, Hadscha und Iman nahmen mich mit nach Hause. Meine Wunden waren noch nicht verheilt, aber im Krankenhaus konnte ich nicht bleiben, da mein Bett gebraucht wurde. Jeden Tag wurden scharenweise Verletzte eingeliefert. In der Wohnung betteten sie mich auf das Sofa. Tante Souwé und Hadscha schliefen im Schlafzimmer am Ende des Flurs in dem einzigen Bett, das es in der Wohnung gab. Iman schlief vor dem Sofa auf dem Boden und überwachte nachts meinen Tropf. Ich brauchte die Infusion, weil mein Körper völlig ausgetrocknet war, nachdem ich tagelang in der prallen Sonne gelegen hatte. Die Ärzte hatten mir auch Krücken mitgegeben, damit ich mich fortbewegen konnte. Sie standen neben dem Sofa in einer Ecke, aber ich hatte sie noch nicht benutzt. Am liebsten wäre ich nie wieder aufgestanden. Mit etwas Glück wurde ich nie gesund, sondern blieb mein ganzes Leben lang so schwach wie jetzt und andere Leute kümmerten sich um mich. Das war etwas, was ich nicht kannte. Ich fand es seltsam, so viel Aufmerksamkeit zu bekommen. Man brachte mir Essen und fragte mich, wie es mir gehe. Was würde passieren, wenn ich wieder laufen konnte? Oder zumindest humpeln, denn ich war ja jetzt ein Krüppel. Würden sich Tante Souwé, Hadscha und Iman dann nicht mehr um mich kümmern? Ich hatte Angst davor, gesund zu werden. Ich hoffte inbrünstig, dass es ewig so weiterging. Die Eintönigkeit meines Tagesablaufs hatte etwas Beruhigendes.

Der Tag begann morgens um fünf, wenn Hadscha aus dem Schlafzimmer kam und für die rituelle Waschung im Badezimmer verschwand. Dann krochen die Stunden dahin. Die Sonne ging auf und warf rote Schatten ins Zimmer. Draußen krähten Hähne, und die anderen beiden

Bewohner des Hauses erwachten. Tante Souwé zog sich an, ging zum Arbeiten auf den Markt und ließ mich mit Iman und Hadscha allein. Hadscha verbrachte den Tag in ihrem Schaukelstuhl am Fenster. Was sie wohl beobachtete? Ich wusste nicht, dass ihre Tochter Zainab in einem anderen Teil der Stadt ebenfalls aus dem Fenster sah und ihre Blicke sich im Himmel trafen wie zwei Schwerter, die die Klingen kreuzten. Iman erklärte mir, dass sich Hadschas Leben in ihrem Kopf abspielte. Damit wollte er wohl sagen, dass man besser gar nicht erst versuchte, Hadscha zu verstehen, aber ich fand, dass sich auch sein Leben in seinem Kopf abspielte. Als ich ihn fragte, warum er bei seiner Großmutter und nicht bei seiner Mutter wohnte, zuckte er nur mit den Schultern und grinste. Wenn er mit mir sprach, sah er oft durch mich hindurch, als wären seine Worte an jemanden gerichtet, der hinter mir stand. Anfangs störte mich das, aber bald gewöhnte ich mich daran. Man gewöhnt sich schnell an Iman. An seine Freundlichkeit, seine geschmeidigen Bewegungen, seine Gelassenheit. Iman war so ruhig wie ein stiller See. Hin und wieder geschah etwas oder jemand sagte etwas, was ihn störte. Dann war es, als hätte jemand einen Stein in den See geworfen. Ein Schatten huschte über sein Gesicht, und die Oberfläche kräuselte sich. Doch schon bald glättete sich das Wasser wieder. Zunächst dachte ich, Iman wäre aus Rücksicht auf mich so ruhig, weil ich schwach war und er mich schonen wollte. Manchmal kam mir sogar der Gedanke, er wüsste, wie schlimm Monsieur Bia mich verprügelt hatte, und ahnte, dass ich Ruhe brauchte. Ich redete mir ein, Iman spüre, dass man in meiner Gegenwart besser nicht herumschrie, hastige Bewegungen machte oder seiner Wut freien Lauf ließ. Doch nach einer Weile fiel mir auf, dass er sich Tante Souwé und Hadscha gegenüber genauso verhielt. Da fiel es mir wie Schuppen von den Augen. Imans Gelassenheit war im Grunde Gleichgültigkeit. Iman reagierte nicht auf seine Umgebung. Seine Gefühle verschloss er tief in seinem Herzen. Sein Körper war ein Panzerschrank, und niemand hatte den Schlüssel dazu, nicht einmal er selbst. Ich war ihm unendlich dankbar für alles, was er für mich tat – er wusch meine Kleider in einer Plastikschüssel im Badezimmer, er fütterte mich mit Suppe, als ich zu schwach war, um den Löffel selbst zu halten –, aber zugleich war ich tief enttäuscht. Denn ich wollte mehr. Ich wollte, dass er mir sein Herz öffnete. Ich wollte, dass sein Blick, der ständig suchend durchs Zimmer schweifte, einmal länger als ein paar Sekunden auf mir ruhte. Iman kümmerte sich um mich wie eine auf Mitgefühl programmierte Maschine. Ich weiß nicht, warum, aber ich begann darüber nachzudenken, ob er mich eigentlich gern hatte. Das wurde mit einem Mal sehr wichtig für mich. Ich konnte nicht mehr schlafen. Ich musste es unbedingt wissen! Von heute auf morgen wurde ich launisch. Ich weigerte mich zu essen. Ich jammerte und stöhnte, obwohl ich eigentlich keine Schmerzen mehr hatte. Manchmal begann ich mitten in der Nacht zu weinen, damit Iman aufwachte und mich tröstete. Aber Imans Verhalten änderte sich nicht. Wenn ich nicht essen wollte, hielt er mir geduldig den Löffel an die Lippen, bis der Hunger siegte. Wenn ich ihn nachts mit meinem Weinen weckte, setzte er sich zu mir aufs Sofa und wartete, bis mich die Müdigkeit überkam. Morgens beim Aufwachen lächelte er mich an, und ich fragte mich leicht beschämt, ob er merkte, dass ich nur Theater spielte. Doch nach einer Weile ging mir auf, dass er völlig ahnungslos war, und das machte mich noch unglücklicher.

Nach ein paar Wochen fiel Tante Souwé meine Verzweiflung auf. Sie dachte, ich litte darunter, im Haus eingesperrt zu sein. Eines Abends brachte sie einen alten Rollstuhl ins Haus. Sie klappte ihn auf, klopfte den Staub ab und erklärte, dass sie ihren Ehemann bis zu seinem Tod in einem solchen

Rollstuhl durch die Gegend geschoben hatte. Sie hob mich hinein und forderte Iman auf, einen Spaziergang mit mir zu machen.

Als ich zum ersten Mal mit Iman auf der Straße war, fühlte ich mich wie neugeboren. Und irgendwie war ich das ja auch. Ich war nicht mehr Apollinaire, das misshandelte Kind, sondern Toumani, Imans Freund. Iman war der erste Mensch, der mir nahestand. Bisher war ich für alle immer nur eine Art Gebrauchsgegenstand gewesen. Mein Vater hatte mich aus mir unbekannten Gründen verkauft, Gründen, die ihm vielleicht selbst ein Rätsel waren. Tante Caro hatte mir sicher einen gewissen Wert beigemessen, aber mehr als einem kostbaren Schmuckstück? Und was Monsieur Bia anging, so werde ich nie verstehen, was ich für ihn war. Ich weiß nur, dass ich ihm sehr nützlich war. Ich war ein Mittel zum Zweck, denn durch mich trieb er seine Dämonen aus. Ich war eine Verlängerung seiner selbst, ein Körperteil, auf das er einschlug, um zu vergessen, dass er anderswo Schmerzen hatte. Aber wer war ich für mich selbst? Keiner hatte mich je dazu aufgefordert, mir diese Frage zu stellen, denn alle hatten eine eigene Antwort darauf, eine Antwort, die sie mir wie mit einem glühenden Brandeisen auf den Körper prägten. Iman war der Erste, der mich dazu anregte, mir Gedanken über mich selbst zu machen. Denn er nannte mich seinen Freund. Freundschaft ist wie ein leerer Eimer. Jedes Mal, wenn man etwas für den anderen tut, gießt man etwas frisches Wasser hinein. Iman stellte mir viele Fragen: Wo kam ich her? Seit wann war ich in der Stadt? Auch wenn ich die Antworten nicht wusste, führten mir seine Fragen vor Augen, dass ich von irgendwoher stammte und dass ich ein Mensch war. Im Grunde machte mich Iman erst zum Menschen. Ohne ihn wäre ich wieder zum Tier geworden, davon war ich überzeugt. Ich durfte ihn nicht entkommen lassen, also hob ich den Arm und umklammerte sein Handgelenk, während er mich im Rollstuhl durch die Straßen schob.

Iman fuhr mich in dem Viertel rings um Hadschas Haus spazieren. Es war unglaublich, wie viel Aufmerksamkeit er erregte. Die Leute lächelten ihn an, als würde die kurze Begegnung mit ihm ihnen den Tag verschönern, als wäre schon sein Anblick ein Geschenk. Ich war ungeheuer stolz darauf, sein Freund zu sein, denn ich nahm an, dass die Leute ihn wegen seiner Großzügigkeit bewunderten. Sein Edelmut blendete sie so sehr, dass sie mich schlichtweg übersahen. Sie kamen auf uns zu und bemerkten den zweiten Jungen im Rollstuhl erst im letzten Moment. Wenn sie die Decke über meinen Knien sahen und errieten, dass ich behindert war, schoben sie eine Hand in die Hosentasche, kramten ein paar Münzen hervor und gaben sie Iman. Nie gaben sie mir das Geld. Ich fand das lustig, es war wie ein Spiel. Ich hielt die Leute für freundlich, gutmütig, großzügig. Weil Iman mich völlig in den Bann geschlagen hatte, ging ich davon aus, dass andere ihn aus demselben Grund mochten wie ich. Was für ein Irrtum! Heute weiß ich es besser, heute weiß ich, dass sie sich aus einem viel hässlicheren Grund für ihn interessierten. Wenn die Leute Iman Geld gaben, existierte ich für sie nicht. Ich war nur der Vorwand, um mit Iman zu sprechen. Die Leute hielten uns für Bettler, und man hätte denken können, dass sie zwei notleidenden Kindern helfen wollten, aber dem war nicht so. In armen Ländern gibt es so viele Bettler, dass die Leute an ihren Anblick gewöhnt sind. Sie haben kein Mitleid mehr, sondern fühlen sich belästigt, wenn eine Horde schmutziger Kinder mit ausgestreckten Händen sie umringt. Sie wenden sich angewidert ab und fragen sich, wie Eltern die armen Kinder derart ausnutzen können. Viele Leute sind fest überzeugt, etwas Gutes zu tun, wenn sie einem behinderten Kind, das ihnen flehend die Hand entgegenstreckt, kein Geld geben.

Angeblich wollen sie nicht dazu beitragen, dass andere sein Elend ausbeuten. Aber ich begriff recht schnell, dass es bei Iman anders war. Die Leute kamen auf ihn zu, weil sie ihm helfen wollten. Ich beobachtete immer wieder, wie sich Männer und Frauen, die völlig immun waren für das Leid um sie herum, durch eine Horde Bettler drängten, über auf am Boden sitzende Alte hinwegstiegen und sich über meinen Rollstuhl beugten, nur um Iman in die Augen zu sehen. Sie starrten ihn an, als wollten sie sich sein Aussehen genau einprägen. Sie waren stolz darauf, zum Wohlergehen dieses Jungen beizutragen. Offenbar fanden sie den Gedanken, dass Iman auf der Straße lebte, unerträglich, während es ihnen bei den anderen Kindern egal war. Und das alles nur wegen seiner hellen Haut und den großen Locken. Ich fand es erstaunlich, dass eine Hautfarbe die Menschen derart in Verzückung versetzen kann. Dein Platz ist nicht auf der Straße, schienen die Leute zu denken. Deshalb wollten sie Iman um jeden Preis helfen, von der Straße wegzukommen.

Ich staunte nicht schlecht, als Iman eines Tages zu einem der Passanten sagte:

»Nein danke, Monsieur, wir sind keine Bettler.«

Ich hob den Kopf und starrte ihn mit aufgerissenen Augen an. Noch nie hatte ich erlebt, dass jemand Geld ablehnte. Ich hatte immer geglaubt, alles wäre käuflich. Jetzt lernte ich, dass Freundschaft keinen Preis hat.

Dieser Vorfall motivierte mich, aus dem Rollstuhl aufzustehen. Als Iman am nächsten Morgen den Rollstuhl vor das Sofa schob, schüttelte ich den Kopf, packte die Krücken und stellte mich entschlossen auf mein gesundes Bein. Ich hatte die Nase voll davon, Imans Haustier zu sein. Ich wollte mich mit ihm auf Augenhöhe begeben. Er grinste und sagte: »Na, dann mal los!« Es war interessant, neben ihm herzugehen. Mir fiel auf, dass er recht langsam lief, wie jemand, der kein festes Ziel hat. Die ganze Zeit wanderte sein Blick umher, als suchte er die Umgebung nach einem Lebenszweck ab. Doch seine Suche war vergeblich. Er kannte das Viertel wie seine Westentasche, er streifte seit seiner Kindheit durch diese Straßen und hatte diesen Lebenszweck bisher nicht gefunden. Ich versuchte, ihn auf andere Gedanken zu bringen, indem ich mit meinen Krücken den Tollpatsch spielte. Wenn er lachte, war das ein kleiner Sieg. Seit ich wieder selbst laufen konnte, fiel mir nicht mehr so sehr auf, dass uns die Leute auf der Straße anstarrten. Wir bewegten uns in unserer eigenen Welt, aber Iman warf immer mal wieder einen Blick in die Außenwelt, um sich zu vergewissern, dass uns keine Gefahr drohte. Ich fragte mich, was ihn wohl umtrieb. Bald sollte ich es erfahren.

Manchmal verbrachten wir den Tag mit Imans Freunden. Wir trafen Gildas und Covi in der Stadt, und sie übergaben uns einen Teil der Sachen, die sie auf der wilden Müllkippe gesammelt hatten. Wir halfen ihnen, die Sachen zu verkaufen. Am Abend übergab ihnen Iman all unsere Einnahmen, er behielt nur ein paar Münzen, um uns etwas zu essen zu kaufen. So kehrten wir mit leeren Taschen nach Hause zurück. Ich verstand nicht, warum er seinen Anteil nicht behielt, fragte aber nie nach dem Grund. Ich glaube auch nicht, dass er eine Antwort gehabt hätte. Manchmal kam es mir vor, als handele Iman nicht aus eigenem Antrieb. Eine äußere Macht schien seine Handlungen zu lenken. Eines Tages las mir Tante Souwé eine Passage aus dem Koran vor, die von dem Propheten Isa handelte, Maryams Sohn, den die Christen Jesus nennen. Es ging um seine Großzügigkeit. Während ich ergriffen zuhörte, musste ich die ganze Zeit an Iman denken und daran, wie er Gildas und Covi all seine Einnahmen übergab. Auch wenn ich seine Gründe nicht verstand, war ich sehr stolz auf ihn.

Eines Tages trafen wir uns in einem mir unbekannten Stadtteil mit Gildas und Covi. In diesem Viertel waren wir noch nie zuvor gewesen. Die drei waren sehr angespannt, ich sah die Nervosität in ihren Bewegungen, aber ich wollte keine dummen Fragen stellen. Wir standen an einer Straßenecke, durch den Rinnstein strömte graues Abwasser. Iman, Gildas und Covi gingen ein Stück die Straße hinunter, um sich ohne mich zu unterhalten. Gildas und Covi gestikulierten wütend, während Iman ihnen ruhig zuhörte. Immer wieder sahen sie zu mir herüber. Ich begriff, dass meine Anwesenheit Gildas und Covi störte und Iman sich zu rechtfertigen versuchte. Schließlich kam Iman zu mir zurück.

»Bisher hat uns Marcellin geholfen, aber seit seine Eltern ihn von einem Cousin zur Schule bringen lassen, damit er auch wirklich hingeht und den Tag nicht mit uns verbringt, hat er kaum noch Zeit. Deshalb musst du seine Aufgabe übernehmen.«

Ich nickte.

»Was du zu tun hast, ist ganz einfach, aber sehr wichtig. Wir steigen in das Haus da drüben ein und werden einige Zeit drinnen bleiben. Wenn ein kleines, weißes Auto mit der Aufschrift ›Sicherheitsdienst‹ angefahren kommt und am Straßenrand parkt, musst du uns warnen. Kannst du pfeifen?«

Ich nickte abermals, aber meine Lippen zitterten.

»Du pfeifst viermal, zweimal lang, zweimal kurz. Alles klar?«

Ich nickte wieder, und die drei rannten davon. Ich folgte ihnen mit dem Blick, bis Covi über eine Mauer sprang und in dem Haus verschwand. Sie brachen tatsächlich dort ein! Mein Herz begann zu rasen. Es gab da nämlich ein kleines Problem, von dem niemand wusste: Ich konnte nicht lesen. Wie sollte ich die Aufschrift »Sicherheitsdienst« erkennen?

Bisher hatte es keinen Grund gegeben, jemandem davon zu erzählen, denn ich war noch nie in die Verlegenheit gekommen, etwas lesen zu müssen. Als Iman mir erklärt hatte, was ich tun sollte, hatte ich mich nicht getraut, etwas zu sagen. Er hatte auch so schon genug Schwierigkeiten gehabt, seine Freunde davon zu überzeugen, dass ich helfen konnte. Ich wollte ihn nicht enttäuschen. Ich dachte, dass ich das Auto schon erkennen würde, auch wenn ich die Aufschrift nicht lesen konnte. Schließlich fuhren in diesem heruntergekommenen Viertel mit den unbefestigten Straßen nicht viele Autos herum. Mit trockenem Hals wartete ich auf ein kleines, weißes Auto mit einer Aufschrift an der Seite. Nach ein paar Minuten kam ein Auto angefahren und hielt am Straßenrand. Es war klein und weiß, hatte aber keine Aufschrift. Ein Mann stieg aus und ging die Straße entlang auf das Haus zu. Was sollte ich tun? Sollte ich pfeifen? Auf der Fahrerseite war keine Aufschrift zu sehen. Vielleicht befand sie sich woanders. Iman hatte nicht gesagt, wo am Auto die Aufschrift zu finden war. Oder doch? Plötzlich wusste ich es nicht mehr. Vorsichtig näherte ich mich dem Auto. Meine Krücken prallten mit einem dumpfen Geräusch auf den Boden. Mit jedem Schritt wurde ich unsicherer. Wenn man die Seitentüren einmal außer Acht lässt, hat so ein Auto ziemlich viele Aufschriften. Zwischen den vorderen Scheinwerfern gab es zum Beispiel ein längliches Schild aus Metall mit Zeichen, die ich nicht entziffern konnte. Auf der Rückseite waren weitere Schilder und Aufkleber angebracht. Woher sollte ich wissen, welche Aufschrift die richtige war? Ich hinkte auf das Haus zu, um die anderen zu warnen. Aber was, wenn es falscher Alarm war? Was, wenn ich meine Freunde störte und sie meinetwegen wertvolle Zeit verloren? Sie würden mich fragen, warum ich geglaubt hatte, dass es sich um das Auto des Sicherheitsdienstes handelte. Wo steht denn da »Sicherheitsdienst«, zeig uns die

Aufschrift, würden sie sagen. Und dann würden sie herausfinden, dass ich nicht lesen konnte, und sich über mich lustig machen. Sie würden nichts mehr mit mir zu tun haben wollen, und selbst Iman würde mich nicht mehr in Schutz nehmen können. Ich machte abermals kehrt und umrundete das Auto. In diesem Moment wurden ein paar ältere Jungen, die ein Stück entfernt auf der Straße Fußball spielten, auf mich aufmerksam. Einer von ihnen rief:

»He, was machst du da an dem Auto? Willst du mit deinen Krücken den Lack zerkratzen? Verschwinde!«

Ich erstarrte. Ich musste die anderen warnen. Oder lieber doch nicht? Ich wusste gar nichts mehr. Während sich meine Gedanken überschlugen, bog ein zweites Auto in die Straße ein und rollte langsam an mir vorbei. Es war ein brauner Lieferwagen. Mit einer Aufschrift an der Seite! Aber Iman hatte »klein« und »weiß« gesagt. Hatte er wirklich »klein« und »weiß« gesagt? Der Wagen hielt am Straßenrand. Der braune Lack funkelte in der Sonne. Zwei Männer stiegen aus. Ich stand immer noch wie angewurzelt da. Die Männer gingen an mir vorbei, ohne mich eines Blickes zu würdigen. Sie unterhielten sich laut und lachten. Vielleicht war das das Auto, von dem Iman gesprochen hatte, auch wenn es nicht klein und weiß war. Die Männer näherten sich dem Haus, in dem Iman und die beiden anderen verschwunden waren. Ich folgte ihnen zögernd und betete, dass meine Intuition falsch war, doch sie betraten das Haus, in dem sich meine Freunde befanden. Vor Angst krampfte sich mein Magen zusammen. Ich wollte pfeifen, aber dafür war es jetzt zu spät. Fieberhaft überlegte ich, wie ich den anderen erklären könnte, dass ich das Auto nicht gesehen hatte, aber mir fiel nichts Überzeugendes ein. Vielleicht war es doch noch nicht zu spät, um sie zu warnen? Ich klemmte mir eine Krücke unter den Arm und steckte zwei Finger in den Mund, um zu pfeifen. Als ich gerade Luft holte, schrie im Haus ein

Junge auf. Glas splitterte, mehrere Leute brüllten durcheinander. Ich hörte Männerstimmen und dumpfe Schläge. Kurz darauf griff eine Hand über die Mauer. Covi schwang ein Bein über die Kante und setzte sich rittlings darauf. Er hielt einen Sack in der Hand. Da verlor er das Gleichgewicht und plumpste zu Boden. Im nächsten Moment kletterten Gildas und Iman über die Mauer. Sie halfen ihrem Freund auf die Beine. Die drei rannten auf mich zu, Gildas vorneweg. An der Stirn hatte er eine blutende Schnittwunde. Er warf mir einen vorwurfsvollen Blick zu und stürmte an mir vorbei. In diesem Moment öffnete sich das Tor in der Mauer, und die beiden Männer rannten auf die Straße. Sie waren mit Eisenstangen bewaffnet. Iman und Covi liefen an mir vorbei und schrien: »Lauf!«

Hätten sie geschwiegen, hätten die Männer mich wahrscheinlich übersehen, schließlich wirkte ich völlig harmlos. So aber drehte ich mich um und begann auf meinen Krücken davonzuhüpfen. Nach ein paar Schritten wurde mir klar, dass ich es nicht schaffen würde. Der Abstand zu meinen Freunden wurde immer größer. Ich war ein Krüppel, ich hatte das Gefühl, überhaupt nicht vom Fleck zu kommen. Tränen schossen mir in die Augen und nahmen mir die Sicht. Dann rutschte ich auf einem losen Stein aus und fiel hin. Als ich mich aufrappelte, packte mich einer der Männer am Arm und zog mich mühelos hoch. Der zweite Mann rannte weiter hinter meinen Freunden her. Der Mann, der mich festhielt, atmete schwer. An der linken Wange hatte er eine Narbe. Plötzlich wurde sein Gesicht zu dem von Monsieur Bia. Dieser Anblick nahm mir die letzte Kraft, und meine Glieder erschlafften wie die einer Marionette, der man die Fäden durchgeschnitten hatte. Er gab mir eine Ohrfeige und schleuderte mich zu Boden. Dann kam er drohend auf mich zu und klopfte sich mit der Eisenstange in die geöffnete Hand.

»Ihr kleinen Arschlöcher wollt euch also mit Ludovic und seinen Männern anlegen? Wir werden euch zeigen, wer in dieser Stadt das Sagen hat.«

Ich lag mit ausgestreckten Armen auf dem Boden, während er langsam näherkam. Ich war ihm schutzlos ausgeliefert. Er fragte sich vermutlich, wo er als Erstes zuschlagen sollte.

»Du hast also ein Bein verloren, Kleiner? Das tat bestimmt weh, oder? Ich werde dir zeigen, was Schmerz ist.«

Ich wollte gerade die Augen schließen und mich auf neue Qualen gefasst machen, als in der Ferne eine Gestalt auftauchte. Durch die gespreizten Beine meines Angreifers sah ich sie auf mich zurennen. Im nächsten Moment erkannte ich Iman. Er musste einmal um den Häuserblock gelaufen sein, um den Mann von hinten zu überraschen. Mein Angreifer hob die Eisenstange und wollte gerade zuschlagen, da sah ich Iman hinter ihm lossprinten. Er drückte sich vom Boden ab und warf sich nach vorn. Als der Mann gerade die Eisenstange herabsausen lassen wollte, traf Imans Schulter ihn am Rücken. Die beiden gingen zu Boden. Iman schrie: »Lauf, Toumani. Lauf!« Ich hob meine Krücken auf und humpelte los. Ich hüpfte durch die Gruppe Fußballspieler hindurch. Sie standen mit hängenden Armen da und starrten mich an. Die Jungen wagten nicht, sich einzumischen, aber immerhin dienten sie mir als Schutzschild. Als ich einen Blick über die Schulter warf, sah ich, dass Iman am Boden lag und der Mann mit der Narbe, der wesentlich größer und kräftiger war, auf ihn eintrat. Wie ein Feigling machte ich mich davon. An jenem Tag begriff ich, dass Iman immer für mich da sein würde und dass niemand für *ihn* da war.

Ich bezog an der Straßenecke Stellung, von wo aus ich Hadschas Haus im Blick hatte, und ließ das Tor nicht aus den Augen. Ich wagte mich nicht hinein, weil Hadscha und

Tante Souwé mich dann gefragt hätten, wo Iman war. Ohne ihn konnte ich nicht nach Hause, aber das war nicht weiter schlimm. Ich machte mir schreckliche Sorgen um Iman und fragte mich die ganze Zeit, ob er wohl zurückkommen würde. Bis zum späten Nachmittag saß ich auf einem Betonziegel vor der Baustelle auf der anderen Straßenseite. Mir fielen vor Müdigkeit schon die Augen zu, als ich jemanden auf das Haus zuhumpeln sah. Es war Iman. Ich stieß einen Pfiff aus. Zweimal lang, zweimal kurz. Er blieb stehen, kniff gegen die Strahlen der tief stehenden Sonne die Augen zusammen und suchte die Umgebung mit dem Blick ab. Dann entdeckte er mich auf meinem Betonziegel. Ich bekam Angst. Was würde er machen? Würde er so tun, als kenne er mich nicht, und ohne mich nach Hause gehen? Wo sollte ich dann hin? Was würde aus mir werden? Covi und Gildas duldeten mich nur in ihrer Nähe, weil Iman ihr Freund war. Außer ihm hatte ich niemanden auf der Welt. Auch ein Dach über dem Kopf hatte ich nur seinetwegen. Nervös umklammerte ich meine Krücken. Iman ließ die Klinke des Tors los und kam auf mich zu. Er hielt sich die Seite, und als er sich neben mir auf einen zweiten Stein niederließ, stöhnte er auf. Sein Gesicht war grün und blau geschlagen. Er spreizte die Beine und spuckte Blut zwischen seine Füße. Ich wollte ihm sagen, dass es mir leid tat, aber ich traute mich nicht. Eine ganze Weile schwiegen wir, dann berührte er meine Hand und sagte krächzend:

»Komm.«

Als er aufstehen wollte, stöhnte er leise und sank zurück auf den Stein. Es quälte mich, ihn so zu sehen. Ich stand auf, streckte ihm die Hand hin und zog ihn hoch. Er bedankte sich und bedeutete mir mitzukommen. Wir durchquerten die Stadt. Fast eine Stunde lang wechselten wir kein Wort. Hin und wieder blieb Iman stehen und spuckte Blut aus. Er ging vorweg, ich folgte ein paar Schritte dahinter. Er sah kein einziges Mal über die Schulter, um sich zu vergewissern, dass ich noch da war. Iman wusste, dass ich ihm überallhin folgen würde. Nach und nach wurden die Abstände zwischen den Häusern immer größer. Wir näherten uns dem Strand. Bald passierten wir die letzten Häuser, überquerten eine große Straße und liefen zwischen Kokospalmen hindurch. Feiner Sand drang mir in die Sandale, und ich wurde immer langsamer, weil ich mit den Krücken nur noch schlecht Halt fand. Iman wartete nicht und drehte sich immer noch nicht zu mir um. Er spuckte jetzt nur noch selten aus. Er lief die Dünen hinab auf das Wasser zu. Es war Flut, und der Sonnenuntergang färbte das Meer blutrot. Iman war ein dunkler Schatten, dem das Laufen sichtlich Schmerzen bereitete. Dieses Bild prägte sich mir ein. Auf dem weiten Strand wirkte er klein, einsam und verletzlich. Eine ganze Weile lief er an den Wellen entlang, dann bog er plötzlich ab und entfernte sich vom Wasser. Er erklomm eine Düne. Ich sah ihn zwischen Palmen verschwinden und bekam Angst. Wir hatten eine weite Strecke zurückgelegt und den belebten Teil des Strandes längst hinter uns gelassen. Hastig folgte ich ihm in den Palmenhain. Auf einer kleinen Lichtung war der Boden abgesackt, so dass die Wurzeln eines großen Baums freilagen. Unter den Wurzeln gab es einen Hohlraum, und im Inneren hörte ich Iman rumoren. Ich zwängte mich hinein und stellte fest, dass der Boden mit Palmblättern ausgelegt war. In einer Ecke standen eine Petroleumlampe und ein Radio.

Ich drehte mich zum Eingang um. Durch die Wurzeln sah man die letzten Sonnenstrahlen auf dem Meer schimmern, aber von außen konnte man uns nicht sehen.

»Das ist mein Versteck«, sagte Iman. »Außer mir weiß niemand von diesem Ort. Selbst Gildas und Covi waren noch nie hier.«

Er machte eine einladende Geste. Der Hohlraum zwischen den Wurzeln maß knapp vier Quadratmeter und war zu niedrig, um aufrecht zu stehen, aber Iman sah aus wie ein König in seinem Palast. Ich setzte mich neben ihn. Ich verstand nicht, warum er mir sein Geheimversteck zeigte, wagte aber nicht, ihn nach dem Grund zu fragen.

»Ich wohne nicht bei meiner Mutter, weil sie mich vor die Tür gesetzt hat, Toumani.«

Beim Sprechen sah er hinaus aufs Meer. Ich musterte sein Gesicht, aber es war völlig ausdruckslos.

»Bevor ich zu Hadscha gezogen bin, habe ich ein paar Nächte hier am Strand geschlafen. Damals entdeckte ich diesen Ort. Ich hätte für immer hierbleiben können. Wäre ich hier gestorben, hätte es niemand bemerkt.«

Er verstummte. Iman hatte die Angewohnheit, beim Sprechen öfter mal eine Pause zu machen. Manchmal verstummte er sogar mitten im Satz. Wenn er dann weitersprach, ging es meistens um etwas anderes.

»Das Auto, in dem sie kamen, war nicht klein und weiß, oder?«

Er sah mich an. Ich schlug den Blick nieder.

»Covi und Gildas wollen nichts mehr von dir wissen. Einer der Männer hat Gildas im Haus erwischt und ihn niedergeschlagen. Gildas ist mit dem Kopf auf einen Glastisch gefallen, und die Scheibe ist zersplittert. Ich habe ihnen gesagt, dass es meine Schuld war. Die Männer kamen nicht wie sonst in einem kleinen, weißen Auto, sie kamen in einem Lieferwagen.«

Nervös knetete ich die Finger. Ich hätte Iman glauben können, dass alles seine Schuld war, das wäre so schön einfach gewesen. Aber das fand ich feige. War ich denn ein Feigling? Ich wusste es nicht. Ich wusste nur, dass ich kein Feigling sein wollte. Ich nahm Imans Hand. Sie war feucht.

»Das war es nicht, Iman. Und das weißt du auch.«

Er sah mich abwartend an. Wir saßen so dicht nebeneinander, dass sich unsere Schultern berührten. Ich hielt seine Hand, und sein Gesicht war meinem ganz nah. Ich konnte sehen, wie seine Lippen bebten, und ich roch den Duft seines Haares. Verzweifelt suchte ich nach den richtigen Worten:

»Ich hätte darauf kommen müssen, dass sie in einem anderen Auto derselben Firma unterwegs sind, aber ich ...«

Ich suchte nach einem Weg, den Satz zu beenden.

»Ich hätte ... Aber ich konnte nicht ... Weil ich ...«

»Weil du nicht lesen kannst«, beendete er den Satz für mich.

Ich antwortete nicht. Ich schämte mich in Grund und Boden.

»Kannst du denn rechnen?«

Ich wandte den Blick ab.

»Ich habe Covi und Gildas nichts gesagt. Ich bin der Einzige, der Bescheid weiß. Dein Geheimnis ist bei mir sicher, ich hoffe, das weißt du. Schließlich will ich auch nicht, dass du jemandem von meinem Versteck erzählst.«

Jetzt verstand ich, warum er mich hergebracht hatte!

»Keine Angst, Toumani. Gildas und Covi wollen dich fürs Erste nicht sehen, aber sie kriegen sich schon wieder ein. Sie sind unsere Freunde. Gildas ist nicht schlimm verletzt, und sie haben das erbeutet, weswegen sie gekommen waren.«

Ich wusste nicht, wie ich ihm die Frage stellen sollte, die mir auf den Lippen brannte. Ich zögerte.

»Macht ihr so was oft?«

Imans Gesicht verdüsterte sich.

»Warum redest du nicht offen mit mir, Toumani? Seit ich meinen kleinen Bruder nicht mehr sehe, bist du der einzige Mensch, mit dem ich immer gern zusammen bin. Schade, dass du dich nicht traust, mir eine einfache Frage zu stellen.«

Ich senkte den Kopf.

»Du willst wissen, ob wir Diebe sind, oder, Toumani?«
Ich nickte.

»Glaubst du, ich würde dich anlügen?«
Ich schüttelte den Kopf.

»Was ist es dann? Hast du Angst, dass ich wütend werde? Angst, ich könnte dir wehtun?«

Ich schwieg eine ganze Weile. In der Tat fürchtete ich, dass Iman wütend wurde. Vielleicht wollte er dann nichts mehr mit mir zu tun haben, und das würde furchtbar wehtun.

»Nein, ich habe keine Angst, dass du wütend wirst.«

»Da bin ich ja froh. Dann stell deine Frage.«

Ich schluckte schwer. Iman konnte so hart sein.

»Seid ihr in das Haus eingebrochen, um etwas zu stehlen?«

Iman blickte aufs Meer hinaus. Jetzt wirkte er plötzlich wieder abwesend.

»Gildas und Covi arbeiten den ganzen Tag in der prallen Sonne. Das weißt du. Manchmal helfen wir ihnen. Aber wir helfen ihnen nur, wenn wir Lust dazu haben. Wenn nicht, bleiben wir zu Hause bei Hadscha und Tante Souwé. Aber die beiden haben keine Wahl. Wenn sie nicht arbeiten, essen sie nichts. Deshalb gebe ich ihnen meine Einnahmen. So können sie sich an Tagen, wenn sie zu müde zum Arbeiten sind, ausruhen. Wenn ich ihnen alles geben könnte, würde ich das tun, aber ich muss ein paar Münzen behalten, um mir selbst was zu essen zu kaufen. So sparen Hadscha und Tante Souwé das Geld für mein Essen. Sie haben nämlich auch keine Wahl. Sie mussten mich aufnehmen, weil meine Mutter mich rausgeworfen hat. Es ist nicht einfach für zwei alte Frauen, zwei Kinder großzuziehen.«

Iman wirkte müde. Nach einer Weile fügte er hinzu:

»Wir haben Hadscha und Tante Souwé. Gildas und Covi haben niemanden, der sie beschützt. Sie sind Leuten, die ihnen Böses wollen, schutzlos ausgeliefert und können nirgendwohin. Die Männer, in deren Haus wir eingestiegen sind, gehören zu Ludovics Bande. Sie haben auf der Straße die Macht. Sie erpressen Schutzgeld von Kindern und Jugendlichen, die kein Zuhause haben. Wenn sie nur einen kleinen Teil der Einnahmen fordern, ist das ja kein Problem. Die Straße gehört nun mal ihnen, und wir müssen uns ihrem Gesetz unterwerfen. Aber beim letzten Mal haben sie die Einnahmen einer ganzen Woche genommen. Das konnten wir uns nicht gefallen lassen. Wir sind bei ihnen eingebrochen, um uns unser Geld wiederzuholen.«

Er verstummte, als hoffte er auf meine Zustimmung, aber ich wusste nicht, was ich sagen sollte. Also murmelte ich nur:

»Danke, dass du zurückgekommen bist, um mir zu helfen.«

Er biss sich auf die Unterlippe. Ein Schatten huschte über sein Gesicht. Wieder einmal durchbrach ein Stein die glatte Oberfläche des Sees.

»Du glaubst, dass du mich brauchst, Toumani. Du hast Angst, ich könnte dich verlassen. Wenn du nur wüsstest ...«

Aber ich wusste es nicht. Ich hatte keine Ahnung, wovon er redete. Ich werde nie verstehen, warum er glaubte, dass er mich brauchte.

»Die nächsten Tage werden nicht leicht werden«, sagte er. »Wir müssen aufpassen.«

Er malte ein paar Zeichen in den Sand. Dann wies er mit dem Finger darauf. Ich starrte verständnislos auf die Kringel.

»Sicherheitsdienst«, flüsterte er mir ins Ohr. »Das stand auf dem Lieferwagen.«

Ich nickte, obwohl ich nicht verstand, warum er das sagte. Es war nicht einfach, Iman zu folgen, er wechselte ständig das Thema, in seinem Kopf waren zu viele Gedanken. Er rückte noch ein Stück näher.

»Ich werden dir Lesen und Rechnen beibringen, Toumani. Wenn du es gelernt hast, kenne ich keins deiner Geheimnisse mehr, aber du wirst immer noch wissen, wo mein Versteck ist.«

Ein Schauer lief mir über den Rücken. Die Sonne war untergegangen, es war dunkel geworden. Ich konnte die Schrift auf dem Boden kaum noch erkennen. Ich war müde. Iman auch, er lehnte den Kopf an meine Schulter, und mein Herz setzte einen Schlag aus. Ich hätte schwören können, dass er murmelte:

»Ich werde dich nie verlassen, Toumani.«

Ich saß da und wagte nicht, ihn anzusehen. Ich wusste nicht, was ich von seinen Worten halten sollte. Nach längerem Grübeln beschloss ich, ihm zu vertrauen. Während ich beobachtete, wie die Schrift im Sand in der Dunkelheit verschwand, begann Iman leise zu schnarchen. Ich blieb die ganze Nacht stocksteif sitzen. Ich rührte mich nicht, weil ich ihn auf keinen Fall wecken wollte. Nur sein Kopf lag an meiner Schulter, aber mir war, als schmiegte er sich mit dem ganzen Körper an mich. Sein warmer Atem strich über meine Haut, sein weiches Haar kitzelte mir den Nacken.

Die Jahre vergehen, aber ich erinnere mich überdeutlich an diese Nacht, in der Iman an meiner Schulter schlief und ich kein Auge zumachte. Wenn ich heute die Straße entlanggehe und jemand nach meinem Arm greift und mich fragt: »Und wie geht es deinem Freund?«, denke ich an jene Nacht zurück. Iman, mein Freund? Die Leute haben ja keine Ahnung. Aber wie kann ich ihnen erklären, was Iman für mich war? Wie kann ich ihnen begreiflich machen, was ich für ihn empfand? Ich verdanke ihm alles, sogar mein Menschsein. Die Freundschaft machte nur einen Bruchteil unserer Beziehung aus, sie war nichts als die Spitze eines riesigen Eisbergs.

UNREIN / IMPUR

Toumani

Wie immer am ersten Januar wollten wir meinen Geburtstag feiern. Ein paar Jahre zuvor hatte Iman diesen Tag für mich ausgesucht. Dadurch, dass ich plötzlich ein Geburtsdatum hatte, fühlte ich mich wie neugeboren, mir war, als hätte mich dieser Tag wirklich hervorgebracht. Jedes Jahr am ersten Januar hob ich den Blick und dankte dem Himmel. An diesem Abend war Vollmond, und die kreisrunde Scheibe erinnerte mich an den Deckel des Kanalschachts, der das Letzte gewesen wäre, was ich vor dem Tod gesehen hätte, wenn mich Iman nicht zurück ins Leben geholt hätte. Wie oft hatte Iman mir ein neues Leben geschenkt? Ich zählte es an den Fingern meiner Hand ab, die flach auf einem der Tische der Bar lag, in der wir meinen Geburtstag feiern wollten. Auch zählen konnte ich nur, weil er es mir beigebracht hatte. Manchmal dachte ich, Gott hätte mich leer erschaffen, und erst Iman hätte mich mit Leben gefüllt. Das war ein erschreckender Gedanke. Ich klopfte im Takt der Musik mit meinem neuen Holzbein auf den Boden. Nach langem Hin und Her hatte ich mir doch eins anfertigen lassen. Jetzt brauchte ich keine Krücken mehr, nur noch einen Stock. Aber tanzen wie Gildas konnte ich immer noch nicht. Gildas saß mir gegenüber, und ich hörte mit halbem Ohr zu, wie er mir irgendwelche Geschichten erzählte. Wir warteten auf Iman. Ich knetete nervös die Finger und beobachtete die Leute um mich herum. Wir saßen in einer Bar unter freiem Himmel, der Besitzer hatte einfach ein paar Holztische vor seinem Haus aufgestellt. Neben der Tür stand eine Theke, und wenn man etwas bestellte, holte der Barmann die Getränke von drinnen. Ab und zu drehte er an einem Radio herum, um die Musik zu ändern. Die Stimmung war ausgelassen. Die meisten Gäste hatten ins neue Jahr hineingefeiert und ließen den Tag bei ein paar letzten Getränken ausklingen. Es waren hauptsächlich Männer da, die in Gruppen von Gleichaltrigen zusammensaßen, aber unter den Gästen waren auch ein paar junge Frauen. Auf eine von ihnen hatte Gildas ein Auge geworfen, und während er sich weiter mit mir unterhielt, starrte er sie unverhohlen an. Sie sah immer wieder flüchtig in unsere Richtung, tat aber so, als bemerkte sie uns nicht. Oder vielmehr tat sie so, als bemerkte sie Gildas nicht. Bei mir musste sie gar nicht so tun. Frauen würdigten mich für gewöhnlich keines Blickes. Das gab mir das Gefühl, unsichtbar zu sein. Nach einer Weile konnte Gildas ihrem stummen Werben nicht länger widerstehen. Er stand auf, zwinkerte mir zu und schob sich zwischen den Tischen hindurch auf das Mädchen zu. Ich folgte ihm mit den Augen, und mein Blick blieb an einer Gestalt hängen, die weiter hinten um eine Ecke kam. Ein junger Mann schlenderte an den Strommasten vorbei, die die Straße säumten. An der Körpergröße und dem lässigen Gang erkannte ich Iman. Er war mittlerweile fast zwei Meter groß. Als das Licht einer Straßenlaterne über sein Gesicht glitt, sah ich seine Augen funkeln. Ich hob die Arme, um ihm zu bedeuten, wo wir saßen. Leichtfüßig kam er näher.

Gleich darauf schob er sich auf den Stuhl, auf dem gerade noch Gildas gesessen hatte. Er nahm die Mütze ab und rieb sich mit einem breiten Grinsen die Hände. Ich kannte diese Geste nur zu gut. Mein Blick wanderte von seinen langen, schmalen Fingern zu den weißen Zähnen, die zwischen hellroten vollen Lippen schimmerten, während ich darauf wartete, dass er mir die Neuigkeit verkündete. Aber er hielt mich noch etwas hin:

»Na, Geburtstagskind, wie alt wirst du dieses Jahr?«

»Sehr witzig, Iman. Komm schon, spuck's aus. Warum grinst du so?«

Er beugte sich vor und winkte mich näher. Sein warmer Atem strich mir über die Wange und kitzelte mein Ohrläppchen.

»Ich habe ein Mädchen kennengelernt.«

Ich richtete mich langsam auf und musterte sein Gesicht. Ich fragte mich, was daran so besonders war. Seine Miene war unergründlich.

»Na und?«, fragte ich.

Was war nur los mit ihm? Er hatte ein Mädchen kennengelernt, gut, aber warum grinste er dann so breit? Iman lernte oft Mädchen kennen. Sie waren ganz wild auf ihn, er zog sie an wie Honig die Bienen. Hin und wieder ging er mit einem der Mädchen aus, verlor aber jedes Mal ziemlich schnell das Interesse. Erst kam er zu spät zu Verabredungen, dann tauchte er gar nicht mehr auf, irgendwann grüßte er nicht mal mehr, wenn er ihr auf der Straße begegnete, und bald vergaß er sogar ihren Namen. Er führte sich auf wie ein richtiger Frauenheld. Dafür hielten ihn die Mädchen auch, und so ließen sie nicht locker. Sie redeten auf ihn ein, flehten ihn an, kamen zu mir und baten mich um Rat. Aber sie irrten sich, Iman war kein Frauenheld. Die Mädchen versuchten verzweifelt, einen wilden Tiger zu zähmen, den es nicht gab. Dabei lag die Wahrheit auf der Hand: Iman interessierte sich einfach nicht genug für sie. Seine Augen zuckten ständig hin und her, als suchte er nach einem Fluchtweg. Er konnte sich nicht lange genug auf sein Gegenüber konzentrieren, um ein Kleid oder einen neuen Lippenstift zu bewundern. Wie auch, wo es ihm noch nicht mal gelang, einen Job länger als einen Monat zu behalten? Manchmal blieb er einfach weg, ohne seinem Chef Bescheid zu sagen. In letzter Zeit wusste nicht einmal ich, wo er sich bis spät in der Nacht herumtrieb, aber es war sinnlos, ihn danach zu fragen, er würde sowieso bald wieder etwas anderes tun. Seit ich ihn kannte, war Iman auf der Suche. Aber nicht nach einem Mädchen, da war ich mir ganz sicher. Was hatte das Grinsen also zu bedeuten?

»Sie ist ... etwas Besonderes«, sagte er.

Etwas Besonderes? Dieses Wort hatte Iman bisher für niemanden verwendet. Sonst wirkte er immer so gleichgültig. Seine Augen glänzten, und in seinen schimmernden Zähnen spiegelten sich die Lichter der Bar. Niemand hatte ihn je in einen solchen Zustand versetzt. Diese Frau musste wirklich einzigartig sein.

»Was ist denn so besonders an ihr? Hat sie drei Köpfe? Oder hat sie im Bett Dinge mit dir angestellt, die dich verrückt gemacht haben? Du wirkst nämlich wie ein Verrückter.«

Iman warf den Kopf in den Nacken und lachte schallend. Sein Adamsapfel hüpfte auf und ab. Ich beobachtete die weiche Linie seines Halses, die in muskulöse Schultern überging. Nach mehreren Zuckungen sanken seine Schultern herab.

»Ich wusste, dass du das sagen würdest. Egal, vergiss es, du verstehst das nicht. Also, wie läuft es auf der Arbeit?«

»In der Wäscherei? Geht so. Es ist harte Arbeit, ich muss den ganzen Tag Wäsche falten, aber man gewöhnt sich an alles. Guck mal, meine Bizepse sind in einem Monat doppelt so groß geworden.«

»Ah ja«, sagte er abwesend.

Sein Blick wanderte schon wieder über die Menschenmenge. Er war längst mit den Gedanken woanders. Das ärgerte mich, schließlich hatte er mir die Frage gestellt. Was konnte ich tun, damit er sich wieder für mich interessierte? Ich griff das Thema auf, das ihn zu begeistern schien.

»Also, was ist mit dieser Frau? Hat sie drei Köpfe?«

Iman schloss die Augen. Es war, als wollte er sich ihr Bild vor Augen rufen, bevor er mir von ihr erzählte. Ich sah ihm an, wie gern er an sie dachte.

»Sie ist Europäerin.«

Europäerin, aha. Er hatte wohl sagen wollen: Sie war weiß. Er schien auf ein Zeichen von mir zu warten, dass die Neuigkeit angekommen war und er weitererzählen konnte. Die Neuigkeit war zwar angekommen, aber ich wollte den Rest der Geschichte nicht hören. Ich hatte genug. Zum ersten Mal hatte Iman eine Frau kennengelernt, die ihm etwas bedeutete. Im Grunde störte mich nicht, dass sie eine Weiße war. Selbst dass sie eine Weiße war und er sie für etwas Besonderes hielt, störte mich nicht. Aber dass sie eine Weiße war und er sie deshalb für etwas Besonderes hielt, das konnte ich nicht akzeptieren. Als ich nicht reagierte, fuhr Iman fort:

»Sie heißt ...«

Ich hob die Hand, um ihn zum Schweigen zu bringen, und verzog angewidert das Gesicht. Wie in einem Spiegel sah ich auf Imans Gesicht denselben angewiderten Ausdruck erscheinen. Er fand mich sicher ungerecht. Enttäuscht wandte er den Blick ab, als suchte er in der Menge nach einem Verbündeten. Dann kehrte sein Blick zu mir zurück und er sah mich flehend an. Er wollte sich rechtfertigen oder sich wenigstens erklären. Aber was gab es da zu erklären? Wollte er mich überzeugen, dass ich mich irrte? Ich konnte mich nicht irren. Iman hatte Dutzenden Mädchen den Laufpass gegeben, ohne sie richtig wahrzunehmen. Er hatte ihnen das Herz gebrochen, ohne einen Gedanken an sie zu verschwenden. Man hätte meinen können, ihre Gefühle seien ihm egal. Bisher hatte ich immer geglaubt, er interessiere sich nicht für Mädchen. Jetzt erfuhr ich, dass sie nur nichts Besonderes gewesen waren! Nein, denn um etwas Besonderes zu sein, musste eine Frau weiß sein! Die Namen all der anderen Mädchen, die er ausgezogen und dann links liegen gelassen hatte, hatte er längst vergessen, aber diese Frau hatte einen Namen und er wollte ihn mir unbedingt sagen. Schwarze waren also dazu da, benutzt und weggeworfen zu werden. Nein, ich konnte nicht länger hier sitzen und ihm zuhören. Ich schäumte vor Wut. Hastig schob ich meinen Stuhl zurück und stand auf. In diesem Moment kam Gildas an unseren Tisch zurück. Anscheinend war es mit dem Mädchen gut gelaufen, denn er grinste breit. Als er mein zorniges Gesicht sah und bemerkte, dass ich gehen wollte, verging ihm das Grinsen. Verwirrt breitete er die Arme aus.

»Was ist los?«

»Iman hat ein Mädchen kennengelernt. Und sie ist etwas ganz Besonderes, denn sie ist eine Weiße.«

Gildas riss die Augen auf und sagte lachend:

»Stimmt das, Iman? Du Dreckskerl, du hast den Hauptgewinn gezogen!«

Den Hauptgewinn! Ich sagte:

»Ich gehe jetzt. Ich habe Kopfschmerzen, ich muss nach Hause.«

Was ich eigentlich sagen wollte, war: ihr verdammten Verräter!

»Was? Wir wollten doch deinen Geburtstag feiern«, rief Gildas.

Aber ich stieß meinen Stock wütend auf den Boden und drängte mich durch die Menge.

In den nächsten Tagen sah ich Iman nicht. Ich versuchte, ihn auch während der langen Stunden in der Wäscherei aus meinem Kopf zu verbannen, denn normalerweise vertrieb ich mir die Zeit damit, an ihn zu denken. Das lenkte mich von dem Schmerz ab, der mir jedes Mal in den Rücken fuhr, wenn ich mich bückte, um ein Bündel schmutziger Wäsche aufzuheben und es in eine der riesigen Waschmaschinen zu stecken. Den ganzen Tag lang führte ich die gleichen Bewegungen aus. Ich bückte mich, hob Wäsche auf, stopfte sie in eine Maschine, zog den nassen, schweren Stoff mit beiden Händen heraus und packte ihn in den Trockner. Dann musste ich jedes Stück Wäsche beidseitig bügeln, es in der Mitte falten, die Falten bügeln, es noch einmal falten, noch einmal darüberbügeln und es noch einmal falten. Am Abend, wenn die Sonne unterging, waren meine Arme lahm, und am nächsten Tag begann alles wieder von vorn. So ging es von Montag bis Samstag. Am Sonntag musste ich den Boden schrubben, die Fenster putzen und die Waschmaschinen blank polieren. Aber was konnte ich als Krüppel, der kaum lesen und rechnen konnte, schon erwarten? Im Grunde tat mir der Besitzer der Wäscherei einen Gefallen. Die anderen Angestellten waren alle zur Schule gegangen, ich war der einzige Analphabet. Den Job hatte ich Covi zu verdanken. Er hatte einem Schwager des Besitzers vor einiger Zeit falsche Papiere für die Auswanderung besorgt, und jetzt gab mir der Wäschereibesitzer zum Dank für seine Hilfe Arbeit. Doch des einen Gelingen ist des anderen Misslingen, und so war die Sache für Covi nicht gut ausgegangen, er saß mit dem Rest seiner Bande im Gefängnis. Ich versuchte also einfach, dankbar zu sein. Da ich mich erst noch beweisen musste, strengte ich mich doppelt an und erledigte alle undankbaren Arbeiten, die meine Kollegen mir auftrugen. Jeden Abend, wenn ich nach Hause kam, war ich völlig erschlagen. Was würde der nächste Tag bringen? Ich wusste es nicht, ich dachte nicht einmal darüber nach. Heute hatte ich etwas zu essen, das musste reichen. Für manche von uns ist es ein Luxus, über den nächsten Tag nachzudenken.

So blieb mir nichts, als an Iman zu denken. Vor meinem inneren Auge sah ich immer wieder sein Gesicht. Vielleicht hatte ich doch überreagiert. Ich ärgerte mich über mich selbst, weil ich ihn einfach aus meinem Leben verbannt hatte. Und warum? Mit etwas Abstand verstand ich es selbst nicht genau. Was hatte er noch einmal gesagt? Dass er ein Mädchen kennengelernt hatte? Gut. Dass sie etwas Besonderes sei? Auch gut. Dass sie weiß war? Hatte er wirklich gesagt, dass sie etwas Besonderes war, weil sie weiß war? Oder dass sie deswegen besser war als andere Mädchen? Vielleicht nicht. Vielleicht sollte ich Nachsicht haben und ihn zumindest anhören, bevor ich ihn verurteilte. Iman fehlte mir schrecklich, so sehr wie mein amputiertes Bein. Ich wollte ihm noch eine Chance geben.

Seit ein paar Jahren trafen Iman und ich uns jeden Donnerstag mit Gildas in der Bar, in der wir zwei Wochen zuvor meinen Geburtstag hatten feiern wollen. Heute war Donnerstag. Als die Wäscherei zumachte, ging ich direkt dorthin. Es war ein komisches Gefühl. Ich würde Iman an demselben Ort wiedertreffen, an dem ich ihn verlassen hatte, als hätte er sich nicht vom Fleck gerührt, sondern geduldig auf mich gewartet. Es störte mich nicht, dass ich den ersten Schritt machte, um unseren Streit beizulegen. Der Krieger kämpft bis zum Tod, der Weise reicht die Hand zur Versöhnung und rettet zwei Leben. Ich war stolz auf meinen Entschluss. Die Sonne war bereits untergegangen, als ich in der Bar ankam. Ich musterte die Gesichter in der Dunkelheit, aber Iman sah ich nicht. Schließlich entdeckte ich Gildas, der mit ein paar fremden Männern an einem Tisch saß. Verunsichert ging ich auf sie zu. Es war doch Donnerstag? Wo war Iman? War ihm etwas zugestoßen? Da bemerkte mich Gildas und winkte mir zu.

»Lang nicht gesehen, Toumani.«

»Ich arbeite viel. Ich muss erst noch beweisen, dass ich den Job schaffe.«

»Ja, das verstehe ich. Willst du dich zu uns setzen? Komm, ich stelle dir meine Freunde vor.«

Ich hörte zu, während er reihum die Namen nannte, versuchte aber gar nicht erst, sie mir zu merken. Eine einzige Frage brannte mir auf der Zunge:

»Wo ist Iman?«

»Keine Ahnung, Bruder. Ich habe ihn seit dem letzten Mal nicht mehr gesehen.«

»Aber es geht ihm gut?«

»Ich glaube schon ... Keine Ahnung. Ich dachte, er würde seine Zeit mit dir verbringen, weil ich dich auch nicht mehr gesehen habe. Aber es geht ihm bestimmt gut. Iman geht es doch immer gut.«

Da war ich mir nicht so sicher. Offenbar hatte mein Verhalten Iman doch stärker getroffen, als ich gedacht hatte.

»Hör mal, Gildas, ich muss gehen. Ich bin müde.«

»Kein Problem. Ich komme bei Gelegenheit mal bei dir auf der Arbeit vorbei.«

»Ja, mach das. Bis dann.«

Ich ging davon und rannte fast die Straße hinunter. Ich musste sofort zu Iman. Ich ärgerte mich schrecklich über mich selbst. Iman war immer für mich da gewesen, und als er sich mir zum ersten Mal anvertrauen wollte, hatte ich mich von ihm abgewandt. Gildas hatte gesagt, dass er seit zwei Wochen nicht mehr in der Bar gewesen war. Anscheinend kam er nur meinetwegen. Ich hätte niemals gedacht, dass ich Iman so viel bedeutete. Der Gedanke gefiel mir. Fast lächelte ich, als ich vor dem Tor zu Hadschas und Souwés Haus ankam. Iman wohnte immer noch dort, mittlerweile allerdings in einer Wohnung auf der anderen Seite des Hofs. Ich ging direkt zu seiner Tür. Das Fenster war dunkel. Iman kam normalerweise früh nach Hause, wenn er überhaupt nach Hause kam. Hinter Hadschas und Souwés Fenster brannte Licht. Ich klopfte an ihre Tür, weil ich dachte, dass Iman vielleicht bei ihnen war. Als Tante Souwé aufmachte, verbeugte ich mich zur Begrüßung respektvoll. Dann fragte ich, ob mit Iman alles in Ordnung sei.

»Er war in den letzten Tagen ziemlich verträumt und wirkt etwas verloren. Willst du ihn besuchen? Hast du schon nachgesehen, ob er in seinem Zimmer ist?«

»Ja, er ist nicht da.«

»Dann dürfte er bald nach Hause kommen. Du kannst hier auf ihn warten, wenn du willst.«

»Nein, danke, ich wollte nur kurz hallo sagen. Ich warte lieber in seinem Zimmer. Ist Hadscha da? Ich möchte sie auch begrüßen.«

»Hadscha betet gerade. Das kann noch eine Weile dauern. Ich werde ihr sagen, dass du vorbeigekommen bist.«

Nachdem Tante Souwé mir alles Gute gewünscht hatte, überquerte ich abermals den Hof. Ich war beruhigt. Mit Iman war also alles in Ordnung, zumindest war er nicht krank oder verletzt. Vor seiner Tür zog ich meinen Schlüssel aus der Tasche, schloss auf und stand in seiner winzigen Wohnung. Sie bestand aus einem einzigen Zimmer, gerade groß genug für ein Bett und einen Nachtschrank mit einem Radio. Für die Mahlzeiten stellte Iman das Radio auf den Boden und benutzte den Nachtschrank als Esstisch. Sein Geschirr bewahrte er in der Schublade auf, seine Kleider in einem Koffer unter dem Bett. Ich schloss die Tür, ging zum Bett und dachte über Tante Souwés Worte nach. Sie hatte gesagt, Iman wirke in letzter Zeit etwas verloren. Ich war ihm kein guter Freund gewesen, ich hatte ihn im Stich gelassen. Aber jetzt war ich ja hier, und ich würde auf ihn warten, bis er nach Hause kam. Ich legte mich auf sein Bett. Die Laken rochen nach Iman.

Ein Geräusch weckte mich, und ich schreckte hoch. Ich hatte einen pelzigen Geschmack im Mund. Ich blinzelte verwirrt und versuchte, einen klaren Kopf zu bekommen. Wo war ich? Ich erkannte Imans Zimmer. Stimmt, ich hat-

te ihn besuchen wollen und war wohl eingeschlafen. Aber
was war das für ein Geräusch gewesen? Die Tür schleifte
über den Boden. Im Halbdunkeln sah ich, wie Iman sie mit
der Schulter aufdrückte. Er tastete an der Wand entlang,
bis seine Hand den Schalter fand. Das aufflammende Licht
blendete mich, und Iman schrie vor Schreck auf. Ich konnte
nichts sehen, hörte ihn aber lachen. Es war dasselbe Lachen,
das mich Jahre zuvor, als ich in dem Kanalschacht bei lebendigem Leib von Ratten aufgefressen worden war, zurück ins
Leben geholt hatte. Allmählich erholten sich meine Augen,
und Imans Gestalt tauchte vor mir auf. Er lächelte. Das
Lächeln verunsicherte mich. Wollte er mir zeigen, dass auch
er den Streit beilegen und sich versöhnen wollte? Doch er
sagte nur:

»He, Toumani, lang nicht gesehen!«

Gildas hatte dasselbe gesagt, und zwar in demselben fröh-
lichen Tonfall. Iman freute sich einfach, mich wiederzusehen. Nichts wies darauf hin, dass er mich vermisst hatte.
Bei Gildas war mir das egal, bei Iman nicht. Hatten ihm die
zwei Wochen, in denen wir uns nicht gesehen hatten, denn
gar nichts ausgemacht?

»Ja, lang nicht gesehen.«

Ich versuchte, mir nichts anmerken zu lassen und genauso unbeschwert zu klingen wie er, aber mir versagte die
Stimme. Iman schien es nicht zu bemerken, wahrscheinlich
glaubte er, ich sei noch etwas verschlafen. Er zog sich bis
auf die Unterhose aus, warf sich auf das Bett und seufzte
wohlig. Er schob sich einen Arm in den Nacken und sah
hoch zu der Neonröhre an der Decke. Das Licht knisterte
und flackerte. Jemand hatte mir erklärt, das liege an den
Schwankungen im Stromnetz. Imans muskulöse Brust hob
und senkte sich im Takt seiner Atmung. Sein flacher, fester Bauch hatte in der Mitte eine senkrechte Furche. Seine
weiße Unterhose sah ich mir lieber nicht so genau an. Seine

Beine waren lang und schlank. Auf Höhe der Knöchel hatte Iman sie entspannt übereinandergeschlagen. Hatte er vergessen, dass ich da war? War das seine Art, sich an mir zu rächen? Ich räusperte mich.

»Iman? Alles klar?«

»Ja. Und bei dir?«, fragte er zurück, ohne den Blick von der Neonröhre abzuwenden.

Ich wusste nicht, was ich sagen sollte.

»Willst du, dass ich gehe?«

Er stützte sich auf den Ellbogen auf, so dass sich seine Bauchmuskeln anspannten.

»Warum sagst du denn so was?«

Er wirkte ehrlich überrascht.

»Weil ich hier bin und du nicht mit mir sprichst.«

»Ich dachte, du wärst müde und wolltest schlafen.«

Iman machte mir nichts vor. Er war immer ehrlich. Er hatte nicht einmal bemerkt, dass ich zwei Wochen lang sauer auf ihn gewesen war. Dieser Gedanke versetzte mir einen Stich. Aber warum hatte er mich dann nicht besucht?

»Wo warst du denn die ganze Zeit? Du hättest mal bei mir vorbeischauen können ...«

»Ja, tut mir leid. Ich dachte, du hast viel zu tun. Ich weiß auch nicht ...«

Er zuckte mit den Schultern, damit schien die Sache für ihn abgehakt.

»Ich hatte vor, am Sonntagnachmittag vorbeizukommen, weil du da ja nur morgens arbeitest. Außerdem verbringe ich viel Zeit mit Anna und komme immer erst spät nach Hause.«

Anna?

»Wer ist Anna?«

»Das Mädchen, das ich vor ein paar Wochen am Strand kennengelernt habe. Weißt du noch, ich wollte dir beim letzten Mal von ihr erzählen, aber du wolltest nichts hören.«

In seiner Stimme lag kein Vorwurf.

»Die Weiße?«

»Ja. Sie ist im Urlaub hier und fliegt bald zurück nach Europa, deshalb will ich so viel Zeit wie möglich mit ihr verbringen.«

»Du siehst sie also jeden Tag. Liebst du sie etwa?«

»Ja.«

Jetzt sah er mich an, aber er sprach wie zu sich selbst.

»Und sie, liebt sie dich auch?«

»Warum nicht?«

Ich warf ihm einen verächtlichen Blick zu und stand auf.

»Ich muss jetzt gehen, ich muss morgen früh raus. Aber jetzt weiß ich ja, dass es dir gut geht.«

Iman antwortete nicht. Mein Blick hatte ihn verletzt, das wusste ich. Wortlos schloss er die Tür hinter mir, und ich stand im Hof. Ich konnte es kaum fassen. Iman hatte Gildas und mich, seine besten Freunde, vergessen, weil er lieber mit einem Mädchen herummachte. Wie konnte das sein? Wir waren immer unzertrennlich gewesen, und jetzt ließ er uns wegen eines dahergelaufenen Mädchens links liegen. Am liebsten wäre ich davongegangen und hätte ihn für immer vergessen! Du triffst die falsche Entscheidung, Iman! Frauen kommen und gehen, aber Freunde hat man fürs Leben. Es war lächerlich, dass er behauptete, er würde sie lieben. Und sie ihn! Was für ein Unsinn! Iman war nur von ihrer Hautfarbe beeindruckt. Er spiegelte sich in ihrer weißen Haut, er glaubte, einen Teil von sich darin wiederzuerkennen. Den Teil, den er vermutlich für seinen besseren hielt. Offenbar war er der Meinung, er könnte sich über uns andere erheben und unserem Elend entfliehen. Aber Iman war nicht wie diese Frau, er war wie wir. Wenn die Weiße ihn am Ende ihres Urlaubs sitzenließ, würde er das schon merken. Vielleicht suchte sie sich auch schon vorher einen anderen schwarzen Jungen. So etwas passierte ständig, und das wusste Iman auch, aber er verschloss die Augen vor der Wahrheit. Erst dachte ich: »Ist mir egal, soll er doch verrecken«, aber dann besann ich mich eines Besseren. Ich war sein Freund und konnte ihn nicht einfach im Stich lassen. Ich musste ihm die Augen öffnen oder ihn wenigstens warnen. Ich machte kehrt und ging zurück zu seiner Tür. Iman öffnete, blieb aber auf der Schwelle stehen und bat mich nicht herein. Na schön, wenn ich nicht willkommen war, würde ich eben sagen, was ich zu sagen hatte, und dann wieder verschwinden.

»Gildas hat erzählt, dass er dich seit zwei Wochen nicht gesehen hat.«

»Kann sein.«

»Und ich habe dich auch nicht gesehen.«

»Worauf willst du hinaus?«

»Du hast ein Mädchen kennengelernt, und jetzt brauchst du uns wohl nicht mehr, was?«

»Ich habe doch gesagt, dass ich dich am Sonntag besuchen wollte.«

»Spar dir die Mühe. Wir können gut auf dich verzichten. Fühl dich uns nicht verpflichtet.«

Ich weiß nicht, warum ich das sagte. Iman gab keine Antwort. Um noch eins draufzusetzen, fügte ich hinzu:

»Ich brauche dich nicht. Ehrlich gesagt, bin ich nur aus Mitleid hergekommen.«

»Was?«

»Du machst einen Fehler, Iman, denn sie liebt dich nicht. Wenn sie dich lieben würde, würde sie dir sagen, dass du deine Freunde nicht vernachlässigen sollst. Oder waren wir nur Lückenbüßer, bis du dich in ein Mädchen verliebst?«

»Das ist doch alles nur vorgeschoben. Dein einziges Problem ist, dass sie eine Weiße ist. Das stört dich!«

Die letzten Worte hatte er geschrien. Aber ich würde ihm zeigen, dass ich lauter schreien konnte.

160

»Richtig! Du glaubst, dass eine einzige Weiße all deine Freunde ersetzen kann.«

Im Hof wurden Türen geöffnet. Aber es war mir egal, ob ich Zuschauer hatte, ich raste vor Wut.

»Du bist doch blind! Sag später nicht, dass ich dich nicht gewarnt hätte!«

»Gewarnt? Wovor?«

»Das weißt du in dem Moment, in dem sie dich sitzenlässt.«

Um ihm so richtig wehzutun, fügte ich hinzu:

»So wie dein Vater deine Mutter sitzengelassen hat!«

Iman packte mich am Nacken. Seine Augen sprühten Blitze. Er war zwei Köpfe größer als ich und hatte zwei gesunde Beine. Ich hätte nie gedacht, dass wir uns einmal prügeln würden. Aber wenn er es unbedingt wollte, war ich bereit. Ich ballte die Faust, spürte aber, wie sich sein Griff lockerte. Die Flammen in seinen Augen erloschen wie niedergebrannte Glut. Warum? Mir wäre es lieber gewesen, wenn er sich weiter aufgeregt hätte. Jetzt wollte ich mich unbedingt mit ihm prügeln, aber anscheinend war ich nicht in der Lage, irgendein Gefühl in ihm hervorzurufen. Außer Mitleid, weil ich ein Krüppel war. Wahrscheinlich wollte er sich deshalb nicht mit mir prügeln. Ich verlor die Beherrschung und stürzte mich auf ihn, packte ihn am Gürtel und versuchte, ihn hochzuheben und zu Boden zu werfen. Aber das war natürlich lächerlich, er war viel größer als ich, und ich hatte nur ein Bein. Ich verlor das Gleichgewicht und wir fielen hin. Starke Arme packten uns und rissen uns auseinander. Aber so schnell würde ich nicht von ihm ablassen. Ich klammerte mich an Iman, denn ich fürchtete insgeheim, dass wir uns nie wiedersehen würden, wenn man uns erst einmal voneinander trennte. Ich stieß hervor:

»Ich will dich nie wiedersehen! Verschwinde aus meinem Leben.«

Die Nachbarn warfen mich hochkant vom Hof. Als sie mich zum Tor schleiften, sah ich Unverständnis und Schock in Imans Augen. Man stieß mich auf die Straße, ich stolperte und fiel hin. Die Nachbarn lachten. Ein Krüppel, der hinfällt, bringt die Leute immer zum Lachen. Jemand warf mir meinen Stock hinterher. Ich fühlte mich tief gedemütigt. Tränen schossen mir in die Augen. Ich nahm meinen Stock, rappelte mich auf und humpelte davon.

Man darf sich nicht auf eine einzige Hand verlassen, denn sonst bleibt einem nichts mehr, wenn sie zurückgezogen wird. Iman verschwand aus meinem Leben. Nach dem, was ich zu ihm gesagt hatte, konnte ich ihm nicht mehr unter die Augen treten. Ich versuchte mich auf etwas anderes zu konzentrieren. Aber worauf? Auf die Arbeit in der Wäscherei? Sie war jetzt noch härter. Eine Waschmaschine war kaputtgegangen, und mein Chef hatte gesagt: »Toumani, du wäschst die Wäsche mit der Hand, bis die Maschine repariert ist. Wir können es uns zurzeit nicht leisten, Kunden zu verlieren.« Also tauchte ich tagein, tagaus die Hände in Wasser. Manchmal war es kochend heiß, manchmal so kalt, dass ich meine Finger nicht mehr spürte. Stundenlang schrubbte, spülte und wrang ich die Wäsche aus. Bald waren meine Hände geschwollen und rissig. Nachts wickelte ich sie in ein altes T-Shirt und schob sie mir unter den Körper. Ich versuchte alles, um den Schmerz zu betäuben, doch am nächsten Morgen musste ich die Hände wieder in die Lauge tauchen. Der körperliche Schmerz war jedoch nichts im Vergleich zu dem seelischen Schmerz, der mich Tag und Nacht quälte. Mein Herz war eine einzige Wunde, und für mein Herz gab es keinen Feierabend und kein schmutziges T-Shirt. Es musste einfach immer weiter schlagen.

Nach der Arbeit lief ich ziellos durch die Straßen. Der Wind peitschte meinen Körper, es war Trockenzeit, und der Harmattan wehte. Er kommt aus der Sahara, trägt Unmengen Sand mit sich, kriecht unter die Kleider und dringt in Augen und Nasenlöcher ein. Um mich herum erkälteten sich die Menschen, sie husteten und spuckten auf den Boden. Der Sand verdeckte die Sonne, und wir froren erbärmlich, vor allem am frühen Morgen und nach Sonnenuntergang. Es war sehr kalt, manchmal wurde es nicht wärmer als zwanzig Grad. Wann würden wir endlich zu den gewohnten dreißig Grad zurückkehren, wann wäre diese Hölle vorbei? In unserer Vorstellung ist es in der Hölle bitterkalt. Ich band mir ein Taschentuch vor Nase und Mund und lief durch den Wüstensand und die Kälte. Gegen den Wind anzukämpfen war meine Art, Buße zu tun. Vielleicht würde mir vergeben werden, wenn ich nur genug litt.

Aber nach mehreren Tagen verließ mich die Kraft. Ich hatte zu viel Staub und Sand eingeatmet. Eines Abends, als ich nach Feierabend wieder einmal wie eine verlorene Seele durch die Stadt irrte, beschloss ich, Gildas zu besuchen. Er öffnete mir mit nacktem Oberkörper und legte einen Finger an die Lippen. Ich warf einen Blick über seine Schulter und verstand: Er war nicht allein. Auf der Klappcouch, die Gildas als Bett diente, schlief jemand unter einer warmen Decke. Dann bewegte sich die Decke, ein Kopf tauchte auf, zwei Augen leuchteten im Dunkeln.

»Gildas, wer ist das? Es ist spät«, murmelte eine verschlafene Stimme.

Es war das Mädchen aus der Bar, das Gildas an meinem Geburtstag kennengelernt hatte. Er grinste mich verschwörerisch an, aber ich hatte keine Augen für sein Glück. Er sagte:

»Ich würde mich ja gern mit dir unterhalten, alter Freund, aber…«

Er ließ den Satz in der Schwebe, als hätte er einen Witz erzählt. Ich fühlte mich unsäglich allein. Wenn man seine Einsamkeit mit anderen teilt, kann sie erträglich sein, aber ich hatte das Gefühl, der einzige Mensch auf der Welt zu sein, der einsam war. Nachts lag ich auf meiner harten Matte und fror, während meine Freunde einen geliebten Menschen im Arm hielten und sich an einen warmen Körper schmiegten. Sie wurden gestreichelt. Sie schliefen nackt. Sie hatten jemanden. Nur ich war allein. Dass Gildas mir eine Hand auf die Schulter legte, half nicht. Im Gegenteil, es erinnerte mich daran, was mir fehlte. Er sagte:

»Du siehst nicht gut aus, Toumani. Ist alles in Ordnung? Wenn du willst, gehen wir ein Stück und reden.«

Nein danke, Gildas. Ich brauche dein Mitleid nicht. Ich bemühte mich zu lächeln, aber ich hatte so lange nicht gelächelt, dass nur eine Grimasse dabei herauskam.

»Nein, nein, es ist alles in Ordnung. Amüsier dich gut!«

Ich versuchte, ihm zuzuzwinkern. Ich weiß nicht, ob es mir gelang. Ich hinkte davon.

In den nächsten Tagen ging ich nicht zur Arbeit. Ich hatte nicht die Kraft dazu. Anfangs fürchtete ich noch, meinen Job zu verlieren, aber nach einer Weile war es mir egal. Alles wurde mir egal. Ich erstarrte innerlich. Ich verließ meine Hütte nicht mehr. Sie bestand nur aus einem einzigen Raum, der Imans zum Verwechseln ähnlich war. Nur war mein Zimmer noch kleiner, meine Decke noch niedriger, und außer einer Schlafmatte besaß ich keine Möbel. An die Wand hatte ich einen Kalender gehängt, wenn ich die Tür öffnete, flatterten die Seiten im Wind. Das einzige Fenster hatte ich verrammelt, damit kein Sand hereindrang. Deshalb war es in meiner Hütte so dunkel wie in meinem Kopf. Ich lag einfach nur da und wartete, dass etwas geschah. Eines Nachmittags war es so weit.

Jemand klopfte an der Tür. Ich stand auf und öffnete. Licht fiel in die Hütte und blendete mich. Iman stand als Schattenriss in der Tür. Ich erkannte ihn an seinen breiten Schultern und den großen Locken. Ich wusste nicht, was ich sagen sollte. Er kam herein und sah sich um.

»Ich habe gehört, dass du nicht mehr zur Arbeit gehst.«

»Von wem?«

»Dein Chef hat es Covi erzählt, Covi hat es Gildas erzählt, und Gildas hat es mir erzählt. Deshalb bin ich hier.«

»Und was willst du?«

»Ich weiß nicht. Reden.«

»Dann rede.«

»Es tut mir leid, was beim letzten Mal passiert ist, Toumani.«

Ich schlug die Augen nieder. Ich war derjenige, der sich hätte entschuldigen müssen.

»Mir auch.«

Ich wollte es ihm beweisen. Ich wollte ihn nicht noch einmal verlieren, es war zu schmerzhaft.

»Wie geht es Anna?«

Iman warf mir einen misstrauischen Blick zu.

»Ihr geht es gut. Hör mal, Toumani, ich weiß nicht, wie ich dir von ihr erzählen soll. Ehrlich gesagt, verstehe ich nicht, warum du sie nicht magst. Warum glaubst du, dass sie mich nicht liebt?«

»Warum glaubst du, dass sie dich liebt? Sie ist eine Weiße, die in Afrika Urlaub macht. Wir kennen solche Geschichten doch.«

»Aber was, wenn ich ihr eine Chance geben will? Was, wenn ich nicht nur ihre Hautfarbe sehe? Genau darüber regen wir uns doch immer auf.«

»Ihr eine Chance geben? Wer bist du, dass du irgendwem eine Chance geben kannst? Du hast nichts, und du bist nichts.«

Ich sagte das ganz ruhig, ohne Feindseligkeit. Iman dachte einen Moment lang nach.

»Das sagst du.«

Er zog die Tür zu, und wir standen im Dunkeln.

»Vielleicht sieht sie in mir ja etwas anderes als du und der Rest der Welt.«

Seine Stimme drang wie aus der Tiefe einer Höhle zu mir.

»Sie ist wirklich etwas Besonderes, Toumani. Bisher wollten alle Mädchen, mit denen ich zusammen war, immer nur mit mir angeben. Sie wollten vor anderen gut dastehen. Für sie war ich eine Art Trophäe. Anna ist anders.«

»Woher weißt du das? Auch Schwarze haben echte Gefühle. Wir sind nicht alle Lügner und Egoisten. Vielleicht haben dich die anderen Mädchen genauso geliebt.«

»Ja, aber ich konnte mir dessen nie sicher sein. Bei Anna bin ich mir sicher. Eben weil ich ihr nichts zu bieten habe. Du kannst dir gar nicht vorstellen, wie glücklich ich bin, weil ich endlich um meiner selbst willen geliebt werde statt für mein Aussehen. Und wenn das Mädchen, das mich so glücklich macht, nun mal eine Weiße ist, dann ist das eben so. Wir sind jetzt seit einem Monat zusammen, und mit ihr fühle ich mich so wohl wie nie zuvor. Ich weiß nicht, was ich ihr gebe, aber ich weiß, was sie mir gibt, und das lasse ich mir nicht wegnehmen.«

Ich hatte Iman noch nie so leidenschaftlich erlebt. Wie schaffte es dieses Mädchen bloß, ihn in einen solchen Zustand zu versetzen? Ich verstand es nicht, die beiden hatten nichts gemeinsam. Sie war eine Weiße, und er war wie wir, jedenfalls fast.

»Worüber redet ihr denn so?«

»Ich weiß nicht, Toumani. Über alles und nichts. Meistens rede ich, und sie hört mir zu. Beim letzten Mal, nach deinem Besuch, habe ich ihr von meinem Vater erzählt.«

Ich senkte den Blick, als mir einfiel, was ich ihm an den

Kopf geworfen hatte. Ich überlegte, mich zu entschuldigen, aber er ließ mich gar nicht zu Wort kommen.

»Ich habe keine Ahnung, wer mein Vater ist, also kann ich nicht mit ihm reden. Meine Mutter kann ich auch nicht nach ihm fragen, weil wir seit fünf Jahren keinen Kontakt haben. Tante Souwé hat ihn nur einmal kurz gesehen. Hadscha kann ich eh vergessen. Ich weiß nur, dass er eines Tages seine Sachen gepackt hat, in seine Heimat zurückgekehrt ist und eine Frau und ein Kind zurückgelassen hat. Ich frage mich, was sein Land für ein Paradies sein muss, wenn er uns einfach so aufgegeben hat. Wenn ich mich mit Anna unterhalte, habe ich das Gefühl, eine Antwort auf diese Frage zu bekommen.«

»Ich wüsste gern, was das für eine Antwort ist.«

»Ja? Sieh uns an, dann weißt du es. Sieh dich um! Dann siehst du das Elend. Oder vielleicht siehst du es auch nicht, weil es in uns drin ist. Wir können das Elend nicht besiegen. Es liegt uns im Blut, es lässt unsere Herzen schlagen. Wir spüren es nicht mal mehr, weil es unter unserer Haut sitzt. Unsere schwarze Haut ist dieses Elend. Wir sind dieses Elend. Und warum? Weil wir es nicht anders wollen, Toumani. Als mein Vater wegging, war das seine Entscheidung, aber ich werde nicht zulassen, dass diese Entscheidung bestimmt, wer ich bin. Das kann sie auch gar nicht, denn mein Leben gehört mir. Ich entscheide, wer ich bin. Wenn Anna sagt, dass sie mich liebt, dann glaube ich ihr. Selbst wenn es kitschig klingt und ich lange Zeit Angst davor hatte, glücklich zu sein. Bis vor kurzem hatte ich Angst davor, aber jetzt wird alles anders. Anna ist etwas Besonderes, weil sie es noch spürt, wenn sie leidet, Toumani. Und sie kämpft dagegen an.«

Er breitete die Arme aus und wies auf meine Hütte:

»Ich kann das alles nicht mehr ertragen, ich will mich nicht damit abfinden. Anna hat mir die Augen geöffnet. Ich will mich auf die Suche nach dem Glück machen.«

»Und was hast du vor? Was tust du, wenn sie in ihr Land zurückkehrt und du ihr aus der Ferne bei ihrem glücklichen Leben zusehen musst? Für sie ist es leicht, glücklich zu sein. Ihr gehört die Welt.«

»Die Welt gehört uns allen, Toumani.«

Ich hätte ihn gern ausgelacht, aber ich war viel zu traurig.

»Wenn sie geht, vergiss bitte nicht, dass wir immer für dich da sind, Iman.«

Er packte meine Handgelenke.

»Hör mal, Toumani. Ich muss dir etwas sagen. Auch deswegen bin ich gekommen.«

Er zögerte, suchte nach den richtigen Worten und gab sich dann einen Ruck:

»Ich gehe von hier weg.«

Ich wollte lachen, laut lachen, aber mein Hals war wie zugeschnürt.

»Und wie willst du das machen?«

»Ich habe ein Einwanderungsvisum beantragt.«

»Und du glaubst, dass sie es dir geben?«

»Mein Vater ist Europäer, und Anna hilft mir, also stehen die Chancen nicht schlecht.«

Das war zu viel. Iman war verrückt geworden. Mir wurde schwindelig, die Wände begannen sich zu drehen. Vor meinem inneren Auge spulte ein Film ab, in dem ein Auto in Zeitlupe auf eine Mauer zufährt und frontal dagegenprallt. Imans Blut spritzte auf die Windschutzscheibe.

»Um nach Europa zu kommen, brauchst du nicht nur Papiere, Iman. Wie willst du übers Meer kommen? Willst du etwa schwimmen?«

Er grinste triumphierend, schob eine Hand in die Tasche, zog ein Papier hervor und reichte es mir. Ich entzifferte mühsam die Überschrift: »Reservierungsbestätigung«. Ein Flugticket! Darunter stand Annas Name. Sie hatte 500.000 FCFA für ein Flugticket auf Imans Namen hinterlegt.

Mein gesundes Bein versagte, und ich sank zu Boden.

Iman würde also wirklich fortgehen. Ich fühlte mich, als stünde ich auf einer Sandburg, über die ein Tornado hinwegfegt. Meine Welt fiel auseinander. Was konnte ich tun? Sollte ich ihn aufhalten? Ich sah ihm an, dass ihn nichts von seinem Plan abbringen konnte. Wer liebt, bewundert den anderen immer auch ein bisschen. Iman hatte Anna zu seinem Idol gemacht, seinem Vorbild. Sein neu entdeckter Lebenszweck war es, ihr nachzueifern. Er wollte sein wie sie, leben wie sie, er wollte bei ihr sein und für sie leben. Seine Augen suchten den Horizont ab, als könnte er ihn mit dem Blick durchbohren und so in die neue Welt vordringen, die er sich größer und schöner vorstellte als unsere. Wir waren klein, wir waren überflüssig. Alles, was ich zu ihm sagte, war belanglos. Die Welt hatte eine viel größere Anziehungskraft als meine Worte. Anna war das Ziel und ich nur ein zufälliger Weggefährte, dem er auf der Reise zu ihr begegnet war. Iman redete von nichts anderem mehr als von dem Visum, der Wartezeit, dem Flugticket. Das war jetzt sein Lebensinhalt. Im Grunde verstand ich ihn ja sogar. Er klammerte sich an den Gedanken, dass er zum ersten Mal im Leben seinen Platz gefunden hatte.

Mir ging auf, wie viel Macht die Weißen über uns haben. Sie entscheiden, was uns antreibt und was uns bewegt. Heute wie zur Zeit der Sklaverei beruht ihre Stärke darauf, dass sie alles kaufen können. Einen Menschen beherrscht man am besten, indem man das kontrolliert, was ihn glücklich macht. Die Weißen beherrschen uns, indem sie uns unsere eigenen Träume verkaufen.

Anna hatte bisher nur die Hälfte des Flugtickets bezahlt. Sobald Iman das Visum hatte, würde sie ihm den Rest des Geldes geben. Sie wartete auf ihn, damit sie gemeinsam nach Europa fliegen konnten. Ich hätte gern mit ihm die

Tage gezählt und seiner Abreise entgegengefiebert. Aber worauf sollte ich mich freuen?

Ich begann wieder in der Wäscherei zu arbeiten. Ich musste mich an irgendetwas festhalten, und so stürzte ich mich auf die Arbeit, um zu vergessen. Mein Chef nahm mich wieder auf, ohne Fragen zu stellen. Die Kollegen nickten mir wortlos zu. Erschreckt stellte ich fest, dass es egal war, ob ich in die Wäscherei ging oder nicht. So schwer die Arbeit auch war, sie war im Grunde völlig belanglos. Genau wie mein Leben. Iman hatte recht. Das Schicksal der Welt wird woanders entschieden. Wozu sollte man da noch weiterleben? War es nicht besser, diese sinnlose Existenz zu beenden? Wir sind Gespenster, gehüllt in weiße Laken, und unser Leben ist die Eisenkugel an unserem Fuß. Im Grunde sind wir längst tot.

Ein paar Wochen später kam Iman zu mir in die Wäscherei. Er war schon lange nicht mehr da gewesen. Ich sah ihn nicht mehr oft. Er hatte seine Abreise angekündigt und nicht von einer Rückkehr gesprochen, also musste ich mich innerlich von ihm verabschieden. Ich war überrascht, ihn zu sehen. Er hatte das Visum bekommen und war außer sich vor Freude. Anna hatte er schon Bescheid gesagt. Jetzt war er auf dem Weg zu ihr, um das restliche Geld für sein Flugticket abzuholen. Am Abend wollte er zur Feier des Tages etwas mit mir trinken gehen. Ich nickte und sah ihm nach, als er die Straße hinunterlief, ohne nach rechts oder links zu blicken. An jenem Abend ging ich nur widerstrebend zu Iman. Ich hatte keine Lust, so zu tun, als freute ich mich. Als ich seine Tür öffnete, saß er auf dem Bett und starrte zu Boden, den Kopf in die Hände gestützt. Irgendetwas stimmte nicht.

»Anna ist weg«, murmelte er.

»Ich dachte, ihr würdet zusammen fliegen.«

Es dauerte eine Weile, bis ich verstand, was los war. Imans Erklärungen waren wirr. Er hatte Anna besuchen wollen, aber sie war nicht da gewesen. Der Wachmann vor ihrem Haus hatte gesagt, dass sie schon am Abend zurück nach Europa flog. Iman wirkte völlig hilflos, also suchte ich nach einem Ausweg. Nach einer Lösung, auch wenn ich selbst nicht glaubte, dass es eine gab.

»Wann geht denn ihr Flugzeug?«

»In einer oder zwei Stunden, wenn es keine Verspätung hat.«

»Dann bleibt uns noch genug Zeit!«

Verwundert sah mich Iman an.

»Wenn wir es rechtzeitig zum Flughafen schaffen, kannst du mit ihr reden. Sie wird dir erklären, warum sie fliegt und wie es weitergeht. Vielleicht hat sie den Rest des Geldes ja sogar dabei.«

Iman dachte nach. Dann sagte er leise:

»Oder sie verlässt mich, Toumani.«

Am liebsten hätte ich eine Grimasse gezogen. Verließ er mich etwa nicht? Stattdessen sagte ich:

»Das glaube ich nicht. Immerhin hat sie viel Geld für die Hälfte des Flugtickets bezahlt.«

Ich hätte alles Mögliche gesagt, um Iman glücklich zu machen. Mein Argument war nicht besonders überzeugend, aber Iman war verzweifelt, und ein Ertrinkender versucht auch, sich an Wasser zu klammern. Iman zog sich hastig an und lieh sich von einem Nachbarn ein Mofa. Gleich darauf knatterten wir in Höchstgeschwindigkeit die Straße entlang. Ich saß hinter Iman und hielt mich an ihm fest, während er im Zickzack um die Autos herumkurvte. Die Rücklichter der vor uns fahrenden Autos zogen einen roten Schweif. Vor dem Flughafen stellte Iman das Mofa ab, bat mich, darauf aufzupassen, und verschwand in dem Gebäude. Ich setzte mich auf den Bordstein und dachte nach. Autos rollten an mir vorbei und hielten ein paar Meter von mir entfernt. Reisende mit Koffern und einem Lächeln auf den Lippen stiegen aus. Alle waren glücklich, von hier wegzukommen. Wenig später kehrte Iman zurück. Was war geschehen? Ich forschte auf seinem Gesicht nach einem Hinweis. Im Grunde suchte ich nach einem Zeichen dafür, dass es schlecht gelaufen war, dass Anna ihn verlassen hatte und dass er bleiben würde. Ich wollte, dass sie mir Iman zurückgab, dass sie mir mein Leben zurückgab.

»Hast du mit ihr gesprochen?«

»Nein, das ging nicht. Sie war schon drin.«

»Im Flugzeug?«

»Nein, im Flughafen.«

»Warum bist ihr nicht nachgegangen? Du hättest sie vielleicht noch erwischen können, bevor sie ins Flugzeug steigt. Ich dachte, deshalb wären wir hier? Was ist passiert?«

»Ich darf den Abflugbereich nicht betreten. Und dort ist Anna jetzt.«

»Warum nicht?«

»Nur Reisende mit einem gültigen Ticket kommen da rein.«

Ich hatte nicht gewusst, dass es in unserem eigenen Land Orte gab, zu denen Ausländer Zutritt haben, wir aber nicht.

»Ich habe einen Mann gebeten, sie zu holen, aber sie ist nicht gekommen. Sie hat mir durch ihn ausrichten lassen, sie würde mir schreiben.«

»Na, siehst du«, sagte ich. »Dann ist es ja gut, dass wir hergekommen sind.«

Insgeheim wünschte ich mir jedoch nichts sehnlicher, als dass seine Hoffnung enttäuscht wurde.

Einige Zeit verging. Ich weiß nicht genau, wie viel. Vielleicht zwei Wochen. Wenn man auf nichts wartet, verliert die Zeit an Bedeutung. Abends herrschte in der Wäscherei

Hochbetrieb, und obwohl ich eigentlich Feierabend hatte, blieb ich und half meinen Kollegen. Kurz vor Ladenschluss kamen häufig noch Kunden und flehten uns an, eine Ausnahme zu machen und ihre Wäsche anzunehmen. Wir nickten und gaben Versprechungen ab, von denen wir wussten, dass wir sie nicht halten konnten. Aber wir durften keine Kunden verschrecken. An einem dieser Abende bahnte ich mir mit einem Stapel sauberer Wäsche einen Weg durch die Menge aufgeregter Kunden und steuerte auf die Treppe zu. Iman hatte ich schon eine ganze Weile nicht mehr gesehen. Doch man entkommt seinem Schicksal nicht. Als ich die Stufen hochging, hörte ich eine junge Frau lachen. Sie stand mit dem Rücken zu mir an der Theke und unterhielt sich mit einer Freundin. Ihr Lachen war schön, irgendwie beruhigend. Ein Kollege rief mir zu, ich solle mich beeilen. Wir hatten alle Hände voll zu tun. Ich ging hoch in den ersten Stock und räumte die Wäsche in einen Schrank. Das hier war jetzt meine Welt, ein fensterloser Ort voller Wäscheberge. Ich frage mich, ob dieser Ort auch meine Zukunft, ob er mein ganzes Leben war. Ich dachte an Iman und an seine Sehnsucht, von hier wegzugehen. Dann zuckte ich mit den Schultern. Nicht alle haben dieselben Möglichkeiten. Aber vielleicht irrte ich mich, vielleicht findet man das Glück ja doch in Kleinigkeiten, zum Beispiel in einem beruhigend klingenden Lachen. Als ich wieder nach unten ging, dachte ich immer noch an das Mädchen. Sie trat gerade durch die Tür nach draußen und ahnte nicht, dass sie mir mit ihrem Lachen neue Hoffnung gemacht hatte. Sie überquerte die Straße und wandte sich nach rechts. Ich folgte ihr mit dem Blick. Ich hatte sie zwar nur von hinten gesehen, und auch das nur kurz, aber es kam mir vor, als würde ich sie seit einer Ewigkeit kennen. Vielleicht, weil sie mich für einen Moment glücklich gemacht hatte. Plötzlich verstand ich Iman.

Er war nur kurz mit Anna zusammen gewesen, aber er hatte sich eingeredet, zu ihrer Welt zu gehören, obwohl er diese Welt gar nicht kannte. Vor der Begegnung mit ihr hatte er keinen Platz im Leben gehabt, aber sie hatte ihn zum Träumen gebracht. Ich fragte mich, warum ich nicht an Annas Aufrichtigkeit glauben wollte. Vielleicht galt das, was ich Iman vorwarf, in Wahrheit für mich, vielleicht war ich derjenige, der Anna auf ein Podest hob. War ich nicht insgeheim davon überzeugt, dass wir es nicht wert waren, von einer Europäerin geliebt zu werden? Ich bewertete ihre Liebe anders, nur weil sie weiß war. Mit herabhängenden Armen stand ich da und grübelte, während ich der jungen Frau nachsah. Ein Fingerschnipsen holte mich zurück in die Wirklichkeit.

»Sie ist weg. Du kannst zu uns zurückkommen.«

Ich wandte den Kopf. Einer meiner Kollegen stand neben mir, derjenige, mit dem ich mich am besten verstand.

»Wovon redest du?«, fragte ich scheinheilig.

»Von dem Mädchen, dem du hinterherstarrst, als wolltest du sie mit Haut und Haaren verschlingen. Aber ich muss zugeben, dass sie echt scharf ist! Also nichts für dich«, sagte er grinsend.

Ich zuckte verlegen die Schultern. Ich vermied das Thema Frauen für gewöhnlich, damit niemand merkte, wie unerfahren ich war.

»Bei ihrer Freundin Sylvie hast du bessere Chancen. Sie ist nicht ganz so hübsch, aber sie hat andere Vorteile, die einen nicht kaltlassen! Ich habe genau gesehen, wie du ihre großen Titten bewundert hast.«

Er klopfte mir auf die Schulter und lachte laut. Ich lachte mit, um meine Schüchternheit zu verbergen, und sagte:

»Wie ich sehe, hast du schon länger ein Auge auf die beiden geworfen. Du kennst sogar ihre Namen. Ich habe sie noch nie gesehen. Sind sie Stammkundinnen?«

»Nein, sie waren erst einmal da, als sie die Wäsche vorbeigebracht haben. Da warst du gerade oben. Die beiden sind Schneiderlehrlinge. Der Stoff, aus dem sie Kleider für eine Taufe schneidern sollten, war schmutzig geworden. Wir haben die Flecken herausbekommen, und heute waren die beiden da, um die Wäsche abzuholen. Ihre Namen stehen im Auftragsbuch.«

»Und du hast dir Sylvies Namen gemerkt, weil sie große Brüste hat!«

»Natürlich habe ich mir ihren Namen gemerkt! Was glaubst du denn? Ich bin schließlich Profi!«

»Ach, ja? Und wie heißt das andere Mädchen? Diejenige, die deiner Meinung nach echt scharf ist und die deshalb angeblich nichts für mich ist?«

»Sie heißt Alissa, mein Freund. Vergiss sie, du wirst nicht an sie herankommen. In deinen kühnsten Träumen nicht!«

»Da kennst du mich aber schlecht. Ich kannte früher übrigens mal ein Mädchen, das ...«

Alissa!

Natürlich! Wie hatte ich ihr Lachen vergessen können! Ich stieß mich mit meinem Stock ab und rannte hinaus auf die Straße.

Alissa! Das kleine Mädchen mit dem Rosenmund, das immer gesagt hatte: »Tante Caro wird schimpfen.« Sie hatte mir etwas geschenkt. Einen Ohrring, wenn ich mich richtig erinnerte! Als ich versucht hatte, ihn aus dem Müll zu fischen, hatte Monsieur Bia mich erwischt und mich halb totgeschlagen. Dieser Tag hatte mein Leben verändert. Plötzlich stürzten all die Bilder aus meiner Kindheit auf mich ein wie ein Schwall kaltes Wasser. Ich rannte über die Straße. Alissa! Nach all den Jahren! Ich hatte nicht gedacht, dass ich sie je wiedersehen würde. Wo war sie hin? Gehetzt sah ich mich um. Sie war nach rechts gegangen.

Im Getümmel des Feierabendverkehrs entdeckte ich sie nirgends. Ich stützte mich auf meinen Stock und hinkte hastig zur nächsten Kreuzung. Wo waren die beiden Mädchen nur hin? Ich bog um die Ecke und blickte in ein vertrautes Gesicht.

Iman!

Was machte er denn hier?

»Hallo!«, rief er fröhlich.

Ich versuchte ihm über die Schulter zu sehen, aber er war zu groß. Er neigte den Kopf und brachte sein Gesicht auf meine Höhe.

»Du siehst aus, als hättest du ein Gespenst gesehen. Warum hast du es denn so eilig?«

Mein Herz raste. Ich wollte ihm antworten, aber ich wusste nicht, was ich sagen sollte. Wie sollte ich es ihm erklären?

»Und du? Was machst du hier?«

»Begrüßt man so seinen besten Freund?«

»Du hast ja gute Laune. Wie kommt's? Hast du wieder eine Weiße kennengelernt?«

»Sehr witzig. Nein, nein. Anna hat mir geschrieben!«

Ein Sturm fegte durch meinen Kopf. Mein Herz schlug noch etwas schneller.

»Wirklich? Und was schreibt sie? Erwähnt sie das Geld?«

»Ich habe den Brief noch nicht gelesen. Ein Freund von mir arbeitet in der Hauptpost, und er hat mir erzählt, dass in Tante Souwés Postfach ein Brief für mich liegt. Sie bekommt nur selten Post, ab und zu mal eine Rechnung, deshalb sagt er mir immer Bescheid, wenn etwas ankommt. Ich war noch nicht da, ich wollte dich abholen, damit wir zusammen hingehen. Heute ist der schönste Tag meines Lebens, da will ich dich natürlich dabeihaben.«

»Glaubst du, sie hat das Geld geschickt?«

»Warum sollte sie mir sonst schreiben, du Dummkopf? Komm schon!«

Mit leerem Kopf folgte ich Iman zur Hauptpost. Unterwegs fragte er mich nochmal:

»Warum hattest du es vorhin denn so eilig?«

»Es war nur ... Eine Kundin aus der Wäscherei ... Sie hatte ... etwas vergessen. Ihre Quittung. Ich wollte sie ihr bringen.«

»Ist das wichtig?«

»Nein, nein. Ihr Name und ihre Adresse stehen im Auftragsbuch. Ich kann mich später darum kümmern.«

»Gut.«

Aus irgendeinem Grund wollte ich Iman nicht von Alissa erzählen. Er würde sich sowieso nicht dafür interessieren. Er hatte nur seine Abreise im Kopf. Als wir in der Post ankamen, lief er zu den Postfächern. Er zog einen Umschlag heraus und riss ihn hastig auf. Im Inneren befanden sich mehrere Papiere, ich nahm an, dass es darin um das Geld ging. Ein handgeschriebener Brief war auch dabei. Iman reichte ihn mir.

»Bitte. Du hast die Ehre!«

Langsam entfaltete ich den Brief. Warum wollte er unbedingt, dass ich ihn las? Ich räusperte mich. Zögernd begann ich, die Schrift zu entziffern. Ich konnte immer noch nicht besonders gut lesen. Aber im Verlauf des Briefes wurde meine Stimme immer fester, und die Worte schossen nur so hervor, scharf wie Messer.

Lieber Iman,

Als Erstes will ich dir sagen, wie sehr ich dich liebe. Du hast mir die Welt gezeigt, wie ich sie nie zuvor gesehen hatte.
Es tut mir leid, dass ich abgereist bin, ohne dir Bescheid zu sagen. Das hätte ich nicht tun sollen, und es fiel mir unendlich schwer. Ich flehe dich an, bitte hasse mich nicht,

denn ich kann nur wiederholen: Ich liebe dich über alles.
Ich habe versprochen, dir zu schreiben, und ich bin
dir eine Erklärung schuldig. Ich wollte nicht ohne dich
abreisen. Ich wollte bei dir sein, wenn du zum ersten Mal
in ein Flugzeug steigst. Ich wollte deinen Gesichtsausdruck
sehen, wenn du mein Land, das auch das Land deines
Vaters ist, zum ersten Mal betrittst. Aber ich war nicht
sicher, ob du das Visum bekommen würdest. Deshalb
hatte ich niemandem von unserem Plan erzählt. Als du
mir die gute Nachricht überbracht hast, beschloss ich,
meinen Vater einzuweihen. Er wusste noch nichts von dir,
aber ich war zuversichtlich. Mein Vater hat mich immer
in allem unterstützt. Doch zu meiner Überraschung hat er
sich furchtbar aufgeregt, als ich ihm erzählte, wer du bist
und woher du kommst. Er beschimpfte mich mit Worten,
die ich nicht wiederholen möchte. Er hat sogar gesagt,
dass er sich für mich schämt! Er hat mich in das erste
Flugzeug nach Europa gesetzt. Ich wollte weglaufen und zu
dir gehen, aber ich wusste nicht, wo du wohnst. Du hast
mich nie mit zu dir genommen. Ich habe den ganzen Tag
am Strand auf dich gewartet, aber die Männer meines
Vaters fanden mich und brachten mich zurück nach
Hause. Am Flughafen kam ein Mann zu mir und sagte,
du würdest draußen warten, aber ich habe mich nicht
getraut, mit dir zu sprechen. Ich hatte Angst, dass mein
Vater dich sieht und dir seine Männer auf den Hals hetzt.
Also bin ich wie ein Feigling in das Flugzeug gestiegen. Das
werde ich mir mein ganzes Leben lang nicht verzeihen.
Noch einmal: Es tut mir leid, Iman. Ich wusste nicht,
dass es so kommen würde. Ich wusste nicht, dass es für
jemanden wie mich so schwer sein würde, jemanden wie
dich zu lieben, denn bisher war nichts in meinem Leben
schwer gewesen. Aber du hattest recht, wir können nicht
zusammen sein. Es soll einfach nicht sein. Entschuldige,

dass ich dir das Gegenteil eingeredet habe und dich jetzt enttäuschen muss.

Es tut mir leid, aber ich schicke dir kein Geld für das Flugticket. Unsere Liebe hat keine Chance. Antworte bitte nicht auf diesen Brief, denn ich würde es nicht ertragen, auch nur eine Zeile von dir zu lesen.

Deine Anna, die dich immer lieben wird.

PS Mit den Papieren, die ich dir schicke, kannst du dir die Anzahlung auf das Flugticket zurückholen. Behalte das Geld. Iman, auch wenn du mich hasst, eins musst du mir glauben: Ich war immer ehrlich zu dir. Unsere Liebe war nicht unrein.

BALLAST / IMPEDIMENTA

Alissa

Vor Müdigkeit tanzten mir Lichter vor den Augen wie Glühwürmchen. Ich schloss die Augen und rieb mir die Lider. Besser gesagt, strich ich nur leicht darüber, denn meine Augen sind das Wichtigste in meinem Leben. Im Dunkeln hinter den geschlossenen Lidern fühlte ich mich zugleich geborgen und verletzlich. Wie eine Schmetterlingspuppe in ihrem Kokon. Ich hörte, wie die Welt draußen zum Leben erwachte. Ein paar vereinzelte Grillen zirpten noch, aber jeden Moment würde die aufgehende Sonne sie vertreiben. Die sternklare Nacht verströmte noch ihren Duft, aber schon bald würde der Morgentau seinen Schleier über die Welt legen. Der neue Tag würde ein frisches Gefühl auf der Haut hinterlassen, ganz so, als hätte jemand sanft darübergeleckt. Ich öffnete die Augen wieder, und mein Blick fiel auf die Mauer vor meinem Fenster. Der Putz schimmerte wie der graue Panzer einer Schildkröte. Mein Zimmer war ein lebendiges Tier. Eine Schildkröte eben. Ich saß auf ihrem Rücken und hob und senkte mich im Takt ihrer Atmung. Ich verlor mich wieder einmal in Tagträumen. Von meinem Fenster aus sah ich direkt auf die Mauer, die sich um das Haus zog. Sie versperrte mir die Sicht nach draußen, aber wenn ich den Kopf ganz weit aus dem Fenster streckte, konnte ich ein Stück Himmel sehen. Die Mauer war grau, der Himmel war schwarz, der Sand im Hof war blassgelb. Eine farblose Welt. Doch schon bald würden die ersten Sonnenstrahlen der Welt mit einem Augenzwinkern ihre Farben zurückgeben. Ich musste mich noch etwas gedulden. Erst bei Sonnenaufgang würde ich von meinem Stuhl aufstehen. Ich hatte die ganze Nacht lang mit einer Nadel zwischen den Zähnen und der großen Schere in der Hand an dem Tisch vor der grauen Mauer gesessen und war den Linien gefolgt, die ich mit Bleistift auf ein Stück Pappe gezeichnet hatte. Ich arbeitete an dem Schnittmuster für ein Kleid. An meinem Kleid. Dem Kleid, das ich am schönsten Tag meines Lebens tragen würde. Seit Jahren fieberte ich diesem Tag entgegen, aber jetzt, wo er näher kam, war mir mulmig zumute. Ich hatte es fast geschafft, doch knapp unter der Oberfläche meines Glücks lauerte die Angst. Ich spürte sie wie einen Nadelstich im Daumen. Ich hatte Angst vor dem, was auf mich zukam.

Der erste Sonnenstrahl fiel ins Zimmer und malte einen schmalen Streifen Licht auf den Tisch und mein Schnittmuster. Plötzlich blühten überall Farben auf, bis das ganze Zimmer mit einem Blumenteppich überzogen war. Die Einrichtung bestand aus einem Tisch, einem Stuhl, einem Schrank und zwei Matratzen auf dem Boden. Meine Matratze war leer, auf der zweiten schlief Sadiya. Sie war das andere Mädchen des Hauses. Sie war viel älter als ich und lange vor mir eingestellt worden. Eigentlich hatte sie sich schon vor einer ganzen Weile freigekauft, aber sie wollte das Haus nicht verlassen. Eines ihrer Beine schaute unter der Decke hervor. Ich betrachtete die runden Waden und die festen, schwarzen Schenkel dieses Körpers, der nach einem langen Leben in Leibeigenschaft vor der Selbstständigkeit davonlief. Viele Leute wunderten sich über ihre Entscheidung und machten ihr deswegen Vorwürfe. Doch sie war nur dann unverständlich, wenn man Dienstbarkeit mit Selbstaufgabe und Freiheit mit Selbstständigkeit verwechselt. Ich stand auf und schlich mit nackten Füßen über den Betonboden. Sadiya war alt, sie schlief lange und war nur fürs Kochen und die Kinder der Herrin zuständig. Ich kümmerte mich um den Rest. Ich griff nach dem Besen, der in der Ecke stand.

War es Gottes Wille, Glück oder reiner Zufall? Als ich meine Herrin oder, besser gesagt, meine Mama, denn so nannten wir sie, gefragt hatte, ob ich eine Schneiderlehre machen dürfe, hatte sie gesagt, sie werde darüber nachdenken. Ich hatte geduldig auf ihre Entscheidung gewartet und die Sache nicht wieder erwähnt. Nach ein paar Monaten war ich überzeugt, dass sie das Ganze vergessen hatte, aber es wäre unhöflich gewesen, noch einmal nachzuhaken. Das Geheimnis meines Überlebens war immer gewesen, dass ich genau wusste, wo mein Platz war. Eines Tages, als ich im Hof in einem großen Bottich Wäsche wusch, rief meine Mama mich zu sich.

»Sadiya sagt, dass sie bei uns bleiben will. Ich muss also kein neues Mädchen suchen. Das ist eine wunderbare Nachricht, denn heutzutage ist es furchtbar schwer, gutes Personal zu finden.«

Tatsächlich hatten die Behörden neuerdings ein Auge auf den illegalen Kinderhandel. In den Städten hatte sich ein Wind der moralischen Entrüstung erhoben. Jetzt kam ans Licht, wie viele Kinder als Haussklaven gehalten und brutal misshandelt wurden. Bisher hatte die Gewalt hinter verschlossenen Türen stattgefunden und war nach dem Motto »leben und leben lassen« totgeschwiegen worden.

Doch in letzter Zeit wurde der Kinderhandel dadurch erschwert, dass der Staat die Lebens- und Arbeitsbedingungen von Hausangestellten überwachte. Wenn es Anzeichen für Misshandlungen oder Ausbeutung gab, befreite die Polizei die Haussklaven. Vielleicht wollte meine Herrin ein gutes Bild abgeben. Jedenfalls sagte sie:

»Du kannst deine Schneiderlehre machen, solange du direkt nach der Arbeit heimkommst und das Haus sauber hältst. Du bist kein Kind mehr, du musst lernen, etwas mit deinen Händen anzufangen. Aber vergiss nicht, dass du immer noch für mich arbeitest. Ich vertraue dir, weil du mich bisher nicht enttäuscht hast.«

Ich kniete nieder.

»Vielen Dank, Madame.«

In einer Ecke des Zimmers saß ihr Mann und las Zeitung. Wie immer ignorierte er mich. Für ihn waren Sadiya und ich Luft. Er überließ es seiner Frau, uns Anweisungen zu geben. Die Herrin hob den Zeigefinger, damit ich mich wieder ihr zuwandte.

»Als Lehrling bekommst du keinen Lohn, nur Essen«, sagte sie. »Wenn du später eine Arbeit hast, schicke ich den Lohn deinen Eltern, zusammen mit dem Geld, das ich ihnen zahle. Wenn sie genug für deine Mitgift zusammenhaben, bist du frei. Je fleißiger du bist, desto schneller wird dieser Tag kommen.«

War es also Gottes Wille, Glück oder reiner Zufall? Ich weiß es nicht, und damals stellte ich mir die Frage auch gar nicht. Ich konzentrierte mich einfach auf meine Arbeit. Im Morgengrauen stand ich auf, fegte das Haus und machte Ordnung. Dann zog ich mich an und ging zu Fuß zur Schneiderwerkstatt. Ich wusste, dass ich meine Freiheit der Tatsache zu verdanken hatte, dass Sadiya ihre Freiheit aufgegeben hatte.

Auf dem Weg zur Schneiderwerkstatt sah ich auch Toumani zum ersten Mal wieder. Durch diese Begegnung endete der Weg, den ich zehn Jahre zuvor eingeschlagen hatte. Die flüchtigen Momente im Leben sind häufig die entscheidenden. Wie das Blitzlicht eines Fotoapparats, das einen Augenblick festhält. Früher oder später ersetzt das vergilbte Foto die Erinnerung an eine ganze Zeit. Mehr noch, das Foto ist eine Lupe, durch die wir diese Zeit betrachten. Ich bin überzeugt, dass der Rest meines Lebens eine Folge des Augenblicks ist, in dem ich Toumani wiedersah.

Toumani. Meine Lippen sagten seinen Namen, noch bevor meine Augen ihn erkannten. Als hätte ich die drei Silben die ganze Zeit auf der Zunge gehabt, als wären sie irgendwo in meinem Mund versteckt gewesen wie der Geschmack einer exotischen Frucht, von der man als Kind in einem fernen Land gekostet hat.

Er stand an einer Straßenecke und hob schüchtern die Hand. Mehr noch als von seinem Anblick war ich von der plötzlichen Erinnerung an meine Kindheit gebannt. Er lächelte scheu.

»Alissa?«

Ich antwortete nicht. Er streckte die Hand aus, aber ich reagierte nicht, weil ich den Blick nicht von seinem Gesicht wenden konnte. Er hatte sich nicht verändert.

»Toumani! Das ist so lange her!«

»Ja! Was ist aus dir geworden?«

Ich ließ den Blick schweifen, als wäre die Antwort irgendwo in dem rissigen Mauerwerk der umliegenden Häuser zu finden. Was war aus mir geworden? Nichts war aus mir geworden. Ich war einfach nur ich selbst geblieben. Ich hatte nie das Bedürfnis gehabt, etwas anderes zu sein.

»Und du, was ist aus dir geworden?«

»Tja ... Mir wurde ein Bein amputiert.«

Erst jetzt bemerkte ich den Stock und das Holzbein. Ich zuckte mit den Schultern. Wenn er es geschafft hatte, mich mit einem Bein wiederzufinden, dann reichte mir dieses eine Bein.

»Wie hast du mich gefunden?«

»Ich arbeite in der Wäscherei, in der du vor ein paar Wochen mit deiner Freundin Sylvie warst. Ich bin zu der Adresse gegangen, die im Auftragsbuch stand, und habe nach dir gefragt.«

Ich lachte. Es ist ein großartiges Gefühl, von jemandem gesucht zu werden.

»Monsieur Bia hat Tante Caro damals erzählt, dass du weggelaufen bist. Du hattest es bestimmt nicht leicht bei ihm.«

Verlegen senkte er den Kopf.

»Ich bin nicht weggelaufen. Aber davon reden wir ein anderes Mal. Ich habe dir so viel zu erzählen!«

»Wenn du mich zur Arbeit bringst, können wir uns unterwegs unterhalten.«

Toumani begleitete mich fast bis zur Werkstatt. Er redete die ganze Zeit auf mich ein, aber ich hörte ihm nicht zu, ich war viel zu sehr damit beschäftigt, ihn anzusehen. Ich wusste ohnehin, dass er mir alles noch mal erzählen würde, denn er hörte sich selbst nicht zu. Er war ebenfalls viel zu sehr damit beschäftigt, mich anzusehen. Irgendwann hielt er mir die geöffnete Hand hin. Ich beugte mich darüber und erkannte den Ohrring, den ich als Kind getragen hatte. Von diesem Moment an liebte ich Toumani. Behutsam nahm ich den Ohrring und hielt ihn mir vors Gesicht. Er war nur aus Plastik, aber für mich war er unendlich kostbar.

»Er ist kaputt«, sagte ich leise.

»Ich habe ihn all die Jahre aufbewahrt und wollte nichts daran verändern, weil du ihn mir so gegeben hast. Jetzt kann ich ihn endlich reparieren lassen.«

Ich lächelte gerührt. Ich wollte ihm seine Illusion nicht rauben, aber der Ohrring war nicht mehr zu reparieren. Außer ... Doch, ich kannte einen Menschen, der ihn vielleicht würde reparieren können.

»Lass dich überraschen«, sagte Toumani und nahm den Ohrring wieder an sich.

Wir gingen weiter. Kurz vor der Werkstatt verabschiedete er sich und sagte, er würde mich am Abend wieder abholen. Ich wollte nicht, dass man uns zusammen sah, denn es wurde viel getratscht, und hinterher dachten die Leute noch, die Schneiderlehre sei nur ein Vorwand, um mich in der Stadt mit Jungs zu treffen.

Ich warf Toumani einen letzten Blick über die Schulter zu und ging dann die Stufen hoch. Die Werkstatt befand sich in einem großen Raum, von dessen Wänden die grüne Farbe abblätterte. Das einzige Fenster ging zur Straße. An der Decke wirbelten Ventilatoren die heiße Luft auf, und an Kabeln hingen nackte Glühbirnen, die wie aufgeknüpfte Gefangene aussahen. Abends warfen sie ein fahles Licht auf die gebeugten Köpfe der Schneiderinnen. Wir waren drei Lehrlinge, zwei Ausgelernte und die Chefin. Heute Morgen war ich spät dran, Toumani und ich hatten uns unterwegs Zeit gelassen. Alle anderen waren schon da, und die Chefin warf mir einen bösen Blick zu. Nachdem ich auf ein Knie gesunken war, um sie zu begrüßen, bedeutete ich ihr mit einem Kopfnicken, dass ich mich an die Regeln halten würde. Ich war fünf Minuten zu spät gekommen, also würde ich zehn Minuten länger bleiben. Diese Regel hatte Folgen: Ich würde natürlich auch zehn Minuten später als sonst nach Hause kommen, und meine Mama würde wissen, dass ich herumgetrödelt hatte. Wenn sie es für nötig hielt, würde sie mich bestrafen. Ich durchquerte hastig den Raum und setzte mich an meine Nähmaschine. Meine Freundin Sylvie beugte sich zur mir herüber und flüsterte verschwörerisch:

»Was ist los?«

Ich war noch nie zu spät gekommen. Ich antwortete nicht und stellte die Plastiktüte mit dem Schnittmuster neben dem Pedal ab. Dann betrachtete ich geistesabwesend die Spule mit dem Faden. Ein Ellbogenstoß holte mich zurück in die Wirklichkeit.

»Sag schon, was los ist!«

Früher oder später würde ich ihrer Neugier ohnehin nachgeben. Sylvie war meine beste Freundin. Eine Blume öffnet ihre Blütenblätter ja auch der Sonne.

»Ich bin jemandem begegnet, den ich schon seit Jahren nicht mehr gesehen hatte.«

»Jemandem? Hältst du mich für dumm? Ich weiß, dass es ein Junge ist.«

»Woher?«

»Es steht dir ins Gesicht geschrieben. Wenn du glaubst, dass du mir etwas vormachen kannst, irrst du dich, meine Liebe.«

Ich lachte. Dann verstummte ich abrupt. Die Chefin hatte mir einen strafenden Blick zugeworfen. Sie schimpfte mich nur deshalb nicht aus, weil ich eine gute Schneiderin war, aber ich durfte es nicht übertreiben. Ich würde Sylvie später alles erzählen.

In der Pause setzten Sylvie und ich uns auf die Bank gegenüber der Werkstatt. Wir legten die Ellbogen auf die Lehne, streckten die Beine von uns und stellten die nackten Fersen auf die Sandalen. Ich beobachtete die Kinder der nahegelegenen Grundschule. Sie standen in Grüppchen beisammen und unterhielten sich lebhaft in der heißen Mittagssonne. Nach der Pause würde der Unterricht weitergehen. Voller Stolz trugen sie ihre khakifarbenen Uniformen, ihre dünnen Arme waren von Kreideflecken übersät, auf ihrer Stirn glänzte Schweiß. Kinder sind das Wunderbarste auf der Welt. Ich liebe es, wenn sie über das ganze Gesicht strahlen. Ich könnte ewig so dasitzen und sie beobachten. Ich studiere Kinder wie ein Weissager seine Muscheln, denn sie sind unsere Zukunft. Es machte mich glücklich, von so vielen Schulkindern umgeben zu sein. Ein Junge lungerte in der Nähe eines Maisbier-Verkäufers herum, der sein *Tschakpalo* feilbot, und zählte seine Münzen. Ein anderer versuchte vergeblich, sich in ein Gespräch einzuklinken, während ihn seine Kameraden ignorierten. Ein Mädchen in einer etwas helleren Schuluniform, mit bunten Bändern im Haar und nagelneuen Schuhen beäugte jeden, der sich ihr näherte, herablassend. Sie musste im Bruchteil einer Sekunde abschätzen, ob derjenige es wert war, dass sie mit ihm sprach. Kinder werden zu dem, was wir aus ihnen machen. Viele Leute machen sich keine Gedanken darüber, wie viel Macht sie haben, wenn sie ein Kind großziehen. Sie entscheiden über unsere Zukunft. Es steht schlecht um die Welt, weil wir unsere Kinder zu Bösartigkeit erziehen. Toumani wirkt wie jemand, dem man als Kind wehgetan hat. Er sieht einem beim Sprechen nicht in die Augen, und er entschuldigt sich dafür, dass ihm ein Bein amputiert wurde. Wie würde er als Erwachsener sein? Wie würde ich als Erwachsene sein? Ich erzählte Sylvie von meinen Gedanken. Sie warf hin und wieder eine scherzhafte Bemerkung ein, hörte mir aber aufmerksam zu, denn sie wusste, dass es mir ernst war. Die Begegnung mit Toumani hatte mir schlagartig meine Kindheit ins Gedächtnis gerufen. Ich musste mich meiner Vergangenheit stellen. Meine ersten Lebensjahre zogen an meinem inneren Auge vorbei.

Meine Eltern hatten mich als kleines Kind verkauft. Ich war aufgeweckter gewesen als meine Brüder und Schwestern, und wir leben in einer merkwürdigen Welt, in der Eltern ihr begabtestes Kind fortgeben müssen. Seitdem hatte ich mich immer bemüht, ein unausgesprochenes Versprechen zu halten. Ich tat, was meine Eltern von mir erwarteten. Ich arbeitete in der Stadt, ich war fleißig, ich ernährte meine Eltern und Geschwister. Irgendwann würden sie mich verheiraten, dann gehörte mein Körper meinem Ehemann, und ich würde ihn ernähren. Ich würde schwanger werden, und für den Rest meines Lebens würde ich meine Kinder ernähren. Jede Frau trägt drei Generationen in sich. Wir sind die Vergangenheit, die Gegenwart und die Zukunft. Das familiäre Erbe, die körperliche Liebe und die nährende Brust. Ich hatte immer gedacht, dass ich unabhängig sein würde, sobald ich mich von meiner Mama freikaufte, aber mittlerweile ahnte ich, dass ich nur einen weiteren Schritt in dem dunklen Tunnel tun würde, in dem ich seit meiner Geburt gefangen war. Sylvie legte mir einen Arm um die Schultern und zog mich an sich. Die Begegnung mit Toumani hatte mich erschüttert. Mein Leben, das bisher ein klarer See gewesen war, hatte sich in ein tosendes Meer verwandelt. Plötzlich kam mir der Gedanke, ich könnte aus dem vorgezeichneten Leben ausbrechen. Ich war kein Spatz in einem Käfig mehr, ich war ein Adler am Himmel und betrachtete mein Schicksal, das unter mir lag wie eine Landschaft. Ich kam mir vor wie Moses auf dem Berg Sinai. Mein Herz raste angesichts dieser neuen Möglichkeit.

Es war ein wunderbares Gefühl! Ich musste Toumani unbedingt wiedersehen.

Ich sah ihn wieder. Jeden Tag wartete er nach der Arbeit auf mich. Unsere Treffen dauerten nie länger als eine Viertelstunde, aber diese fünfzehn Minuten waren für mich die schönsten des Tages. Wenn wir uns unterhielten, war ich zum ersten Mal in meinem Leben ich selbst. Seit ich als kleines Kind in die Stadt gekommen war, hatte ich immer nur gefegt, geputzt und genäht. Denn ich hatte eine Aufgabe. Als meine Eltern mich in die Stadt verkauften und mir die Sorge für die Familie übertrugen, hatte ich diese Aufgabe übernommen. Bisher hatte ich jede Entscheidung in meinem Leben für meine Eltern getroffen, und ich hatte es immer als Ehre empfunden, dass sie mich auserwählt hatten. Ich war diejenige, die für das Wohl der ganzen Familie verantwortlich war. Doch mit Toumani traf ich mich nicht, weil ich eine Pflicht zu erfüllen hatte. Ich tat es nur für mich, ich tat es, weil ich Lust dazu hatte. Trotzdem versuchte ich nie, ihn länger als diese Viertelstunde zu treffen, ich sah ihn nur auf dem Weg von der Werkstatt nach Hause. An Tagen, an denen ich nicht in die Werkstatt ging, sah ich ihn nicht. Ich bin ein bescheidener Mensch. Ich nehme, was man mir gibt, und denke nicht daran, was mir fehlt. Denn irgendetwas fehlt einem immer. Ich will nicht ständig das Gefühl haben, etwas zu verpassen, und darüber vergessen, das Leben zu genießen. Toumani war da anders. Nach ein paar Wochen bemerkte ich seine wachsende Enttäuschung. Sie war fast greifbar. Seine Bewegungen wurden immer abgehackter und waren nicht mehr so geschmeidig wie am Anfang. Eines Tages blieb ich mitten im Gespräch stehen. Er bemerkte es nicht, ging weiter und hieb seinen Stock wütend in eine Orangenschale, die jemand auf die Straße geworfen hatte. Der Anblick machte mich traurig. Unsere Treffen, die mich so glücklich machten, hatten auf ihn die gegenteilige Wirkung. Es war, als wäre ich ein Parasit, der das Glück aus ihm heraussaugte.

»Was ist los, Toumani?«

Er wandte sich überrascht um. Er balancierte unsicher auf seinem Holzbein, zuckte mit den Schultern und tat so, als wisse er nicht, wovon ich redete. Ich hielt seinem Blick stand, und er schlug die Augen nieder. Dann kam er zu mir zurück.

»Ich sehne mich den ganzen Tag nach dem Moment, an dem wir uns sehen.«

Mir ging es nicht anders, aber ich wollte ihn nicht unterbrechen.

»Aber es ist kein schönes Gefühl. Unsere Treffen sind so kurz. Wir müssen uns immer gleich wieder voneinander verabschieden.«

»Wenigstens sehen wir uns fast jeden Tag.«

»Solange du deine Schneiderlehre machst.«

Ich wusste genau, worauf er hinauswollte. Was würde danach sein? Seltsamerweise hatte ich mir an dem Morgen, als wir uns zum ersten Mal wiedergesehen hatten, dieselbe Frage gestellt. Aber jetzt bekam sie eine ganz neue Bedeutung. Ich wollte Toumani in Sicherheit wiegen, aber wie sollte ich das tun?

»Nach der Lehre werde ich arbeiten gehen, dann kann ich dich treffen, wann ich will«, sagte ich.

Aber das stimmte nicht. Nach der Lehre würde ich für meine Chefin arbeiten, und meine Mama würde den Lohn meinen Eltern schicken. Es konnte zwei Jahre dauern, bis sie genug Geld für eine Mitgift zusammenhatten. Vielleicht etwas weniger, weil ich geschickt war und schon jetzt einige Stammkundinnen hatte. Und dann? Ich wollte nicht darüber nachdenken, und genau das warf mir Toumani vor. Ich lebte im Hier und Jetzt, weil ich nicht über meine eigene Zukunft verfügen konnte. Ich presste die Plastiktüte mit dem Schnittmuster, die ich immer bei mir trug, an mich. Unwillkürlich klammerte ich mich an diesen Teil meines Lebens, an all die Jahre, in denen ich auf ein einziges Ziel hingearbeitet hatte. Dieses Ziel drohte mir jetzt zu entgleiten.

»Ich darf meine Eltern nicht enttäuschen. Ich kann nicht alles aufgeben, nicht jetzt, so kurz vorm Ziel.«

»Welchem Ziel?«, fuhr er mich an.

Ich hatte ihn noch nie wütend erlebt. Aber ich hatte keine Angst vor ihm. Ich war nur verletzt. Ich griff nach seinem Arm, aber er entriss ihn mir.

»Fass mich nicht an! Du wirst mich verlassen, so wie Anna Iman verlassen hat.«

Anna? Iman? Ich hatte keine Ahnung, von wem er sprach. Toumani hatte seinen Freund Iman ein paar Mal erwähnt, aber ich wusste nicht viel von ihm. Noch nicht.

»Versteh doch, Toumani.«

»Verstehen? Was denn? Wir sind gern zusammen. Warum ziehst du nicht bei mir ein, wenn du mit der Lehre fertig bist? Dann bist du nicht mehr von deiner Mama abhängig und kannst deinen Eltern trotzdem Geld schicken. Warum sollten sie etwas dagegen haben, wenn du mit mir glücklich bist?«

In seinen Augen schimmerten Tränen. Wäre das Leben doch nur so einfach ...

»Aber ich bin jemand anderem versprochen ...«

»Na und!« Zornig stieß er seinen Stock auf den Boden.

An jenem Tag brachte Toumani mich nicht nach Hause. Mit zusammengebissenen Zähnen beobachtete ich, wie er in der Dunkelheit verschwand. Mühsam drängte ich die Tränen zurück. Er verstand mich einfach nicht. Es war nicht nur eine Frage des Geldes. Ich war auserwählt worden, meine Familie zu ernähren. Von klein auf hatte ich einen bestimmten Wert gehabt, und der maß sich nicht nur an dem Geld, das meine Mama meinen Eltern schickte. Ich war dem Sohn einer anderen Familie versprochen, und die Familie meines zukünftigen Ehemannes hatte ihren Teil der Abmachung stets erfüllt. Wenn ich die Ehe nicht einging, würde ich meine Familie entehren, denn dann könnten meine Eltern ihr Wort nicht halten. Wie viele Leben würde ich damit zerstören? Wie hoch war der Preis für mein eigenes Glück? Wenn ich mich für Toumani entschied, musste ich meine Familie verleugnen, und das war viel schlimmer, als meine Mama zu verlassen. Toumani musste das verstehen. Ich musste es ihm erklären.

Ich lief ihm nach. Nach einer Weile bog ich intuitiv in eine Seitenstraße ab. Ich rannte immer weiter und bog wahllos ab, bis ich völlig außer Atem war und mir die Kehle brannte. Ich blieb stehen, stützte die Hände auf die Knie und beugte mich vor, während mir der Schweiß von der Stirn rann. Ich beobachtete, wie die Tropfen zu Boden fielen, und mir ging auf, dass ich ihn verloren hatte. Tränen liefen mir über die Wangen und vermischten sich mit dem Schweiß. Ich versuchte, sie zurückzudrängen und stark zu sein. Ich wollte nicht weinen, aber ich hätte wahrscheinlich losgeheult, wenn nicht etwas Seltsames passiert wäre. Mein Blick fiel auf eine alte Frau, die auf der anderen Straßenseite im Halbdunkeln stand. Sie stand so reglos da, dass ich mich fragte, ob ich sie mir nicht einbildete. Die Frau fixierte mich aus aufgerissenen Augen, ohne zu blinzeln. Sie sah aus wie eine Wahnsinnige. Offenbar faszinierte ich sie. Dann streckte sie die Hände aus und murmelte etwas, was ich nicht verstand. Doch sie lächelte, und plötzlich hatte ich das Gefühl, dass sie genau wusste, was in mir vorging. Ein Auto fuhr vorbei, und als es mir die Sicht auf die Frau versperrte, begriff ich plötzlich, was sie gesagt hatte: »Nein, mein Kind, nein.« Diese Worte, begleitet von dem wahnsinnigen Blick und dem zahnlosen Lächeln, flatterten von der anderen Straßenseite zu mir herüber wie ein Schwarm Vögel, deren Flügel mich umhüllten und meine Tränen trockneten. Sie hatte recht. Nein! Ich hatte keine Wahl. Ich trug die Verantwortung für zu viele Menschen. Ich musste weitermachen, immer weiter. Ich musste den Weg gehen, der mir vorgezeichnet war.

Selbst wenn das bedeutete, dass ich ihn allein gehen musste.

In den nächsten Tagen kam mir der Heimweg von der Werkstatt endlos vor. Toumani blieb verschwunden. Ich schlurfte allein die Straße entlang, und meine Füße wirbelten den Staub auf. Auf den Bänken vor den Häusern saßen alte Männer, den Stock zwischen die knochigen Knie geklemmt. Sie beobachteten mich, und es kam mir vor, als könnten sie in mein Herz sehen. Ich winkte, und sie lächelten mir zu, aber ihr Lächeln war leer. Ich sah runzelige Gesichter, die Glück vortäuschten. Ich spürte die Last ihrer Blicke auf mir, ich spürte, wie sie mich verurteilten. Da hast du es, schienen sie zu sagen, Toumani kam jeden Tag zu dir, aber warst du je bei ihm? Ich war einfach davon ausgegangen, dass er immer da sein würde. Wenn überhaupt, würde ich diejenige sein, die ihn eines Tages verließ. Wie eingebildet von mir! Der Wert eines Geschenks bemisst sich nicht nur daran, wie glücklich es einen macht, sondern auch daran, wie leer man sich fühlt, wenn es einem genommen wird. Toumani war fort, und ich litt. Dieses Gefühl war neu für mich. Ich hatte noch nie ernsthaft gelitten. Leid ist ein sehr persönliches Gefühl, und ich war bisher keine Persönlichkeit gewesen. Ich hatte immer nur eine Rolle gespielt. Die der braven Tochter, der Ehefrau in spe, der zukünftigen Mutter. Aber diese drei Rollen zusammen ergaben keine Persönlichkeit, sie ergaben nur Leere. Toumani hatte mir gezeigt, dass ich existierte. Diese Erkenntnis war wie eine zweite Geburt gewesen. Eine neue Alissa hatte die Welt erblickt, und alles, was ich bisher gewesen war, verlor seinen Sinn. Es nützte nichts mehr, mich an das Schnittmuster meines Kleides zu klammern. Es war wertlos, nur ein Stück zerfledderte Pappe. Es war kein Schutzschild mehr, keine Rüstung. Ich fühlte mich nackt, sowohl im wörtlichen als auch im übertragenen Sinne. Ich hatte den Eindruck, dass die Leute auf der Straße nicht nur meine Gedanken lesen, sondern auch durch meine Kleider hindurchsehen konnten. Sie zogen mich mit ihren Blicken aus. Zum ersten Mal in meinem Leben schenkte ich meinem Körper Aufmerksamkeit. Dieser Frauenkörper schien nicht zu mir zu passen, er war schwach, unfähig, willenlos. Ich war eine Sklavin meines Körpers. Bisher hatte ich mich wie ein Ritter aus einem der Groschenromane gefühlt, mit denen Sylvie mir das Lesen beigebracht hatte, ein Held, der mit dem Schwert in der Hand loszieht, um seine Familie zu retten. Aber ich hatte mich geirrt. Ich war nicht der Ritter, ich war nur sein Schwert. Ich bin eine Frau, ein Werkzeug, mit dem andere die Welt verändern. Jeden Morgen in der Werkstatt dachte ich, dass ich wie der Lehm war, aus dem die Wände bestanden. Doch eines Tages fiel es mir wie Schuppen von den Augen: Ich war wie die Werkstatt, die mich jeden Morgen in sich aufnahm. Denn dazu sind Frauen da: Sie nehmen andere in sich auf. Erst nehmen sie den Penis des Mannes in sich auf, dann nehmen sie einen Fötus auf. Sie nehmen die Vorstellung auf, die die Männer von der Welt haben, und geben sie an ihre Kinder weiter. Im Grunde sind wir leere Behälter, seelenlose Körper, wir sind wie antike Tempel, zwischen deren Säulen der Wind hindurchweht.

Ich begann, auf dem Heimweg herumzutrödeln, ich hatte es nicht mehr eilig, nach Hause zu kommen. Ich war ein Schatten, der mit der Abenddämmerung verschmolz. In der Werkstatt musterte Sylvie mich besorgt. Sie fand, ich hätte abgenommen, ich sei viel zu mager. Aber ich wollte abnehmen! Ich wollte meinen Körper verkleinern und so die Leere verringern, auf die ich in meinem Inneren gestoßen war. Meine Mama begann sich zu beschweren. Von meiner Chefin hatte sie erfahren, dass ich in der Werkstatt mit den Gedanken nicht mehr recht bei der Arbeit war. Eines Tages sagte meine Mama drohend: »Wenn du dich in der Werkstatt nicht anstrengst, gehst du nicht mehr hin, Alissa!« Da bekam ich Angst. Denn zum ersten Mal ließ mich ihre Drohung völlig kalt, sie perlte von mir ab wie Meerwasser von der Finne eines Hais. Diese Frau hatte keine Macht mehr über mich. Ich fragte mich, warum. Nach einer Weile begriff ich es: Auch sie war eine Frau. Auch sie spielte eine Rolle, auch sie lebte in einer Männerwelt. Sie lief im Haus herum und gab mir und Sadiya Anweisungen. Sie gebärdete sich wie ein Drachen, der statt Flammen Befehle spie, und wir mussten ihr blind gehorchen, wenn wir ihrem Zorn entgehen wollten. Wir mussten das Haus sauber halten, die Kleider der Kinder waschen, das Essen pünktlich auf den Tisch bringen. Und wozu das alles? Damit das Haus aufgeräumt war, die Kinder sauber und das Essen gekocht, wenn ihr Ehemann von der Arbeit kam. War er zufrieden, nickte er leicht. Für dieses kleine Zeichen der Anerkennung lebte meine Mama. Sobald ihr Mann durch die Tür trat, wartete sie ängstlich darauf. Sie suchte in seinem Gesicht nach einer Bestätigung, und erst wenn er sie ihr gab, konnte sie sich entspannen: Sie hatte wieder einen Tag erfolgreich überstanden. Wie lächerlich! Egal, wie viel sie herumschrie, egal, wie brav ich ihr gehorchte, wir beide waren gleich. Sie, ich und alle anderen versklavten Frauen dieser Welt.

Sobald ich das begriffen hatte, konnte ich nicht weitermachen wie zuvor. Ich konnte nicht mehr die Dienerin spielen. An einem Sonntag, dem Tag, an dem ich nicht in die Werkstatt ging, hockte ich gerade im Hof vor einem Bottich und wusch Wäsche, als einer der Söhne des Hauses angerannt kam. In der Hand hielt er eine dreckige Unterhose. Ich hätte sie vergessen, als ich die schmutzige Wäsche eingesammelt hätte. Er sagte, er habe sie unter seinem Bett gefunden und ich müsse sie waschen. Ich zog die Hände aus dem Seifenwasser und legte sie mir auf die Knie. Ich spürte, wie mir das Wasser an den Schenkeln hinablief. Der Junge stand neben mir und hielt mir seine schmutzige Unterhose hin, während mir das Waschwasser in die eigene Unterhose lief. Ich musterte sein Gesicht, das eines sechsjährigen, maßlos verwöhnten Kindes, das mit dem goldenen Löffel im Mund geboren worden war. Er würde niemals jemanden bedienen. Dann schob sich das Bild einer alten Frau mit irrem Blick und zahnlosem Lachen davor, und ich sagte:

»Nein.«

Nein, mein Kind, nein.

Ich sah den Jungen an, der immer noch vor mir stand. Er starrte mich verständnislos an. Hatte vielleicht noch nie jemand »nein« zu ihm gesagt? Er streckte mir immer noch die Unterhose hin, sie baumelte auf Höhe meines Gesichts. Ich stand wortlos auf, ließ den Jungen, den Bottich, das Waschwasser, die Seife im Hof zurück und verschwand in meinem Zimmer. Dort holte ich mein Schnittmuster hervor und betrachtete es eine ganze Weile. Nach all den schlaflosen Nächten, in denen ich daran gearbeitet hatte, war es nahezu perfekt. Ich suchte in meinen Sachen nach einem Feuerzeug. Dann verließ ich mein Zimmer wieder, ging die Treppe zum Hof hinab, setzte mich auf die unterste Stufe, legte das Schnittmuster vor mich in den Sand, betätigte das Feuerzeug und hielt die Flamme an eine Ecke. Ich beobachtete, wie mein nahezu perfektes Schnittmuster Feuer fing und sich wand, als leide es Schmerzen. Während es zu Asche zerfiel, ging mir auf, dass ich nicht die Dienerin meiner Mama oder meiner Eltern gewesen war, ja noch nicht einmal die Dienerin der Gesellschaft. Ich war die Dienerin eines Stücks Pappe gewesen. Von jetzt an wollte ich niemandem mehr dienen.

Deshalb verbrannte ich das Schnittmuster.

Ich sah zu, wie der Sinn meines Lebens in Rauch aufging und zum Himmel stieg. Dann hob ich den Blick. Der Bottich stand immer noch im Hof, der Junge und seine schmutzige Unterhose waren verschwunden. Ich wusste, dass er seine Mutter holen würde. Ich wartete. Im nächsten Moment kam sie mit einem Gesichtsausdruck, den ich zu fürchten gelernt hatte, in den Hof gestürzt. Sie kam auf mich zu, den Jungen an einer Hand, die Unterhose in der anderen.

»Du wirst auf der Stelle diese Unterhose waschen«, sagte sie fest.

»Nein«, antwortete ich.

Meine Stimme klang nicht fest, sondern matt. Doch ich wusste, dass ich nicht nachgeben würde. Meine Mama interpretierte meinen Tonfall offenbar als mangelnde Entschlossenheit, denn sie sagte drohend:

»Du wäschst jetzt die Unterhose oder du wirst es bereuen!«

Ich musterte sie und überlegte, wie sie mich zum Gehorsam zwingen wollte. Warum sollte ich mich ihr unterwerfen, wo doch mein wahrer Herr zu meinen Füßen verkohlte? Meine Mama klappte den Mund auf, um mich anzuschreien, aber sie wusste offenbar nicht, was sie sagen sollte. Sie hob die Hand, um mir eine Ohrfeige zu geben, hielt aber mitten in der Bewegung inne. Davon, dass sie mich schlug, wurde die Wäsche auch nicht sauber. Außerdem war meine Mama kein gewalttätiger Mensch. Bisher hatte sie sich einfach immer auf meinen Gehorsam verlassen. Es stimmte, was die Leute sagten: Die stärkste Waffe in den Händen der Unterdrücker sind die Gedanken der Unterdrückten. Schließlich zeigte sie mit dem Finger auf mich und stieß hervor:

»Na schön. Wir werden ja sehen, wie du heute Abend darüber denkst. Glaub ja nicht, dass du von mir etwas zu essen bekommst. Heute nicht und morgen auch nicht. Und die Unterhose brauchst du auch nicht mehr zu waschen. Dafür ist es jetzt zu spät.«

Sie machte auf dem Absatz kehrt, und ich sah ihr mitleidig nach. Ich hatte Mitleid mit uns beiden, denn wir waren machtlos. Nach einer Weile kam Sadiya in den Hof und wusch unaufgefordert die Wäsche zu Ende. Meine Mama hatte wohl nicht gewagt, es ihr zu befehlen. In diesem Moment verstand ich, dass meine Mama auch eine Sklavin war. Sie war darauf angewiesen, dass wir sie bedienten. Sadiya erledigte die Arbeit sorgfältig, wortlos, ohne ein Lächeln. Dann kam sie zu mir und setzte sich neben mich:

»Deine Mama hat mir verboten, dir zu essen zu geben, aber wenn du willst, kann ich dir heimlich etwas bringen.«

»Nein danke. Ich will nichts.«

»Das dachte ich mir.«

Sie stand auf und sagte:

»Sei vorsichtig, Alissa. Dein schlimmster Feind bist du selbst.«

Wie meinte sie das? Ihre Worte verwirrten mich, doch bevor ich sie fragen konnte, war sie schon wieder aufgestanden. Sie ging über den Hof auf das Tor zu, sie musste fürs Abendessen einkaufen. Ich starrte auf ihren Rücken. Ich würde Sadiya erst auf ihrer Beerdigung wiedersehen, aber das wusste ich zu diesem Zeitpunkt natürlich noch nicht. Bevor sie vom Markt zurückkam, hatte ich meine Sachen gepackt und war ohne ein Wort des Abschieds aus Mamas Haus verschwunden.

Nein, mein Kind, nein. Du wirst nicht mehr dienen. Ich wusste nicht, wohin, aber meine Füße trugen mich wie von selbst. Irgendwann hatte ich das Gefühl, am Ziel zu sein. Ich blieb stehen und sah mich um. Eine Straßenlaterne warf Licht auf eine verlassene Straße. Ich kannte die Ecke. Genau hier hatte ich auch an dem Tag gestanden, als ich Toumani hinterhergelaufen war. Warum war ich an diesen Ort zurückgekehrt? Glaubte ich etwa, ihn hier wiederzufinden? Dachte ich, er käme jeden Tag her, weil er mich zu treffen hoffte? Natürlich nicht. Wenn Toumani mich hätte sehen wollen, hätte er in der Nähe der Werkstatt auf mich gewartet und nicht an dieser düsteren Straßenecke. Nein, ich war nicht wegen Toumani hier.

Nein, mein Kind, nein. Mir wurde klar, dass mir die Worte seit mehreren Tagen in den Ohren hallten. Ich war ihretwegen hier. Wegen der Frau, die mich von der anderen Straßenseite aus so warm in die Arme geschlossen hatte. Ich trat aus dem Licht der Laterne in die Dunkelheit, stellte meinen Rucksack ab und ließ mich darauf nieder.

Dann wartete ich.

Auf der anderen Straßenseite stand eine verfallene Zementfabrik. Hin und wieder kam ein Auto angefahren, bremste und rollte im Schritttempo vorbei. Nach einer Weile tauchte eine Frau aus der Dunkelheit auf und schlenderte auf die Kreuzung zu. Ich musterte ihr Gesicht. Es war nicht die Frau, nach der ich suchte. Ein Auto hielt am Straßenrand, und die Frau ging darauf zu. Sie beugte sich zum Beifahrerfenster hinunter. Dann öffnete sie die Beifahrertür, stieg ein und das Auto fuhr davon. An der nächsten Straßenecke stand eine zweite Frau. Ich blickte in die andere Richtung und entdeckte eine dritte Frau. Die Frauen trugen kurze Kleider und waren stark geschminkt, ihre Gesichter glänzten im Schein der Straßenlaternen. Sie ignorierten einander. Sie standen einfach nur reglos da, wie nächtliche Gespenster, die an ihr jeweiliges Schicksal gekettet waren. Lange Zeit beobachtete ich den Reigen der abbremsenden Autos und sich hinunterbeugenden Frauen. Es war faszinierend.

Die Zeit verging, aber keine der Frauen, die ich beobachtete, war die richtige. Entmutigt stand ich auf. Ich hatte vergessen, was mich hergeführt hatte. Es war dumm gewesen, einfach so von meiner Mama fortzulaufen. Wo sollte ich jetzt hin? Sollte ich mich zurück in ihr Haus schleichen und hoffen, dass niemand meine Abwesenheit bemerkt hatte? Doch insgeheim wusste ich, dass ich nicht zurückkonnte. Ich hatte dort nichts mehr verloren, denn ich hatte mein Schnittmuster verbrannt, meinen einzigen Herrn. Ich näherte mich der Bordsteinkante und trat in den Lichtkegel einer Straßenlaterne. Was hatte ich getan? Ich war allein und verloren. Was würde ich morgen tun? In die Werkstatt konnte ich nicht zurück. Wie würde ich mich ernähren, wovon sollte ich leben? Der vorgezeichnete Weg, auf dem ich seit über zehn Jahren durchs Leben ging, hatte abrupt geendet, und vor mir tat sich ein Abgrund auf. Wieder rollte ein Auto vorbei und bremste. Ich folgte dem Beispiel der anderen Frauen und ging darauf zu. Als es anhielt, beugte ich mich zum Beifahrerfenster hinunter. Der Fahrer grinste mich an und sagte:

»Hallo, Süße!«

Mich hatte noch nie jemand »Süße« genannt. Der Mann wirkte nett.

»Ich heiße Alissa.«

»Wie schön«, sagte er. »Steig ein, Alissa.«

Ich dachte: »Warum nicht?« Ich musste die Leere in meinem Inneren füllen. Ich trat beiseite, damit er die Tür öffnen konnte. Drinnen stank es nach Benzin. Ich sah den Mann im Profil, er hatte eine flache Nase, einen struppigen Bart und volle Lippen. Im Halbdunkel war er ein Schattenriss vor der Fensterscheibe. Die Straße lag verlassen da. Auf der anderen Seite stand eine Laterne. Ich stellte einen Fuß in das Auto und wollte mich gerade auf den Sitz fallen lassen, als ich die Frau sah. Sie stand unter der Straßenlaterne und fixierte mich. Mit irrem Blick, halb geöffneten Lippen, zahnlosem Mund. Sie sah mich voller Entsetzen an. Ich erstarrte mitten in der Bewegung und stieg nicht in das nach Benzin stinkende Auto ein.

Nein, mein Kind, nein.

Ich zog den Fuß zurück und schloss wortlos die Tür. Ich hörte nicht mehr, was der Mann sagte, ich konnte die Augen nicht von der Frau abwenden. Ich überquerte die Straße, ohne nach links oder rechts zu sehen. Ich war wie hypnotisiert von ihrem wahnsinnigen Blick. Ich ging langsam auf sie zu. Im Schein der Straßenlaterne warfen ihre Augen Schatten. Als ich vor ihr stand, spürte ich ihren warmen Atem auf der Haut.

»Ich heiße Alissa.«

Sie lächelte mich an und schloss mich in die Arme.

Sie hieß Kiki und war Hure. Das sagte sie mir. Was sie mir nicht sagte, war, dass ich ihr vertrauen konnte. Das wusste ich von selbst. Ich wusste es seit dem Tag, als sie mir von der anderen Straßenseite aus einen Schwarm Vögel geschickt hatte, die mich mit ihren Flügeln umhüllten. Kiki lud mich

zu sich nach Hause ein. Ich weiß nicht, warum. Dort angekommen sagte sie mir, ich solle auf dem Bett Platz nehmen.
Ich setzte mich auf das Laken, auf dem sie ihre Kunden
empfing, all die Männer mit ihren perversen Wünschen.
Meine Füße baumelten ein paar Zentimeter über dem Boden. Ich sah aus dem Fenster im ersten Stock auf die Straße
hinunter, während Kiki wortlos im Zimmer herumhantierte.
Kiki würde nicht viel mit mir sprechen, das begriff ich auf
Anhieb. Sie würde einfach immer für mich da sein.

Hin und wieder verharrte sie mitten in der Bewegung,
stemmte die kräftigen Hände in die ausladenden Hüften
und ließ einen Satz fallen: »Ich habe nicht viele Freunde.«
Oder: »Die Leute halten mich für verrückt.« Oder auch:
»Hab keine Angst.« Ich antwortete nicht, denn bevor ich
etwas sagen konnte, hatte sie sich schon wieder abgewandt
und trug weiter Kartons durchs Zimmer. Sie räumte den
Eingangsbereich vor ihrem Zimmer frei, um Platz für mich
zu schaffen.

»Dort wirst du schlafen«, war auch einer der Sätze, die
sie sagte.

Kiki musste Ende dreißig sein, auch wenn sie zehn Jahre älter aussah. Sie sprach in einem melodischen Singsang
und wählte ihre Worte mit Bedacht. Sie musste mir nicht
ausführlich aus ihrem Leben erzählen, ich konnte mir zu-
sammenreimen, wie es ihr ergangen war. Kiki war Auslän-
derin. Hier im Land hatte sie keine Arbeit gefunden und so
nach und nach alle Illusionen verloren. Daraufhin hatte sie
beschlossen, das Leben anderer Menschen zu verschönern,
indem sie ihnen ihr Herz schenkte oder ihren Körper. Aber
Kiki war nicht verbittert. Sie lebte einfach ihr Leben. Jetzt
fegte sie das Vorzimmer, legte eine Matratze auf den Boden, zog ein sauberes Laken darüber und stellte eine Lampe
daneben. Dann holte sie meine Kleider aus dem Rucksack,
faltete sie ordentlich zusammen und legte sie in einen Korb.

Schließlich trat sie einen Schritt zurück, musterte ihr Werk und sagte:

»Wenn ich nachts mit einem Kunden nach Hause komme, muss ich durch das Vorzimmer. Leider wird es dann manchmal etwas laut, aber ich werde darauf achten, immer die Zwischentür zu schließen.«

Sie legte mir eine Hand auf die Schulter. Die Innenseite ihrer Finger war gelblich, der Handrücken pechschwarz.

»Ich freue mich sehr, dass du zu mir gekommen bist.«

Ich antwortete nicht, sondern schaute weiter aus dem Fenster. Auf der anderen Straßenseite befand sich ein Markt. Die ersten Sonnenstrahlen fielen auf die farbenfrohen Dächer der Stände.

Von nun an ging ich jeden Morgen auf den Markt. In der Dämmerung erwachte er zum Leben. Die Verkäufer rückten ihre Tische zurecht und breiteten die Waren aus. Morgens, wenn es noch kühl war, bewegten sie sich wie in Zeitlupe. Dann kam die Sonne und verlieh dem Leben Kraft, die ersten Kunden trafen ein, die Stimmen wurden lauter. Umgeben von Geschrei und Gelächter drängten sich die Leute durch die schmalen Gassen. Ich wurde hin und her geworfen wie ein steuerloses Schiff. Arme streckten mir Obst, Gemüse und Fisch entgegen. Ich schob mich durch einen Dschungel aus Farben und Gerüchen. Inmitten des Durcheinanders versuchte ich, meinem Leben einen neuen Sinn zu geben. Ich versuchte, Toumani wiederzufinden. Am ersten Tag war ich zu der Wäscherei gegangen, in der er arbeitete, aber man hatte mir gesagt, dass er schon länger nicht mehr aufgetaucht war. Ich zählte die Tage an den Fingern ab und kam zu dem Ergebnis, dass er an dem Tag, als ich ihn zum letzten Mal gesehen hatte, auch zum letzten Mal bei der Arbeit gewesen war. Dann wusste ich nicht weiter. Ich überlegte, ob ich in der Stadt nach ihm suchen sollte, aber mein Herz sagte mir, dass er ganz in der Nähe war. Deshalb schlenderte ich jeden Tag über den Markt. Ich musterte jedes Gesicht und suchte seins in der Menge. Jedes Mal, wenn ich um eine Ecke bog, rechnete ich damit, ihm plötzlich gegenüberzustehen. Er konnte nicht weit weg sein, ich spürte seine Nähe, ich spürte ihn tief in mir. Er strömte durch meine Adern, brachte meine Fingerspitzen zum Kribbeln. Dieser Markt war der größte der Stadt, Toumani musste ab und zu herkommen. Ich fragte die Leute um mich herum, ob sie ihn gesehen hatten. Einen jungen Mann mit einem Stock und einem Holzbein? Schwer zu sagen, davon gab es zwar nicht viele, aber vielleicht fragte ich besser mal am Stand nebenan. Ich setzte meine Suche bis zum Mittag fort und kehrte dann zum Essen zu Kiki zurück. Sie hatte mir gleich am ersten Tag gesagt, ich solle mir keine Sorgen machen, sie werde sich um die Mahlzeiten kümmern. Ich nahm ihr Angebot dankend an, sagte aber, dass ich einen Weg finden werde, ihr das Geld zurückzuzahlen. Darauf hatte sie keine Antwort gegeben. Mittags setzten wir uns auf Kissen an einen niedrigen Tisch und aßen schweigend. Anschließend legte sich Kiki schlafen. Sie musste sich ausruhen, ihre Nächte waren lang. Ich ging am Nachmittag wieder auf den Markt und traf mich mit Sylvie, die sich nach der Arbeit heimlich davonstahl.

»Und, hast du was Neues?«, fragte sie mich jeden Tag statt einer Begrüßung.

Nein, ich hatte nichts Neues, aber ich gab die Hoffnung nicht auf. Und wenn ich jeden Stern am Himmel absuchen müsste, ich würde Toumani finden.

Abends kehrte ich in die leere Wohnung zurück und legte mich auf meine Matratze im Vorzimmer. Ich zupfte an meinem Ohrläppchen und dachte über meine Begegnung mit Toumani nach. Er hatte meinen Ohrring all die Jahre

aufbewahrt. Damals hatte ich ihm gesagt: »Verlier ihn nicht.«
Aber hatte ich nun Toumani verloren? Der Ohrring ließ mir
keine Ruhe. Über diesem Gedanken schlief ich ein.

Ich erinnere mich noch gut an meine ersten Nächte bei
Kiki. An das erste Mal, als ich den Schlüssel in der Tür hörte. An das Geräusch des aufschnappenden Schlosses. Dann
erklangen Schritte. Zwei Paar Schuhe stiegen über mich hinweg. Alle Geräusche, die ich in jener Nacht hörte, kamen
mir unglaublich laut vor. Sie zerrissen mir das Trommelfell. Die Zwischentür wurde geschlossen, und erst da wagte
ich, die Augen zu öffnen. Ich stand auf und legte das Ohr
an das raue Holz der Tür. Ich berührte die Klinke, sie war
noch warm von Kikis Hand. In diesem Moment war mir,
als löste ich mich auf. Ich zerfloss wie ein Goldklumpen,
der geschmolzen wird, und Kikis Körper war der Tiegel, der
mich aufnahm. Kiki und ich atmeten im Einklang, meine
Seele war ihre Seele, mein Körper ihr Körper, meine Augen
ihre Augen. Plötzlich konnte ich durch die geschlossene Tür
sehen. Ich blickte durch das offene Fenster auf die Vögel,
die im Dunkeln auf den grauen Marktständen hockten. Ich
spürte, wie mir die Kleider vom Leib glitten und als unför-
miges Bündel auf dem Boden landeten. Der kühle Abend-
wind, der durchs Fenster hereinwehte, strich mir über die
Haut. Meine Brüste richteten sich auf, meine Brustwarzen
wurden hart. Dann spürte ich die Hände des Mannes auf
meinen Brüsten. Zum ersten Mal berührte mich ein Mann
auf diese Weise. Ich biss mir auf die Lippen. Ich versuchte,
mir Toumanis Bild ins Gedächtnis zu rufen, aber ich sah nur
den Mann aus dem Auto, ich roch das Benzin, ich hörte
das Wort »Süße«, immer und immer wieder. Ich hatte das
Gefühl, kopfüber in einen Brunnen zu stürzen. Mein Herz
klopfte so heftig, dass ich bei jedem Schlag dachte: Gleich
zerspringt mein Körper. Ich spürte, wie das Laken gegen
meinen Rücken rieb. Das Laken, auf dem so viele Män-

ner ihren Schweiß, Speichel und Samen hinterlassen hatten. Ich hing mit gespreizten Beinen über dem Abgrund und spürte, wie der Mann in mich eindrang. Er drang immer tiefer in mich ein, es hörte gar nicht mehr auf. Sein Penis schien unendlich lang zu sein! So lang, dass er mir das Herz durchbohrte. So lang, dass ich ihn in meiner Kehle spürte und würgen musste. Je lauter der Mann keuchte, desto langsamer atmete ich. Je mehr er schwitzte, desto kälter wurde mir. Der Mann saugte mir die Körperwärme aus, er saugte mir das Leben aus. Er benutzte mich zur Befriedigung seiner Lust. Ich wurde unendlich traurig, und mir war furchtbar kalt. Anfangs zitterte ich noch, während der Körper des Mannes mir die Haut verbrannte, doch nach einer Weile wurde die Kälte so übermächtig, dass ich erstarrte. Ich spürte gar nichts mehr. In meinem Kopf war es totenstill.

So muss sich der Tod anfühlen.

Und dann stöhnte er auf. Als er sich in mich ergoss, gab er mir das Leben zurück. Ich spürte sein Sperma überall, in mir, auf mir, in meinem durchbohrten Herzen, in der Kehle. Ich schmeckte es auf der Zunge. Meine Beine knickten ein, und ich sank im Vorzimmer auf die Knie. Um mich herum drehte sich alles. Ich klammerte mich mit beiden Händen an die Klinke und lehnte die Stirn dagegen, weil mir so schwindelig war. Die Klinke war mittlerweile kalt. Ich begann stumm zu weinen. Ich hatte Kikis Körper verlassen und war in meinen zurückgekehrt. Mein weißes Kleid leuchtete im Dunkeln. Auf der anderen Seite der Tür knarrte das Bett. Der Mann murmelte etwas, Kiki gab keine Antwort. Ich hörte ihn aufstehen. Rasch schlüpfte ich unter die Decke und schloss die Augen. Die Zwischentür ging auf, wieder hallten Schritte auf dem Boden, aber diesmal zerrissen sie mir nicht das Trommelfell, sie zerrissen mir das Herz. Der Mann blieb stehen. Ich wusste, dass er mich ansah. Wusste er auch, dass er in mich eingedrungen war? Meine Lippen begannen zu zittern. Die Tür nach draußen fiel ins Schloss. Es war vorbei.

Doch Kiki brachte immer neue Männer nach Hause. Ich sah ihre Gesichter nicht, aber für mich sahen sie alle aus wie der Mann in dem nach Benzin stinkenden Auto. Jede Nacht lauschte ich schuldbewusst an der Tür. Eines Tages fragte Sylvie, ob ich nicht zu ihr und ihrer Tante ziehen wolle. Ich antwortete, dass ich bei ihr nicht vor meiner Mama sicher sei, aber der eigentliche Grund war, dass ich nicht von Kiki wegwollte. Ich lauschte an der Zwischentür, weil ich süchtig danach war. Ich war süchtig nach dem Benzingestank, nach dem Schweiß des Mannes aus dem Auto, nach dem Wort »Süße«, das mir durch den Körper hallte. Begierig nahm ich all das in mich auf, denn Toumani hatte eine große Leere in mir hinterlassen. Ich zupfte an meinem Ohrläppchen und lehnte Sylvies Angebot ab. Sie nickte verständnisvoll, obwohl sie wusste, dass ich log.

Eines Tages war ich mit Sylvie auf dem Markt und zupfte wieder einmal an meinem Ohrläppchen herum, als ich mitten in der Bewegung erstarrte. Ich hatte Sylvie gerade gefragt, ob sie mir die alte Nähmaschine leihen würde, die in der Abstellkammer ihrer Tante herumstand. Ein paar Tage zuvor hatte Kiki eines ihrer Korsetts, das ein Kunde im Eifer des Gefechts zerrissen hatte, hochgehalten, um den Schaden zu begutachten. So etwas kam oft vor. Kiki hatte es schon wegwerfen wollen, aber ich hielt sie zurück und schlug vor, es zu reparieren. Die Idee kam mir ganz plötzlich: Ich könnte Kiki meine Schulden zurückzahlen, indem ich ihre Kleider und die ihrer Kolleginnen flickte. Ich könnte den Prostituierten sogar neue Kleider schneidern. Wunderschöne Kleider, in denen sie wie Engel der Nacht aussehen würden. Kleider, in denen sie noch mehr Männer auf ihre Zimmer locken würden. Doch dazu brauchte ich eine Nähmaschine, und deshalb bat ich Sylvie, mir die ihrer Tante auszuleihen. Sie antwortete:

»Klar, ich bringe dir die Nähmaschine vorbei. Man lernt viel, wenn man kaputte Sachen repariert.«

Ihre letzten Worte ließen meine Finger am Ohrläppchen erstarren. Sofort fiel mir der Ohrring ein. Toumani hatte gesagt, dass er ihn reparieren lassen wolle. Jetzt sagte ich zu Sylvie, was ich vor einer Weile zu ihm gesagt hatte:

»Ich kenne nur einen Menschen, der so etwas reparieren kann.«

Ich sprang auf. Sylvie starrte mich verdutzt an.

»Wovon redest du?«

Doch ich hatte schon ihre Hand gepackt und sie hochgezogen. Wir drängten uns durch die Menschenmenge auf dem Markt.

Als ich den Vorhang beiseiteschob, bimmelte ein Glöckchen. Ich steckte den Kopf ins Innere des düsteren Ladens.

»Komm herein, mein Kind«, sagte eine heisere Stimme.

Im Dämmerlicht suchte ich nach dem Mann, der gesprochen hatte. Er saß allein an einem Tisch und starrte ins Leere. Nachdem sich meine Augen an das Halbdunkel gewöhnt hatten, konnte ich sein Gesicht erkennen. Erst trat sein weißer Bart hervor, dann die gütigen, aber traurigen Augen. Als ich ein paar Schritte auf ihn zu machte, sah ich die Falten auf seinem Gesicht und den abwesenden Blick. Ich stand Hadsch Karim gegenüber, dem Juwelier. Es ging das Gerücht, er sei in Saudi-Arabien früher ein einflussreicher Mann gewesen. Irgendwann war er jedoch bei den Machthabern in Ungnade gefallen, woraufhin er verhaftet und gefoltert wurde. Er sei, so erzählte man, im Gefängnis nur knapp dem Tod entronnen. Nach einer Weile gelang ihm die Flucht, und nur Gott weiß, was er für schreckliche Dinge erlebt hatte. Als er hier ankam, war er ein gebrochener Mann, aber wie das Schicksal es wollte, hatte er sich in das Land verliebt und es zu seiner neuen Heimat gemacht. Seitdem lebte er bei uns. Er hatte ein Schmuckgeschäft eröffnet, und mittlerweile war er der renommierteste Juwelier der Stadt. Niemand war so geschickt wie er, und dank seiner guten Beziehungen nach Saudi-Arabien konnte er kostbare Edelsteine importieren. Hadsch Karim hätte glücklich sein können, doch das war er nicht, denn er wartete auf seine Familie. Kurz nach seiner Flucht hatten seine Frau und seine beiden Töchter versucht, Saudi-Arabien zu verlassen. Ihre Spur verlor sich in der Wüste. Hadsch Karim wartete immer noch auf sie, und er werde so lange warten, bis er ihre Leichen sehe. Das hatte er einem Kunden gesagt.

Sylvie und ich traten an seinen Tisch. Die Wände des schummerigen Ladens waren bis auf ein paar Kerzenhalter nackt. Nach dem, was die Folterknechte ihm angetan hatten, ertrug Hadsch Karim kein helleres Licht als Kerzenschein. Er ging nur nachts vor die Tür, und selbst dann trug er eine Sonnenbrille. Sein Laden war winzig und nur mit einem Tisch und einem Stuhl möbliert. Aus Sicherheitsgründen bewahrte Hadsch Karim den Schmuck in einem Banktresor auf. Seinen Kunden zeigte er nur einen Katalog. Jetzt schlug er den Katalog auf und schob ihn mir hin. Entzückt betrachtete ich die Fotos, auf denen Edelsteine funkelten wie Sterne am nächtlichen Himmel. Mit jeder Seite, die er umblätterte, wurde mein Mund trockener. Wie konnte ich diesen Mann nur nach einem wertlosen Plastikohrring fragen? Mein Herz krampfte sich zusammen. Ich würde Toumani niemals wiederfinden, sagte eine Stimme in mir. Hadsch Karim blätterte die letzte Seite des Katalogs um, schlug ihn zu und sah mich an. Er musterte mich eine halbe Ewigkeit. Noch nie hatte ich mich so sehr geschämt. Dann sagte er mit ausländischem Akzent:

»Das, weshalb du hier bist, ist kostbarer als aller Schmuck der Welt, nicht?«

Ich war den Tränen nah.

»Ja«, sagte ich leise.

Das unsichtbare Gummiband, das mein Herz an Ort und Stelle hielt, war bis zum Zerreißen gespannt, so sehr, dass es wehtat. Hadsch Karim verschränkte die Hände auf dem Tisch und wartete.

»Ich bin auf der Suche nach der Liebe meines Lebens.«

»Ich verkaufe Schmuck, mein Kind ...«

»Vielleicht hat er Ihnen einen Ohrring zur Reparatur gebracht.«

»Wie sieht der Ohrring denn aus?«

»Er ist – «

Ich schlug die Augen nieder. Ich konnte nicht weitersprechen.

»Aus Plastik?«

Ich starrte ihn mit aufgerissenen Augen an. Verblüfft beobachtete ich, wie Hadsch Karim sich auf seinen Stock stützte und aufstand. Ich folgte ihm mit dem Blick, während er zu einem zweiten Tisch hinkte, den ich bisher nicht bemerkt hatte. Darauf stand eine kleine Truhe. Er nahm etwas heraus und setzte sich wieder an den Tisch. Dann reichte er mir den Gegenstand. Es war der Ohrring! Ich hielt ihn zwischen Daumen und Zeigefinger und betrachtete ihn im Kerzenschein.

»Sie haben ihn repariert!«

Er lächelte.

»Der Junge, der ihn mir gebracht hat, hatte den gleichen Gesichtsausdruck wie du jetzt. Wie hätte ich ihn da abweisen können?«

Ich ballte die Faust und umklammerte den Ohrring.

»Hat er gesagt, wann er ihn abholen kommt?«

Ich beugte mich vor und kam dem Gesicht des Alten ganz nah. Ich atmete schwer.

»Ich glaube kaum, dass er wiederkommen wird, mein Kind.«

Meine Welt brach zusammen.

»Aber ich weiß, wo er wohnt ...«

Ich starrte ihn ungläubig an. Wie konnte das sein?

»Der junge Mann hat viel geredet. Er war wie im Fieber. Er hat mir erzählt, wo er wohnt. Ich habe es irgendwo aufgeschrieben.«

Er zog eine Schublade unter dem Tisch auf und hielt mir einen Zettel hin. Ich nahm ihn vorsichtig entgegen. Endlich würde ich Toumani wiederfinden! Ich wirbelte herum und eilte zum Ausgang. Als ich gerade den Vorhang beiseiteschieben wollte, fiel mir noch etwas ein:

»Hadsch Karim, wie viel schulde ich Ihnen?«

»Mach dir darum keine Gedanken, mein Kind. Dein Lächeln ist mehr wert als alles Geld der Welt.«

Ich rannte auf die Straße.

Den Slum zu durchqueren war eine schreckliche Erfahrung. Sylvie hatte zurück zu ihrer Tante gemusst, also war ich auf mich allein gestellt. Sie hatte zwar gesagt, sie könne am nächsten Tag nach der Arbeit mitkommen, aber so lange wollte ich nicht warten. Also lief ich allein durch das Labyrinth der elendigen Hütten. Junge Männer lehnten an den Wänden und pfiffen mir nach. Zum ersten Mal sah ich so viele junge Männer auf einem Haufen. Sie waren überall, ihre nackten Oberkörper glänzten vor Schweiß, sie waren aggressiv und wild. Ich hielt den Blick gesenkt, um sie nicht zu provozieren, und klammerte mich an Hadsch Karims Zettel wie ein Soldat an sein Gewehr. Am Eingang des Slums hatte mir eine junge Frau, der einzige Mensch, den ich anzusprechen wagte, erklärt, wo sich Toumanis Hütte befand. Sie hatte ihn als einen einzelgängerischen Jungen vom Land beschrieben. Es war seltsam, dass sie ihn einen Jungen vom Land nannte, wo Toumani seit Kindertagen in der Stadt lebte. Doch die Frau war sicher, dass er derjenige war, den ich suchte, also folgte ich ihrer Wegbeschreibung zu einer Wellblechhütte am anderen Ende des Slums. Sie hatte naserümpfend gesagt: »Er wohnt in der Nähe des Gebüschs, wo die Leute ihr Geschäft verrichten.« Offenbar blickten die Leute selbst im Slum auf diejenigen herab, denen es schlechter ging als ihnen selbst. Auch hier gab es eine soziale Rangordnung, und je weiter ich mich vom Eingang des Elendsviertels entfernte, desto armseliger wurden die Hütten. Ich umrundete Lachen aus Abwasser, das die Leute einfach auf die Straße kippten, und drang immer tiefer in den Slum vor. Es roch erbärmlich, und der Gestank wurde immer schlimmer. Irgendwann erreichte ich Toumanis Hütte. Sie stand etwas abseits von den anderen Hütten gegenüber von einem Friseursalon. Ich verstand sofort, warum er mir nie von seiner Bleibe erzählt hatte. Es war ein schrecklicher Ort. Noch schrecklicher war, dass hier Menschen lebten. Plötzlich wusste ich nicht mehr weiter. Würde Toumani sich freuen, mich zu sehen? Wäre es ihm peinlich? Er hatte gesehen, wo ich in den letzten Jahren gewohnt hatte, er kannte das große Haus meiner Mama. Was, wenn er sich so sehr schämte, dass er mich fortschickte? Mir kamen Zweifel. Vielleicht sollte ich umkehren und lieber morgen am Eingang des Slums auf ihn warten? Ich drehte mich um und betrachtete den Weg, den ich gekommen war. Die Sonne stand bereits tief am Himmel und warf lange Schatten. Halbnackte Kleinkinder spielten im Schlamm, und schwarze Schweine wühlten im Müll, der überall herumlag. Ein etwa zehnjähriges Mädchen kam auf mich zu. Sie trug eine Aluschale.

Als sie vor mir stehenblieb, erwartete ich, dass sie mich ansprach, aber sie stand einfach nur da und sah mich wortlos an. Da begriff ich, dass ich ihr den Weg versperrte. Wenn sie um mich herumgelaufen wäre, hätte sie durch eine Abwasserpfütze gemusst. Ich trat beiseite, und meine Sandalen versanken im Schlamm. Sie bedankte sich und ging an mir vorbei. Während Matsch zwischen meinen Zehen hervorquoll, sah ich ihr nach. Sie ging auf Toumanis Hütte zu. Rasch lief ich ihr hinterher. Ein paar Männer, die vor dem Friseursalon Karten spielten, blickten auf und beäugten mich argwöhnisch. Warum rennt diese Fremde einem unserer Kinder hinterher?, fragten sie sich wohl. Sie sahen aus, als würden sie jeden Moment aufspringen und sich auf mich stürzen. Ich wurde langsamer und rief dem Mädchen zu, es solle stehenbleiben. Sie wandte sich um. Es war klar, dass sie mir einen Gefallen tat. Vielleicht wollte sie sich dafür bedanken, dass ich beiseitegetreten war, damit sie nicht durch den Schlamm waten musste.

»Wie heißt du?«

Sie zuckte mit den Schultern und starrte mich misstrauisch an.

»Gehst du zu Toumani?«

Als sie Toumanis Namen hörte, verschwand das Misstrauen aus ihrem Gesicht. Ich hatte bewiesen, dass ich keine Fremde war. Plötzlich fiel mir auf, dass ich mich einem Kind gegenüber rechtfertigte.

»Ist das Essen für ihn?«, fragte ich fest und versuchte, so erwachsen wie möglich zu klingen.

Das Mädchen nickte. Ich zog 25 FCFA aus meiner Tasche und hielt ihr die Münze hin.

»Hier, kauf dir was Süßes. Ich bringe ihm das Essen.«

Rasch nahm ich ihr die Schale ab und drückte ihr die Münze in die Hand. Beschwingt trat ich vor Toumanis Hütte. Aus dem Augenwinkel sah ich zu den Kartenspielern hinüber. Einige beobachteten mich immer noch, aber ihr Misstrauen war Neugier gewichen. Ich klopfte an Toumanis Tür und hielt den Atem an.

Gleich darauf nahm ich drinnen eine Bewegung wahr. Jemand stand auf, schob ein paar Dinge beiseite und kam zur Tür. Dann hörte ich eine Stimme.

»Warum hat das denn so lange gedauert? Es kann doch nicht so schwer sein, etwas Hirsebrei zu kaufen.«

Es war seine Stimme, Toumanis Stimme. Endlich! Die Tür ging auf, und ich sah seinen gesenkten Kopf mit dem kurzgeschorenen Haar. Sein Blick war auf meinen Bauch gerichtet, weil das Mädchen, mit dem er gerechnet hatte, wesentlich kleiner war als ich.

»Ich habe mich wirklich beeilt, Monsieur!«, rief ich fröhlich.

Überrascht hob er den Blick. Sein Gesicht hellte sich auf, und er strahlte mich an.

Doch schon im nächsten Moment sah er sich alarmiert um.

»Was machst du denn hier?«

Ich nahm seine Hand, um ihn zu beruhigen.

»Ich wollte mich für den Ohrring bedanken.«

Er stand mit hängenden Armen da und brachte kein Wort heraus.

»Willst du mich nicht hereinbitten?«

Er trat beiseite, und ich ging durch die Tür. Die Hütte war winzig, aber im Inneren war es angenehm warm. Die Wellblechwände hatten die Hitze des Tages gespeichert. Auf dem Boden lag eine Bastmatte mit einem bunten Muster, an der Wand hing ein Kalender mit Landschaftsaufnahmen aus fernen Ländern. Toumani stand immer noch in der Tür, während ich zu dem Kalender ging, um das richtige Datum einzustellen. Dann blätterte ich die Seiten um und betrachtete entzückt die Fotos. Waren das die Orte, von denen er träumte? Lag er nachts wach und sehnte sich nach diesen Prärien und kristallklaren Bächen? Kaum traf ich Toumani wieder, begann ich schon wieder zu träumen. Ich fand seine Hütte gemütlich wie ein Vogelnest. Ich sah mich um und suchte nach einem Ort, wo ich die Aluschale mit dem Essen abstellen konnte. Toumani schob mit dem Fuß eine Kleidertüte beiseite und wies mit dem Finger auf die freie Stelle auf dem Boden. Ich ging in die Hocke und gehorchte vergnügt dem Befehl des Hausherrn. Ich ließ mich auf der Matte nieder und bedeutete Seiner Hoheit, dass das Essen angerichtet war.

»Es muss schön sein, ein eigenes Haus zu haben. Du bist niemandem zu etwas verpflichtet«, sagte ich.

Ich hatte mein Leben lang bei meinen Arbeitgeberinnen gewohnt, und jetzt lebte ich bei Kiki. In Toumanis Hütte zu sein war irgendwie anders. Toumani schloss die Tür, blieb aber stehen und ignorierte meine Aufforderung, sich zu setzen. Er stand mit dem Rücken zu mir da und ließ die Schultern hängen. Seine Stimme hallte hohl von den Wellblechwänden wider.

»Du musst mir nichts vormachen, Alissa. Ich weiß, dass ich der letzte Dreck bin.«

Seine Worte hätten mich verletzt, wenn ich nicht gespürt hätte, wie viel Schmerz dahintersteckte. Ich wollte ihm so gern mein Herz öffnen und ihm zeigen, dass ich ein ganz anderes Bild von ihm hatte, damit er begriff, was er mir bedeutete. Nein, Toumani, du bist nicht der letzte Dreck. Du bist der Himmel, zu dem ich auffliege, die Oberfläche des Sees, die ich verzweifelt zu erreichen versuche, um nicht zu ertrinken. Ich habe das Haus meiner Mama verlassen, meine einzige Sicherheit im Leben, und bin zu dir gekommen, denn du ziehst mich an wie eine Glühbirne die Libelle. Toumani, du bist mein Licht. Das wurde mir in dem Moment klar, als ich deine Hütte betrat und mir als Erstes überlegte, wo ich meine Nähmaschine hinstellen würde. Das wurde mir in dem Moment klar, als ich die ersten Worte zu dir sagte und dabei auf deinem Gesicht nach derselben Anerkennung suchte, nach der meine Mama auf dem Gesicht ihres Ehemannes Ausschau hielt. Als ich mich dabei ertappte, schoss mir durch den Kopf, dass ich vorschnell über sie geurteilt hatte. Ich tat genau das, was ich den Leuten vorwarf, die Sadiya verachteten. Vielleicht war ich ja nur neidisch auf meine Mama. Sie war immer gut zu mir gewesen. Warum hatte ich begonnen, sie zu hassen? Plötzlich begriff ich, was Sadiya gemeint hatte, als sie gesagt hatte: »Sei vorsichtig, Alissa. Dein schlimmster Feind bist du selbst.« Mein schlimmster Feind war die Missgunst, die Eifersucht. Ich war neidisch auf die Liebe, die meine Mama ihrem Mann entgegenbrachte. Sie fand Erfüllung darin, denjenigen zu umsorgen, der sie glücklich machte, und das hatte mich von ihr fortgetrieben. Sie war glücklich, während ich eine große Leere in meinem Inneren hatte. Sie war frei. Denn sie hatte sich aus freien Stücken dafür entschieden, einem anderen zu dienen. Man muss sich selbst ganz und gar gehören, um sich jemand anderem hingeben zu können. Toumani, ich gehöre dir, ganz und gar!

Aber wie konnte ich ihm meine Gefühle gestehen, wo er mich nicht einmal ansah? Wie konnte ich von Liebe sprechen, wo er immer noch unter den Verletzungen der Vergangenheit litt? Toumani würde mir nicht glauben, selbst wenn er von meiner Aufrichtigkeit überzeugt war. Man glaubt nur das, wovon man selbst überzeugt ist. Im schlimmsten Fall würde er denken, ich würde mich über ihn lustig machen.

Ich blinzelte die Gedanken fort.

»Setz dich. Lass uns essen, ich habe Hunger«, sagte ich und nahm den Deckel von der Schale. Er ließ sich wortlos neben mir nieder. Während wir nach dem Essen griffen und unsere Finger sich streiften, begann ich zu reden. Ich erzählte ihm von meiner Mama, von Sylvie, von Kiki. Ich sprach über alles und nichts. Toumani hörte mir zu und schien sich etwas zu entspannen. Nach einer Weile lachte er sogar. Als es in der Hütte dunkel geworden war, erzählte er mir von Monsieur Bia. Er erzählte mir, was mit dem Ohrring passiert war, und ich bebte vor Angst und Wut. Ich nahm ihn in den Arm und hielt ihn fest. Es war Zeit, dass ich Toumani erzählte, warum ich wirklich gekommen war. Seit ich mich auf die Matte gesetzt hatte, dachte ich darüber nach, wie ich es ihm sagen konnte. Ich hatte die ganze Zeit auf den passenden Moment gewartet, aber ich fand einfach nicht die richtigen Worte. Toumani, ich gehöre dir, mein Leben ist an deiner Seite, und sei es nun hier im Slum. Sei es ganz unten. Toumani hatte meinen Ohrring all die Jahre behalten, und jetzt wollte ich ihn für den Rest meines Lebens behalten. Er war ein wunderbarer Mensch. Ich schmiegte mich an ihn, lehnte den Kopf an seine Schulter und sang:

Nitori re mose wa laye
  (Du bist der Grund, warum ich lebe)
Nitori re mose n wa so sara
  (Du bist der Grund, warum ich mich anziehe)
Nitori re mo ji l'owuro
  (Du bist der Grund, warum ich morgens aufwache)
Mo w'aye mi l'ode ye
  (Das ist mein Leben)

Nitori re mo se n gbo'royin ayo
  (Du bist der Grund, warum jede Nachricht eine gute Nachricht ist)
Lai sowo, lai si n kankan
  (Auch wenn ich kein Geld habe und bitterarm bin)
Iya oni l'ayo ola oh
  (Das Leid von heute ist die Freude von morgen)
B'Oluwa ti wi, bee na lori.
  (So hat es der Herr gesagt, und so wird es sein.)

218

Sein Blick verschlang meinen. Seine Augen strahlten. Seine Lippen waren so nah. Ich nahm seine Hand. Ich war bereit. Wir waren beide bereit. Ich öffnete die Lippen und näherte mich ihm. Ich wollte ihm meine Liebe beweisen. Meine Leidenschaft.

In diesem Moment klopfte es an der Tür.

Wir schraken beide zusammen. Wir rührten uns nicht. Sein Blick kehrte zu mir zurück.

Es klopfte ein zweites Mal.

»Toumani, ich bin's, Iman!«

Ich spürte, wie Toumani sich versteifte. Er seufzte und wollte antworten, aber ich legte einen Zeigefinger an seine Lippen.

»Pst! Vielleicht geht er ja wieder.«

Er schob meinen Zeigefinger weg.

»Wenn Iman nicht geantwortet hätte, als ich nach ihm rief, wäre ich jetzt tot.«

Er nahm seinen Stock, stand auf und öffnete die Tür. Ein großer Junge mit einer Laterne in der Hand kam herein. Das Licht platzte in die Hütte wie ein Monster, das sich von Finsternis ernährt. Es blendete mich. Ich kniff die Augen zusammen. Als ich sie wieder öffnen konnte, hatte sich keiner der beiden gerührt. Iman starrte mich mit seltsamem Blick an. Toumani wiederum starrte Iman an. Schließlich nickte Iman mir zu und sagte:

»Guten Abend, Mademoiselle.«

Ich ignorierte seinen neckenden Tonfall und antwortete höflich:

»Guten Abend.«

Iman packte Toumani am Arm, zog ihn nach draußen und schloss die Tür. Die beiden unterhielten sich eine ganze Weile, und ich beobachtete die zuckende Flamme der Laterne, die Iman auf dem Boden abgestellt hatte. Schatten tanzten wie Spukgestalten über die Wände. Endlich ging die Tür auf, und Toumani kam herein. Iman blieb draußen. Toumani kratzte sich am Kopf und sagte verlegen:

»Alissa, ich habe gar nicht bemerkt, wie spät es schon ist. Du musst jetzt gehen. Iman bringt dich nach Hause.«

Ich runzelte verwirrt die Stirn, stand aber auf. Ich sah mich um, als fürchtete ich, etwas zu vergessen. Entsetzt ging mir auf, dass ich den Blick durch die Hütte schweifen ließ wie jemand, der wusste, dass er nicht wiederkommen würde. Ich hatte nur Hadsch Karims Zettel dabeigehabt, er lag neben der Aluschale auf dem Boden. Aus dieser Schale hatte ich mein erstes gemeinsames Mahl mit Toumani eingenommen. Ich ließ den Zettel auf dem Boden zurück und ging aus der Hütte.

»Danke, dass du gekommen bist«, sagte Toumani leise.

Draußen strahlte mich Iman an. Er nahm mich galant am Arm und führte mich zu seinem Mofa. Ich stieg auf, und er fuhr los. Während er das Mofa um die Abwasserlachen herumlenkte, warf ich einen Blick zurück über die Schulter und sah Toumani immer kleiner werden. Iman sagte etwas, aber der Motor übertönte seine Stimme. Er erzählte mir die ganze Fahrt über irgendwas, aber seine Worte waren nichts als ein Hintergrundgeräusch, wie das Summen einer Fliege. Ich hielt mich an Imans Oberkörper fest und dachte dabei an Toumanis Schulter, die ich zurückließ. In diesem Moment fiel mir seltsamerweise Hadsch Karims Zettel ein, den ich ebenfalls zurückgelassen hatte. Dann war da noch das Schnittmuster des Kleides, das ich verbrannt hatte. Plötzlich bekam ich Angst, weil ich so vieles in meinem Leben hinter mir ließ. Würde ich mich irgendwann fühlen wie ein Infanterist, der mit leeren Händen vor dem Feind steht, weil er auf dem Marsch in die Schlacht seine Waffen, sein Gepäck und seine Ausrüstung weggeworfen hat, weil er geglaubt hatte, sie seien nur Ballast?

UNDANKBAR / INGRAT

Toumani

Nur ... eine Freundin!

Ich stützte mich am Türrahmen ab und sah Imans Mofa nach.

Nur eine Freundin. Wieso hatte ich das gesagt? Ich blickte zum Nachthimmel hoch und atmete tief ein. Vielleicht würde es bald regnen, ein Gewitter kündigte sich an. In den Wolken, die sich vor die Sterne geschoben hatten, meinte ich ein Gesicht zu erkennen. Ein düsteres, grimmiges Gesicht. Eine unbestimmte Bedrohung lag in der Luft. Wieso hatte ich das gesagt? Alissa war nicht nur eine Freundin, das wusste ich genau. Sie war der Mensch, auf den ich schon immer gewartet hatte. Sie war der fehlende Bestandteil, der den Riss in meinem Leben kitten würde, jenen Riss, durch den seit Jahren Wasser eindrang. Das brachte mich auf einen anderen Gedanken: Wenn es in der Nacht regnete, würde der Regen durch die Ritzen im Dach dringen und meine Hütte würde wieder einmal unter Wasser stehen. Ein erster Regentropfen zerplatzte auf meiner Hand, aber ich spürte ihn gar nicht. Das Gespräch mit Iman lief in Endlosschleife in meinem Kopf ab:

»Das Mädchen in deiner Hütte ist ja umwerfend, Toumani! Wer ist sie?«

»Alissa? Warum fragst du? Interessiert sie dich? Sie ist nur ... eine Freundin.«

Warum hatte ich Iman angelogen?

Alissa hatte mir einen Kuss geben wollen. Meinen ersten Kuss! Doch ausgerechnet in diesem Moment war Iman aufgetaucht. Das musste doch ein Zeichen sein! Allerdings erklärte das immer noch nicht, warum ich ihn angelogen hatte und warum ich ihn auch weiterhin anlügen würde. Warum? Vielleicht wegen seiner komischen Reaktion auf Annas Brief. Er hatte so ein merkwürdiges Gesicht gemacht ... Dann hatte er den Brief in der Hand zerknüllt, die Stirn an eine Mauer gelehnt und gelacht. Sein Lachen war erst ganz leise gewesen, aber dann war es immer lauter geworden, rau und dröhnend war es aus ihm herausgebrochen. Ich hatte gefürchtet, dass Iman den Verstand verlor. Vielleicht stimmte das ja, vielleicht wurde Iman tatsächlich verrückt. An jenem Tag hatte er gar nicht mehr aufgehört zu lachen und mit der Faust immer wieder gegen die Mauer geschlagen, von Mal zu Mal heftiger. Als er sich dann endlich etwas beruhigt hatte, sah er mich mit Tränen in den Augen an und sagte heiser:

»Keiner will uns, Toumani.«

Ich breitete hilflos die Arme aus. Er fügte hinzu:

»Aber ich werde es schaffen. Egal, was es kostet.«

Ich hatte keine Ahnung, was er damit meinte. Er lachte nicht mehr, aber seine ruhige Entschlossenheit machte mir genauso große Angst. Er sah aus wie ein Mensch, der im Dunklen die Augen aufreißt und vergeblich hofft, etwas zu sehen.

Nachdem er Annas Brief bekommen hatte, war Iman aus meinem Leben verschwunden. Etwa zur selben Zeit tauchte Alissa bei mir auf. So würde es von nun an immer sein, entweder Iman oder Alissa, aber nie beide zusammen. Ich hatte Iman seit Wochen nicht gesehen. Es dauerte eine Weile, bis es mir überhaupt auffiel. Was für ein Freund war ich, wenn ich mich so gar nicht darum kümmerte, wie es ihm ging? Man hätte sagen können, dass ich mein Leben lebte, aber dieser Gedanke machte mir Angst, denn das hätte bedeutet, dass Iman nicht zu meinem Leben gehörte. Und war es überhaupt mein Leben? Verdankte ich mein Leben nicht Iman? So machte ich mich gleich aus zwei Gründen auf die Suche nach Iman: Weil ich beweisen wollte, dass er Teil meines Lebens war, und weil er mir fehlte. Es ist eine Ironie des Schicksals, dass Alissa zur selben Zeit nach mir suchte.

Weder Tante Souwé noch Hadscha wussten, wo Iman war, aber keine von beiden schien sich groß Sorgen zu machen. Iman verschwinde immer mal wieder für ein paar Wochen, sagte Tante Souwé, als wäre das völlig normal. Vielleicht hatte sie in ihrem Leben schon so viel erlebt, dass sie nichts mehr erschüttern konnte. Hadscha saß wie immer in ihrem Schaukelstuhl und wiegte sich mit leerem Blick vor und zurück. Sie hatte stark abgenommen und wirkte so zerbrechlich, dass es aussah, als würde sie jeden Moment aus ihrem Stuhl fallen und sich alle Knochen brechen. In Tante Souwés Haus riecht es nach Tod, schoss es mir durch den Kopf, deshalb konnte Iman hier nicht leben.

In den nächsten Tagen klapperte ich vergeblich alle Orte ab, an denen er sich für gewöhnlich aufhielt. Irgendwann blieb mir nichts anderes übrig, als auf ihn zu warten. Aber nicht er kam, sondern Alissa. Ihr strahlendes Lächeln, als ich die Tür öffnete, und die Art, wie sie sich neugierig in meiner Hütte umsah und meinen Kalender betrachtete, weckten in mir die Ahnung, dass ich an der falschen Stelle gesucht hatte. Als Alissa mich dann in den Arm nahm und zu singen begann, fiel mir ein, dass der letzte Mensch, der mir etwas vorgesungen hatte, meine Mutter gewesen war, und zwar an dem Abend, bevor Tante Caro mich in die Stadt gebracht hatte. Diese Erinnerung erschütterte mich zutiefst. Sie führte mir vor Augen, wie sehr ich mich seit jenem Tag von mir selbst entfernt hatte und wie verloren ich war. Damals war ich ein Kind wie jedes andere gewesen, ein Kind, das von seiner Mutter in den Schlaf gesungen wurde, und heute lebte ich in einer elendigen Hütte, hatte nur noch ein Bein, und niemand interessierte sich für mich. Ich hatte nur Alissa. Sie war die Einzige, die um mich trauern würde, falls ich sterben sollte. Alissa erinnerte mich daran, dass ich kein Gespenst war. Als ihre Lippen sich meinem Mund näherten, um mich zu küssen, dachte ich für einen Moment, ich könnte tatsächlich glücklich sein. Damit hätte ich mich zufriedengeben sollen. Doch in diesem Moment klopfte Iman an die Tür, und ich hätte ihn ignorieren können, aber ich war gierig. Ich wollte zu viel, ich wollte sie alle beide, und deshalb öffnete ich die Tür. Iman stand da und sah mich an. Dann wanderte sein Blick zu Alissa. Er starrte sie fassungslos an, und ich fühlte mich, als hätte er mir in den Magen geboxt. Ich zog Iman nach draußen. Mit glänzenden Augen redete er hastig auf mich ein, was ich als weiteres Zeichen dafür nahm, dass er allmählich den Verstand verlor. Beim Sprechen gestikulierte er wild, und ich hatte das Gefühl, bei stürmischer See auf einem schwankenden Schiff zu stehen. Ich packte sein Handgelenk, damit mir nicht schlecht wurde.

»Ich verstehe kein Wort, Iman. Wo warst du die ganze Zeit?«

»Das kann ich dir nicht erklären, es ist kompliziert. Ich habe viel über mein Leben nachgedacht. Ich will dir etwas zeigen. Morgen. Du musst unbedingt mitkommen.«

Ich umklammerte sein Handgelenk noch fester. Würde Iman wieder wochenlang verschwinden? Er wollte mich morgen sehen, aber konnte ich ihm vertrauen? Und dann sagte er den Satz, der seitdem in Endlosschleife in meinem Kopf ablief:

»Das Mädchen in deiner Hütte ist ja umwerfend, Toumani! Wer ist sie?«

»Alissa? Warum fragst du? Interessiert sie dich?«

Er musste darauf keine Antwort geben. Natürlich interessierte sie ihn. Da ich Iman nicht wieder verlieren wollte, sagte ich:

»Sie ist nur ... eine Freundin.«

Ich dachte, das wäre der einzige Weg, ihn in meinem Leben zu behalten. Ich würde auf Alissa aufpassen, und Alissa würde auf Iman aufpassen. Ich schlug ihm vor, sie miteinander bekanntzumachen.

»Alissa bedeutet mir sehr viel, Iman«, fügte ich noch leise hinzu, aber ich weiß nicht, ob er mich hörte.

Dann stieg Alissa auf Imans Mofa, und ich sah den beiden nach. Während sie in der Ferne verschwanden, krampfte sich mir der Magen zusammen.

Am nächsten Tag stand Iman tatsächlich wie verabredet vor meiner Tür.

»Du musst dringend hier raus«, sagte er und sah sich um.

Die Abwasserlachen, der Müll, die Essensreste, die Exkremente, das alles sah ich gar nicht mehr. Ich blieb stumm. Hier raus. Darüber dachte ich nicht einmal nach. Ich lebe in einer Welt, in der hochfliegende Träume tödlich enden können. Iman war spürbar ruhiger als am Tag zuvor. Hatte das wohl etwas mit Alissa zu tun? Ich wollte fragen, wie der Abend zu Ende gegangen war, aber ich hatte Angst vor der Antwort. Außerdem wollte ich nicht zu neugierig sein, um meine Gefühle für Alissa nicht zu verraten. In schwierigen Momenten in meinem Leben war es bisher immer besser gewesen, einfach den Mund zu halten. Wir stiegen also auf das Mofa.

»Gestern hast du gesagt, du hättest über dein Leben nachgedacht und wolltest mir etwas zeigen.«

Iman antwortete nur: »Mhmhm«, also konzentrierte ich mich auf den Weg. Wir fuhren quer durch die Stadt. Allmählich veränderten sich die Straßenzüge. Die Häuser wurden größer, sie waren immer häufiger aus Betonziegeln gebaut und in besserem Zustand. Die Abwasserlachen und Regenpfützen verschwanden, und plötzlich fuhren wir auf Asphalt. Erst war er noch voller Schlaglöcher, aber mit der Zeit wurde er immer glatter. Iman gab Gas, und ich musste mich an seinem Oberkörper festhalten. Ich spürte sein Herz schlagen. Wir fuhren am Hafen entlang. In diesem Teil der Stadt war ich seit zehn Jahren nicht mehr gewesen. Iman schien sich gut auszukennen. Ich ahnte, wo er hinwollte: zum Wohnviertel in der Nähe des Flughafens. Bald würden die weißen Villen, die von Sicherheitsleuten bewacht wurden, rechts von uns auftauchen. Es war das Viertel der Reichen, das Viertel der Weißen. Auf der anderen Straßenseite lag der Strand, und da sah ich sie in ihren Shorts, mit freiem Oberkörper und neonfarbenen Turnschuhen, ein Surfbrett unter dem Arm. Sie stapften in Gruppen durch den Sand, sorglos, glücklich, überlegen. In diesem Moment bog Iman in das Wohnviertel ab. In diesem Teil der Stadt war der Regen kein Fluch, sondern ein Geschenk des Himmels. Büsche in sattem Grün säumten die Villen und ihre Terrassen. Wachmänner in Uniform saßen auf Bänken vor den Häusern, ein Radio neben sich, und beäugten uns misstrauisch. Ich fürchtete, einer von ihnen würde sich uns in den Weg stellen und uns mit Stockschlägen vertreiben. Was hatten wir hier zu suchen? Iman fuhr zielstrebig durch die Straßen, er war offensichtlich nicht zum ersten Mal hier. Ich wagte nicht, ihn zu fragen, warum er sich so gut auskannte. Ich stellte mir vor, wie Iman staunend und mit neidischem Blick durch die Straßen lief. Iman hielt an einer Seitengasse, versteckte das Mofa hinter einem Busch mit gelben Blüten und ging in die Hocke. Er bedeutete mir, es ihm gleichzutun, und legte einen Finger an die Lippen. Dann richtete er sich halb auf und lief geduckt bis zur nächsten Kreuzung. Dort presste er sich mit dem Rücken an eine Mauer und spähte um die Ecke. Er winkte mich zu sich. Als ich neben ihm stand, sah ich, dass er einen Wachmann beobachtete, der auf einer Bank vor sich hindöste.

»Iman, was machen wir hier?«

»Vertrau mir. Los, komm!«

Blitzschnell huschte er über die Straße und sprang an der Mauer hoch, die das gegenüberliegende Haus umgab. Er drückte sich mit den Füßen ab, schwang sich über die Kante und verschwand auf der anderen Seite. Ohne nachzudenken, folgte ich ihm, mitgerissen von seinem Schwung, beflügelt von meiner Angst. Mühsam zog ich mich an der Mauer hoch und schrammte mir an der Kante die Knie auf. Dichtes Gras dämpfte das Geräusch meines Aufpralls auf der anderen Seite. Iman lag flach auf dem Rasen und robbte zu einem großen, mit bunten Blumen bepflanzten Tonkrug. Wir befanden uns im Garten eines der schönsten Häuser, das ich je gesehen hatte. Mit klopfendem Herzen sah ich mich um. Mein Blick wanderte von der Garage zum Hauptgebäude und von dort zu dem kiesbedeckten Weg, der quer über den Rasen auf die Eingangstür zuführte. Iman stützte sich auf die Unterarme und spähte über den Tonkrug. Ich legte ihm eine Hand auf die Schulter und sah ihn flehend an. Er schuldete mir eine Erklärung. Doch Iman blieb stumm. Als er sich aufrichtete und zum Haus rennen wollte, zischte ich ihm zu:

»Was, wenn jemand da ist?«

»Es ist niemand da. Ab acht Uhr morgens ist das Haus leer.«

»Aber solche Leute haben Hunde. Schäferhunde zum Beispiel.«

»Hier gibt es keinen Hund.«

Iman rannte los. Ich folgte ihm, weil mir bei dem Gedanken, allein zu bleiben, angst und bange wurde. Iman umrundete das Haus.

»Im Innenhof gibt es einen Swimmingpool«, flüsterte er.

Er lief zu einer Seitentür und rüttelte an der Klinke, aber es war abgeschlossen. Iman holte einen Schlüssel aus der Tasche, und mir wurden die Knie weich. Er schloss auf und wir betraten das Haus. Drinnen zog Iman die Tür hinter sich zu, legte einen Zeigefinger an die Lippen und lauschte angestrengt. Dann seufzte er erleichtert und lachte auf.

»Iman, was machen wir hier? Ich will hier nicht einbrechen!«

»Ich bin kein Dieb, Toumani.«

»Wo hast du den Schlüssel her?«

»Ich habe ihn eines Tages, als die Tür offenstand und er im Schloss steckte, gestohlen.«

Ich verkniff mir den Kommentar, dass er soeben großspurig verkündet hatte, er sei kein Dieb. Bei dem Gedanken, dass Iman über die Mauer geklettert und durch den Garten gelaufen war, während jemand zu Hause war, wurde mir schlecht. Langsam gewöhnten sich meine Augen an die Dunkelheit. Wir befanden uns in der Küche. Iman marschierte zu einer Tür, öffnete sie und durchquerte mehrere Zimmer. Offensichtlich kannte er sich im Haus gut aus, er musste schon öfter hier gewesen sein. Wir gelangten in ein Wohnzimmer. Polierte Möbel säumten die Wände, und auf den Regalen standen mehr Bücher, als ich in meinem ganzen Leben gesehen hatte. Iman umrundete die Sessel, strich im Vorbeigehen über das Leder und steuerte auf eine Glastür zu. Er öffnete sie und trat in den Innenhof. Tatsächlich gab es dort einen Swimmingpool. Das Wasser schimmerte unwirklich blau. Iman machte eine einladende Handbewegung.

»Du hast mich hergebracht, um mir den Swimmingpool zu zeigen?«

Er schien mich nicht zu hören. Mit schleppender Stimme sagte er:

»Vor langer Zeit hat sich meine Mutter in diesem Pool meinem Vater hingegeben. Hier wurde ich gezeugt.«

Plötzlich war mein Mund wie ausgetrocknet. Ich wich zurück und stieß mit dem Rücken an eine Wand. Iman stand immer noch mit ausgestrecktem Arm am Rand des Swimmingpools. Er war krank. Er brauchte dringend Hilfe.

»Ich will jetzt gehen«, sagte ich. »Zeig mir den Weg nach draußen.«

Iman war völlig in sich versunken. Ich ließ ihn am Rand des Swimmingpools stehen, durchquerte das Wohnzimmer, fand die Küche und trat durch die Seitentür in den Garten. Eilig hinkte ich zur Außenmauer, zog mich hoch und spähte über den Rand. Der Wächter döste immer noch auf seiner Bank. Ein Mann kam die Straße entlang, und ich wartete, bis er um eine Ecke verschwunden war. Dann hievte ich mich über die Mauer. Ich landete im Sand und rannte um mein Leben. Mir war speiübel.

»Iman ist verrückt.«

Alissa gab keine Antwort. Sie war vor einem Obststand stehengeblieben und betastete die Orangen. Ich hatte auf dem Markt in der Nähe ihrer Wohnung nach ihr gesucht und sie auch gefunden. Schon die ganze Zeit war sie furchtbar einsilbig. Sie tat so, als sei sie mit ihrem Einkauf beschäftigt, aber ich wusste, dass sie sauer auf mich war, weil ich sie am Abend zuvor weggeschickt hatte.

»Und du bist einfach gegangen und hast ihn allein in dem Haus gelassen? Findest du nicht, dass du bei ihm hättest bleiben sollen?«

»Warum? Ich bin doch nicht sein Hund.«

»Als er gestern Abend plötzlich vor deiner Tür stand, hätte man das aber denken können.«

Ich wusste nicht, was ich darauf sagen sollte. Ich wollte ihr die Einkaufstaschen abnehmen, aber Alissa wandte sich ab und stolzierte davon.

»Alissa! Das mit gestern tut mir leid.«

»Was tut dir leid?«

»Ich ... Ich weiß nicht.«

Ich konnte meine Gefühle nicht in Worte fassen. Ich habe oft Schwierigkeiten, mich auszudrücken. Vielleicht gab es aber auch keine Erklärung für das, was ich getan hatte. Ohne sich umzudrehen, rief Alissa:

»Es muss dir nicht leid tun. Ich bin dir nicht böse. Im Gegenteil, ich bin dir dankbar. Iman hat mich nach Hause gebracht, und er war *sehr* nett zu mir.«

Mir gefiel gar nicht, wie sie den letzten Satz betonte.

»Ach, ja? Er war nett zu dir?«

»Ja. Er hat gesagt, dass ich hübsch sei und er mich gern wiedersehen würde.«

»Und was dann?«

»Ich habe ihm gesagt, dass er auch gut aussieht. Das war nicht gelogen, er sieht wirklich gut aus. Und er ist sehr nett.«

Schlagartig herrschte in meinem Kopf Leere. Ich suchte nach Worten, aber mir fiel nichts ein. Also wiederholte ich nur:

»Und was dann?«

»Was dann? Was dann? Kannst du nichts anderes sagen? Was willst du denn hören? Er sieht gut aus, und damit basta.«

Ich ballte die Faust. Alissa hatte nicht das Recht, so mit mir zu reden. Ich schwieg, bis wir vor ihrem Haus ankamen. Sie zeigte mir ihr Fenster im ersten Stock. Ich wartete, dass sie die Tür öffnete.

»Du kannst nicht mit reinkommen. Das ist Kikis Wohnung. Tschüss.«

Das war doch nur eine Ausrede. Sie *wollte* mich nicht mit reinnehmen. Ihr Tonfall war abweisend, und sie klang überhaupt nicht so, als tue es ihr leid. Alissa wollte mich also nicht mehr sehen? Na schön. Ich drehte mich um und ging davon. Alissa atmete scharf ein, und ich hörte ihre Einkaufstaschen rascheln. Es klang, als machte sie einen Schritt auf mich zu. Als sie meinen Namen rief, seufzte ich schwer.

»Toumani!«

Ich blieb stehen.

»Iman hat mir gestern erzählt, dass er nach Europa will. Komm heute Abend mit ihm her, ich will euch jemanden vorstellen.«

Wir liefen durch dunkle Straßen an kaputten Laternen vorbei. Iman, Alissa, ich und Sylvie, Alissas Freundin. Wir waren auf dem Weg zu Sylvies Onkel. Ich hielt starr den Blick auf Sylvie gerichtet, um Alissa und Iman nicht sehen zu müssen. Sie gingen ein Stück hinter uns und unterhielten sich miteinander. Immer wieder hörte ich sie lachen. Ihre gute Laune machte mich wütend. Ich ging schneller und schloss zu Sylvie auf.

»Warum gehen wir eigentlich zu deinem Onkel?«

»Weil Alissa verrückt ist.«

Mehr sagte sie nicht. Ich fühlte mich furchtbar allein. Nach einer Weile gelangten wir zu einem Haus, das dem von Hadscha ähnelte. Mehrere Wohnungen säumten einen Innenhof mit einem Brunnen in der Mitte. Sylvie klopfte an eine der Türen, und ein Mann um die vierzig öffnete uns. Sein Gesicht leuchtete auf, als er Sylvie sah.

»Sylvie! Du kommst deinen alten Onkel besuchen! Und Freunde hast du auch mitgebracht! Warte, ich bin gleich wieder da.«

Durch den Spalt erhaschte ich einen Blick nach drinnen. Die Wohnung bestand aus einem einzigen Raum. In einer Ecke spielten drei Kinder. Auf einem Hocker stand ein Schwarzweißfernseher, und eine Frau starrte gebannt auf den Bildschirm. Gleich darauf kam der Mann mit mehreren Hockern wieder und stellte sie im Kreis vor der Tür auf.

»Setzt euch, Kinder. Sylvie, wie geht es deiner Mutter?«

Er reichte eine Schüssel mit Erdnüssen herum. Wir bedienten uns eifrig, während Sylvie und ihr Onkel Neuigkeiten aus der Familie austauschten. Ich fragte mich die ganze Zeit, warum wir eigentlich hier waren. Ich warf Alissa einen verstohlenen Blick zu. Sie hatte die Beine gespreizt, so dass der Stoff ihres Kleides straff gespannt war, und eine Handvoll Erdnüsse in ihren Schoß gelegt. Iman nahm sich von den Nüssen und streifte dabei immer wieder beiläufig ihr Bein. Ich wünschte mich weit weg. Ich beobachtete die Libellen, die die Glühbirne über der Tür umschwirrten, und ließ mich vom Sirren ihrer Flügel einlullen. Plötzlich hörte ich Alissa sagen:

»Onkel, du warst doch in Europa, oder? Erzähl doch mal! Wie war es da?«

In diesem Moment fiel es mir wie Schuppen von den Augen. Alissa war verrückt, genauso verrückt wie Iman. Sylvies Onkel antwortete nicht gleich. Er sah lange Zeit hoch zum Mond, als wären seine Erinnerungen in einem der Krater verborgen. Dann holte er tief Luft und schnaubte.

»Europa ist nichts, Kinder. Das könnt ihr vergessen.«

Jetzt war Imans Neugier geweckt. Er beugte sich vor.

»Sie haben in Europa gelebt, Onkel? Warum sind Sie zurückgekommen?«

Er ließ Sylvies Onkel nicht aus den Augen. Alissa saß kerzengerade da und warf mir einen vielsagenden Blick zu. Ihre Augen leuchteten, aber ich verstand nicht, was sie mir sagen wollte. Dann begann Sylvies Onkel zu erzählen. Er sprach schleppend und legte immer wieder lange Pausen ein.

»Die Zeit in Europa war die schlimmste meines Lebens. Das alles ist gut fünfzehn Jahre her. Ich dachte, ich würde ins Paradies kommen. Ich glaubte, Europa würde mein

Leben verändern. Das tat es auch, aber nicht im guten Sinne. Ich war damals etwas älter als ihr jetzt und voller Illusionen. Zunächst heuerte ich auf einem Fischerboot an. Es fuhr zum Sardinenfischen nach Marokko. Vorher ging ich noch zu einem *Bokonon*, damit er mir ein Amulett anfertigte. Je weiter wir uns von der Küste entfernten, desto kühner wurden meine Träume. Nach zwei Wochen auf dem Meer kam ich zu dem Schluss, dass ich nicht mehr in meine Heimat zurückkehren würde oder wenn, dann nur als reicher Mann. Ich wollte es in Marokko zu etwas bringen. Als wir uns der nordafrikanischen Küste näherten, kam ich mit den anderen Männern an Bord ins Gespräch. Einer von ihnen, Ousman, ein Senegalese, erklärte mir, dass man in Marokko nicht glücklich wird. Du musst nach Europa, sagte er, da liegt das Geld auf der Straße. Ob es am Hunger lag, weil wir kaum etwas zu essen hatten, oder am Skorbut, weiß ich nicht, aber ich hatte immer öfter Halluzinationen. Ich sah mich eine prächtige Straße in Europa entlanggehen, und die Weißen grüßten mich freundlich. Wir ankerten vor dem Hafen von Tanger, und eines Nachts lag ich wach, während alle anderen schliefen. Mit einem Mal kam ein Schatten angehuscht und rüttelte an meiner Schulter. Es war Ousman. Er sagte: »Jetzt oder nie. Im Hafen gibt es Ärger, die Polizei ist abgelenkt!« Er zog mich hoch, und wir stiegen über die am Boden schlafenden Männer hinweg, die völlig erschöpft waren von der harten Arbeit. Wir gingen hoch an Deck. Ich hatte nichts dabei als die Kleider, die ich am Leib trug. Wir sprangen in das kalte Wasser und schwammen stundenlang im Dunkeln an der Küste entlang. In einer einsamen Bucht gingen wir an Land. Dann liefen wir zu Fuß weiter. Die Polizei durfte uns nicht in der Nähe des Hafens erwischen, denn als ausländische Fischer hätte man uns sofort auf unser Schiff zurückgebracht. Bei Sonnenaufgang erreichten wir die Stadt, suchten uns ein Versteck und legten uns schlafen. Ousman war Moslem und sprach Arabisch. Nachts zog er los, um Nachforschungen anzustellen und Kontakte zu knüpfen. Zum Glück hatte der Kapitän unseres Schiffes unser Verschwinden nicht den Behörden gemeldet. Trotzdem mussten wir ein paar Wochen lang untertauchen. Wir schliefen tagsüber und verließen unser Versteck nur im Schutz der Dunkelheit. Wir balgten uns mit den Straßenkatzen um Essensreste in den Mülltonnen der Restaurants. Nach ein paar Wochen brachte Ousman einen grimmigen Marokkaner mit in unser Versteck. Die beiden unterhielten sich im Flüsterton, ich verstand kein Wort von ihrem Gespräch. Ousman erklärte, der Mann wolle uns etwas zeigen. Wir folgten ihm, und ich machte mir fast in die Hosen vor Angst, weil wir einem Wildfremden vertrauen mussten. Der Mann führte uns aus der Stadt heraus in die Berge. Es war ein endloser Marsch. Irgendwann blieb er stehen und bedeutete uns mit einer Handbewegung, nach unten zu sehen, auf die Meeresenge von Gibraltar.

›Bis zur anderen Seite sind es nur vierzehn Kilometer‹, sagte er. ›Die Überfahrt dauert eine halbe Stunde. Dann seid ihr in Tarifa. Das liegt in Andalusien, Spanien.‹

Das war das schönste Wort, das ich je gehört hatte: ›Spanien‹, ausgesprochen mit marokkanischem Akzent. Es klingt mir immer noch in den Ohren. Wir sahen auf die schimmernden Lichter hinab. Mir war, als müsste ich nur die Hand ausstrecken, um danach greifen zu können. Noch heute habe ich ihren Glanz vor Augen.

›Die Überfahrt kostet zweitausend Dirham. Ihr gebt mir tausend vorweg und den Rest, wenn wir die Grenze nach Ceuta überqueren.‹

Wir mussten uns Arbeit suchen. Es dauerte Monate, bis wir genug Geld gespart hatten. Für die erste Hälfte des Geldes gab der Marokkaner uns falsche Pässe, damit wir über die Grenze kamen. Nach der Überfahrt würden wir die Pässe dem Schlepper zurückgeben müssen. Als wir die zweite Hälfte des Geldes zusammenhatten, waren wir bereit. Wir setzten uns wieder mit dem Marokkaner in Kontakt. Ich war furchtbar aufgeregt. Ousman fehlten noch zehn Dirham, aber wir wollten nicht länger warten. Das nächste Boot ging erst einen Monat später, und wir waren ungeduldig. Eines Nachts trafen wir uns mit dem Marokkaner. Wir waren eine ganze Gruppe verängstigter Männer. Er führte uns durch die Wälder von Benyounès. Unser Ziel war Ceuta, die spanische Enklave. Noch nie hatte ich so inbrünstig gebetet wie in jener Nacht. Bei jedem Wachposten hatte ich das Gefühl, mein Herz müsse explodieren, doch die Grenzbeamten warfen nur einen flüchtigen Blick auf unsere Pässe und streckten träge die Hand aus. Wir gaben ihnen ein paar hundert Dirham. Wir passierten den ersten Wachposten. Den zweiten. Den dritten. Unterwegs verlor ich Ousman aus den Augen. Jeder war auf sich allein gestellt. So Gott wollte, würden wir uns auf der anderen Seite wiedersehen. Als ich auf den vierten und letzten Wachposten zuging, hörte ich hinter mir lautes Geschrei. Ich erkannte Ousmans Stimme. Was war da los? Einer der anderen erklärte mir, dass meinem Freund ein paar Dirham fehlten. Er hatte versucht zu feilschen, aber der Grenzbeamte wollte ihn nicht durchlassen. Wegen zehn Dirham! Voller Entsetzen sah ich, wie die Polizisten Ousman zu Boden stießen. Sie schrien auf ihn ein, und einer fuchtelte mit dem Pass vor seinem Gesicht herum. Die Grenzbeamten behaupteten, er sei gestohlen gemeldet. Ich wollte meinem Freund zu Hilfe kommen, aber ein Gefährte packte mich am Arm: ›Jeder für sich, Bruder. So will es Allah ...‹ Wir alle wussten, dass Ousman in einer überfüllten Gefängniszelle in Tétouan landen würde. Dort brachte die Polizei alle illegalen Einwanderer hin. Ich habe ihn nie wiedergesehen. Die meisten von uns schaffen es nicht über die Grenze. Aber ich habe es geschafft.«

Nach einer Weile fuhr er fort:

»Ich schaffte es nach Andalusien. Aber ich war ganz auf mich allein gestellt. In Europa fingen meine Schwierigkeiten erst so richtig an. Bis dahin hatte ich nicht gewusst, was es heißt zu leiden.«

Sylvies Onkel verstummte. Er gähnte, erhob sich halb von seinem Hocker und sah uns reihum an. Ich weiß nicht, was er in Imans Augen las, aber er sank wieder auf den Hocker zurück. Als er weitersprach, war sein Blick starr auf Iman gerichtet.

»Eins muss ich euch noch sagen, Kinder. Ich wollte hier weg, weil ich aus dieser Hölle rauswollte, aber das, was mich in Europa erwartete, war viel schlimmer. Hoffentlich müsst ihr niemals lügen und stehlen, um etwas zu essen zu bekommen. Hoffentlich wünscht ihr euch nie, tot zu sein, weil ihr mitten im Winter im Keller eines Abbruchhauses schlafen müsst und die Kälte nicht mehr ertragt. Hoffentlich stößt euch nie jemand in einer Obdachlosenunterkunft im Streit um einen Teller Essen ein Messer in den Bauch.«

Er hob das Hemd an und zeigte uns die Narbe unter seinen Rippen.

»Das Blut sprudelte nur so aus mir heraus, und man brachte mich ins Krankenhaus, aber dort wollten sie erst mal meine Papiere sehen. Ich danke Gott für die Verletzung, denn ihretwegen fand mich die Polizei und schickte mich hierher zurück. Wenn ich jetzt meine Frau und meine Kinder ansehe, wird mir ganz schlecht bei dem Gedanken, dass mir dieses Leben hätte entgehen können. Es gab eine Zeit, in der ich nicht mehr wusste, was es heißt, ein Mensch zu sein. Und das alles nur, weil ich unbedingt nach Europa wollte. Aber jetzt muss ich reingehen, ich bin müde. Möge Gott uns allen morgen einen neuen Tag schenken.«

Er spuckte zwischen seine Füße, als wollte er den bitteren Geschmack der Geschichte loswerden. Seine Gelenke knackten, als er aufstand und in seiner Wohnung verschwand. Wir blieben noch eine ganze Weile sitzen, unfähig, uns zu rühren. Sylvie erhob sich als Erste.

»Lasst uns gehen. Ich muss meinem Onkel noch die Hocker zurückgeben.«

Wir gingen schweigend die Straße entlang. Iman und Alissa tuschelten und lachten nicht mehr, hielten dafür aber Händchen. Ich ging vorweg und hätte nicht sagen können, ob ich glücklich oder todtraurig war. Mittlerweile hatte ich Alissas Plan durchschaut, aber als sie unter einer Straßenlaterne hindurchging und ich mich zu ihr umwandte, sah ich nur Verwirrung auf ihrem Gesicht. Sie wirkte überhaupt nicht zufrieden. Nach einer Weile blieb Iman stehen und begann zu zittern. War er wütend? Verzweifelt? Ich weiß es nicht. Aber ich erinnere mich noch gut an seine Worte:

»Danke, Toumani. Danke, Alissa.«

Dann ging er mit großen Schritten davon. Ich wusste nicht, was ich tun sollte. Wir hatten den letzten Traum zerstört, der ihm noch geblieben war. Wie immer in solchen Situationen war ich wie gelähmt. Alissa rannte Iman hinterher.

»Es tut mir leid«, sagte sie und packte sein Handgelenk. »Es ist meine Schuld. Ach, Iman!«

Ach, Iman! Die Worte hallten in meinem Schädel wider. Sie klangen so leidenschaftlich! *Ach, Iman!* Alissa zog ihn in ihre Arme und hielt ihn fest. Er neigte den Kopf, um sie zu küssen. Ihre Lippen näherten sich einander. Das Herz schlug mir bis zum Hals. Würde ich Alissa verlieren? In diesem Moment sah sie mich über Imans Schulter hinweg an. Was las sie in meinen Augen? Schwäche? Hilflosigkeit? Traurig senkte sie den Blick, und Imans Kuss landete auf ihrer Stirn.

Was sollte ich tun? Wie konnte ich alles rückgängig machen? Wie konnte ich Alissas Stimme vergessen? »Ach, Iman!« Ich will sie nicht mehr hören, ich will dieses Bild nicht mehr vor Augen haben, ich will vergessen. Oh Herr, schenk mir ein wenig Ruhe, damit ich endlich schlafen kann. Zwei Szenen liefen immer wieder vor meinem inneren Auge ab: der Kuss in meiner Hütte, den das Schicksal mir verweigert hatte, und der Kuss, den Iman beinahe bekommen hätte, wenn nicht eine höhere Macht Mitleid mit mir gehabt hätte. Ich lag auf meiner harten Matte und wurde von Krämpfen geschüttelt. Sie kamen und gingen im Takt der Bilder, die auf mich ein-stürzten. Ich wollte schreien wie ein verwundeter Wolf, aber ich bekam keinen Laut heraus. Ich wollte weinen, aber mei-ne Augen blieben trocken. Also litt ich stumm. Mein Kopf war leer bis auf diesen einen Satz: »Iman ist ein Vampir.« Die-ser Gedanke war übermächtig, und ich litt vor allem auch deshalb so sehr, weil ich mich selbst dafür hasste, so schlecht von meinem Freund zu denken. Die ganze Nacht wälzte ich mich schlaflos auf meiner Matte herum. Im Morgengrauen begann es zu regnen. Bald würde der Boden meiner Hütte unter Wasser stehen. Ich musste aufstehen.

Ich verschwand hinter meiner Hütte, um mich mit dem Regenwasser zu waschen, das sich über Nacht in einem Ei-mer gesammelt hatte. Allmählich wurde es hell. Beim ers-ten Hahnenschrei zog ich meine Shorts an, schlüpfte in die Gummisandalen, schob mir einen Zahnstocher in den Mund, legte mir eine Plastikplane gegen den Regen um und machte mich auf den Weg. Während ich zwischen den windschie-fen Hütten hindurchging, kamen mir Imans Worte in den Sinn: »Du musst hier raus.« Anschließend hatte er mich in das reichste Viertel der Stadt geführt, ganz so, als wollte er sagen: »So will ich leben.« Und du, Toumani, was willst du?

Meine Füße versanken im Schlamm und starrten schon wieder vor Schmutz, obwohl ich sie gerade erst gewaschen hatte.

Ich will nichts. Alles, was man im Leben haben kann, habe ich gehabt und wieder verloren: Eltern, ein Zuhause, eine Arbeit, Hoffnungen. Ich wohne in einer elenden Hütte in einem Slum. Ich weiß nicht, wann ich mir das nächste Mal etwas zu essen kaufen kann. Die Arbeit in der Wäscherei hatte ich verloren, als mein Chef sich zur Ruhe gesetzt hatte. Sein Sohn hatte den Betrieb übernommen und alle vor die Tür gesetzt, die nicht unverzichtbar waren. Der Krüppel und Analphabet blieb auf der Strecke, ohne dass es jemandem auffiel. Wem sollte ich das übelnehmen? Schließlich hatte ich nur einem einzigen Zweck gedient: Indem mein Chef mich beschäftigt hatte, beglich er seine Schuld bei Gildas. Ansonsten war ich zu nichts nütze. So ist das Leben nun mal, der Wert eines Menschen bemisst sich an seinem Nutzen. Ich kann weder lesen noch schreiben noch richtig laufen. Deshalb lautet die Frage nicht: »Was willst du?«, sondern: »Was kannst du dir leisten zu wollen?« Nur wenige wissen, dass es ein Luxus ist, etwas zu wollen. Ich bin wertlos, und je älter ich werde, desto mehr verliere ich an Wert. Bald werde ich in jeder Hinsicht nutzlos sein. Ich stecke von Geburt an in einer Sackgasse.

Es verbitterte mich mehr und mehr, dass andere es besser hatten als ich, aber noch kämpfte ich gegen das Gefühl an. Alissas Kuss gehörte Iman. Früher oder später würde er ihn bekommen, das wusste ich. Ich wollte den beiden nicht im Weg stehen. Ich wollte auf keinen Fall, dass sie sich aus Rücksicht vor mir versteckten.

Den ganzen Morgen lief ich durch die Stadt und dachte nach. Gegen Mittag hörte es auf zu regnen, und die Sonne brach durch die Wolkendecke. Ich setzte mich an eine Straßenkreuzung und beobachtete durch einen Schleier aus Abgasen den Verkehr. Ich hatte Hunger. Auf der anderen Straßenseite beugte sich ein Junge über die geöffnete Motorhaube eines Peugeots 504. Es war Romaric, ein Bekannter von mir. Ich stand auf und ging auf ihn zu, doch mit jedem Schritt wurde ich langsamer. Sein Chef, der Besitzer der Tankstelle, stand hinter Romaric und sah ihm über die Schulter. Da ich ihn nicht stören wollte, blieb ich in einiger Entfernung stehen. Die Sonne spiegelte sich träge in der Karosserie des Autos, Regenbogen standen über den Pfützen auf der Straße. Obwohl es den ganzen Vormittag geregnet hatte, war es schwül. Romaric arbeitete mit freiem Oberkörper, ein Schweißfilm überzog seine nackten Schultern. Sein Chef trug eine Latzhose und fächelte sich mit einem ölverschmierten Lappen Luft zu. Ich bewunderte Romarics Geschicklichkeit. Seine Finger schienen genau zu wissen, was zu tun war. Vielleicht konnte ich ihn bitten, mir beizubringen, wie man Autos reparierte. Ich ertappte mich dabei, wie ich von einer Zukunft träumte, die keine Sackgasse war. Einer Zukunft, in der ich zu etwas nütze wäre, so wie Romaric. Ich schluckte.

In diesem Moment wurde Romarics Chef auf mich aufmerksam. Er drohte mir mit dem Finger:

»Siehst du nicht, dass wir hier arbeiten? Lungere hier nicht herum! Und komm ja nicht auf die Idee, etwas zu klauen, ich hab dich im Auge, du kleiner Dieb.«

Ich wollte mich gerade davonmachen, als sich Romaric einmischte.

»Ich kenne ihn, Monsieur«, sagte er großspurig.

»Was fällt dir ein, deine kriminellen Freunde mit zur Arbeit zu bringen?«

Romaric warf mir einen vorwurfsvollen Blick zu.

»Er ist kein Dieb!«, verteidigte er sich.

»Woher willst du das wissen? Was hat er dann hier zu suchen?«

»Äh, er ...«

»Ja?«

Wenn Blicke töten könnten, hätte Romaric mich längst ins Jenseits befördert.

»Er will uns helfen. Er könnte irgendeine einfache Arbeit übernehmen.«

Ich runzelte die Stirn. War Romaric verrückt geworden? Sein Chef stemmte die Hände in die Hüften und musterte Romaric mit hochgezogenen Augenbrauen.

»Na gut«, sagte der Chef nach einer Weile. »Ich gebe ihm einen Fensterwischer und einen Eimer, dann kann er an der roten Ampel Windschutzscheiben putzen. Jeden Abend gibt er uns die Hälfte seiner Einnahmen.«

So schob ich mich, sobald die Ampel auf Rot sprang, mit hungrigem Magen zwischen den Autos hindurch. Gleichzeitig stürzten Trauben von Jugendlichen mit Zeitschriften, CDs und anderen Schwarzmarktwaren auf die Kreuzung, und alle buhlten um die Aufmerksamkeit der Fahrer. Die Arbeit war furchtbar anstrengend und brachte nicht viel ein. Die Fahrer brüllten uns an, sobald wir uns näherten. Mir blieb nichts übrig, als sie zu überraschen, indem ich ihnen den dreckigen Schwamm auf die Windschutzscheibe klatschte. Dann mussten sie zulassen, dass ich das Schmutzwasser, das über ihre Scheibe rann, abzog. Am liebsten hätte ich alles hingeschmissen, aber das ging nicht. Romaric hatte seinem Chef gegenüber behauptet, dass ich schon am Montag mit der Arbeit angefangen hätte. Sein Chef hatte aber keinen Unterschied in den Einnahmen feststellen können. Daraufhin schwor Romaric, dass er vorgehabt hatte, ihm das Geld am nächsten Tag zu geben. Sein Chef streckte die Hand aus und sagte: »Dann sagen wir doch mal, morgen ist heute.« Daraufhin hatte Romaric ihm seinen gesamten Lohn ausgehändigt. Nun hatte ich Schulden bei ihm. Folglich ging die Hälfte meiner Einkünfte an ihn, die andere Hälfte an seinen Chef. Kurz gesagt, ich arbeitete für nichts. Aber immerhin hatte ich so etwas zu tun und konnte nicht mehr die ganze Zeit an Iman und Alissa denken. Nur noch fast die ganze Zeit.

Die harte Arbeit, das Gedrängel zwischen den Autos, die Rempeleien und Streits mit den anderen Verkäufern und die Beschimpfungen der Fahrer hatten einen Vorteil: Ich spürte, dass ich lebte. Auch ich war ein Mensch. Ich musste stolz sein, auch Iman und Alissa gegenüber. Ich wollte ihr Mitleid nicht. Das musste ich ihnen beweisen. Aber wie? Am Abend, als ich Romarics Chef die Einkünfte des Tages aushändigte, brachte dieser mich auf eine Idee. Er zählte das Geld und gab mir die Hälfte wieder, ohne zu wissen, dass ich es gleich Romaric überreichen würde. Dann knurrte er:

»Eigentlich sollte ich alles behalten. Schließlich benutzt du meine Sachen, um die Autos zu waschen. Was willst du überhaupt mit dem ganzen Geld anfangen?«

Ich zuckte mit den Achseln.

»Du weißt es nicht? Das habe ich mir gedacht. Wahrscheinlich gibst du es nur für sinnlose Vergnügungen aus. Du gehst doch bestimmt mit deinen nichtsnutzigen Freunden zu dem Konzert morgen Abend, wo diese schamlosen Mapouka-Tänzerinnen auftreten. Die Jugend von heute weiß ehrliche Arbeit nicht mehr zu schätzen. Ihr wollt euch immer nur amüsieren. Ihr seid eine verlorene Generation, eine Schande für unser Land.«

Dann wandte er sich seinem Radio zu und drehte an den Knöpfen, bis er auf einen Sender mit Salsa stieß. Vielleicht wollte er mir damit sagen, welche Art von Musik ein anständiger Mensch hörte.

Mapouka ist ein Tanz, der nur von Frauen aufgeführt wird. Die Tänzerinnen imitieren mit ihren kreisenden Hüftbewegungen auf sehr explizite Weise sexuelle Handlungen. In vielen afrikanischen Ländern ist es mittlerweile verboten, den Tanz im Fernsehen zu zeigen. Natürlich ist er dadurch unter Jugendlichen nur noch beliebter geworden. Ich hatte nicht gewusst, dass es überhaupt noch öffentliche Mapouka-Auftritte gab. Ich ging normalerweise nicht zu solchen Veranstaltungen. Doch an diesem Abend bebte ich vor Vorfreude, als ich Romaric sein Geld in die Hand drückte.

Ich verließ die Tankstelle und humpelte los. Ich musste zu Alissa. Als ich in ihrem Viertel ankam, war die Sonne längst untergegangen. Auf dem Markt räumten Verkäuferinnen im Schein von Petroleumlampen ihre Waren fort. Im Dunkeln fiel es mir schwer, mich im Gewirr der Gassen zurechtzufinden. Die müden Passanten, die ich nach dem Weg fragte, gaben mir nur ungenaue Beschreibungen. Nachdem ich ewig herumgeirrt war, stand ich endlich vor Alissas Haus. Im ersten Stock brannte Licht, und hinter dem Fenster zeichnete sich ein Schatten ab. Ich erkannte Alissa. Ich hätte sie unter Millionen von Silhouetten erkannt. Ich rief ihren Namen, erst leise, dann immer lauter. Endlich ging das Fenster auf, und Alissa beugte sich heraus. Ein Lächeln erschien auf ihrem Gesicht.

»Toumani, komm hoch! Die Tür ist offen.«

Langsam ging ich die Treppe hoch. Mit einem Mal war ich eingeschüchtert. Ich musste unser Gespräch so kurz wie möglich halten. Neuerdings fiel es mir schwer, mit Alissa zu reden. Trotzdem war ich froh, dass sie mich hereinbat, und das sagte ich ihr auch, als sie die Tür öffnete.

»Schön, dass du mich diesmal in dein Zimmer einlädst. Das heißt ja wohl, dass du mir nicht mehr böse bist.«

Sie machte einen Schritt beiseite, und ich betrat einen winzigen Raum. Rechts stand eine Singer-Nähmaschine auf einem Tisch, davor ein Stuhl. Links lag eine Matratze auf dem Boden. Das Laken war sauber, das Bett ordentlich gemacht. Vor mir stand eine Tür einen Spalt offen. Alissa stieß sie ganz auf, damit ich einen Blick in das zweite, größere Zimmer werfen konnte.

»Da wohnt Kiki«, sagte sie, und aus ihren Worten klang tiefe Zuneigung.

Es war ein merkwürdiges Gefühl, Alissa in ihrem Zuhause zu erleben. Sie war hier offensichtlich glücklich. Ich durfte auf keinen Fall zulassen, dass Alissa zu mir in den Slum zog. Dort würde es ihr viel schlechter gehen. Schnell sagte ich:

»Ich habe übrigens eine neue Arbeit gefunden. Sie ist gar nicht schlecht.«

Alissa klatschte in die Hände und machte einen kleinen Freudensprung.

»Und das will ich morgen feiern!«

»Wie denn?«

»Ich habe gehört, dass ein großes Konzert stattfindet, da würde ich gern hingehen. Ich wollte dich fragen, ob du mitkommst.«

»Gern!«

Sie strahlte mich an. Sie wirkte überglücklich. Warum? Gestern hatte sie mich doch kaum eines Blickes gewürdigt. Konnte sie sich in so kurzer Zeit verändert haben? Es heißt ja immer, Frauen wären launisch. War es das? Während ich noch darüber nachdachte, ging Alissa ins Nebenzimmer. Von der Küchenecke aus rief sie mir zu:

»Ich habe ganz vergessen, dir etwas anzubieten. Willst du was trinken? Wir haben ein bisschen Zeit, bis Kiki den nächsten Kunden nach Hause bringt.«

Plötzlich hörte ich ihre Stimme nur noch wie aus weiter Ferne. Ein dumpfes Pochen übertönte sie. Es war mein Herz. Mir war soeben eingefallen, warum Alissa so glücklich war. Iman. Iman machte sie so glücklich, daran gab es keinen Zweifel! Ich stürzte in ein schwarzes Loch. An den Gedanken, dass sie Zeit miteinander verbrachten, hatte ich mich mittlerweile gewöhnt, aber ich war nie auf die Idee gekommen, dass sie miteinander *glücklich* sein könnten.

244

Ich musste hier weg.

Ich drehte mich um und griff nach der Klinke. Alissa kam zurück in ihr Zimmer und fragte:

»Was machst du da, Toumani? Du gehst doch hoffentlich noch nicht?«

»Ich muss weg«, stammelte ich. »Ich ... Ich will noch bei Iman vorbeigehen.«

»Ach so ...«

Ihre Worte blieben in der Schwebe.

»Ich will ihm wegen des Konzerts Bescheid sagen. Du hast doch nichts dagegen, wenn er mitkommt?«

Ein Zucken lief über ihr Gesicht wie eine Welle über das Meer. Ich spürte ihre Verwirrung. Und das nur, weil ich Imans Namen erwähnt hatte.

»Ich freue mich, wenn dein Freund mitkommt«, sagte sie.

Natürlich, dachte ich.

Ich verabschiedete mich von Alissa und stürzte die Treppe hinunter. Verstört lief ich über den Markt. Er war wie ausgestorben.

Ich machte mich auf den Weg zu Iman. Während ich quer durch die Stadt lief, bekam ich langsam wieder einen klaren Kopf. Mein Plan war gut. Ich hoffte inständig, dass Iman zu Hause war. Erst als ich an seine Tür klopfte, kamen mir kurz Zweifel. Sollte ich nicht doch lieber mit Alissa allein zu dem Konzert gehen? In diesem Moment öffnete Iman aber schon die Tür. Er sah mich verschlafen an. Wie immer trug er Shorts, aber kein T-Shirt. Plötzlich fragte ich mich, ob Iman mich eigentlich immer noch so gern hatte wie früher.

»He, Toumani! Komm rein.«

Ich blieb in der Tür stehen.

»Ich hatte einen langen Tag, ich muss bald schlafen gehen.«

»Du kannst hier schlafen.«

»Danke, das ist nett, aber ich muss nach Hause. Ich habe noch was zu erledigen.«

»Und was willst du dann?«

»Ich wollte dich nur was fragen.«

Iman schwieg und wartete ab.

»Ich habe heute Alissa getroffen. Sie will morgen mit mir zu einem Konzert. Ich habe keine Ahnung, wer da auftritt, du weißt ja, ich kenne mich mit Musik nicht aus ...«

Iman wartete immer noch ab.

»Jedenfalls dachte ich, dass du vielleicht mitkommen willst.«

Iman kratzte sich am Kopf. Das war seltsam, sonst zögerte er nie, wenn es um ein Mädchen ging.

»Bist du sicher?«

»Natürlich. Wie soll das mit euch etwas werden, wenn ihr euch nie seht?«

»Warum willst du unbedingt, dass das mit uns etwas wird?«

»Warum fragst du? Hast du etwas gegen sie? Macht sie dir Angst?«

Ich hatte das als Scherz gemeint und fiel aus allen Wolken, als Iman antwortete:

»Ja. Wenn ich ehrlich sein soll, macht sie mir Angst.«

Das Lachen blieb mir im Hals stecken. Ich musterte sein Gesicht, während er nach den richtigen Worten suchte.

»Wie soll ich das erklären? Ich fühle mich neben ihr ... irgendwie klein.«

Imans Blick wanderte über meine Schulter. Gedankenverloren sah er in den Himmel. Er stützte sich mit dem Arm am Türrahmen ab und sagte:

»Alissa wohnt in einem der ärmsten Viertel der Stadt mit einer Prostituierten zusammen. Vorher musste sie ihr Leben lang als Hausangestellte schuften. Sie kennt nichts als Unfreiheit und Armut. Das ist ihre Realität. Das ist die Realität von uns allen.«

Iman holte tief Luft, als fiele ihm das Weitersprechen schwer.

»Aber trotzdem ist sie glücklich, und das macht mir Angst. Ich habe den Eindruck, dass sie etwas weiß, von dem wir keinen blassen Schimmer haben, dass sie Dinge sieht, für die wir blind sind. Sie verunsichert mich. In ihrer Gegenwart fühle ich mich irgendwie behindert.«

Hatte er wirklich »behindert« gesagt? Ich suchte nach etwas, was ich sagen könnte, aber mir fiel nichts ein außer:

»Als ich ihr erzählt habe, dass du mit zu dem Konzert kommst, hat sie sich sehr gefreut. Du solltest es dir wirklich überlegen.«

»Natürlich komme ich mit, das weißt du doch. Seit ich sie kennengelernt habe, versuche ich, sie zu durchschauen. Ich muss die ganze Zeit an sie denken!«

Das war mehr, als ich hören wollte. Ich wandte mich ab, um nach Hause zu gehen.

»Du hast mir immer noch nicht gesagt, warum du unbedingt willst, dass das mit uns beiden was wird«, rief Iman mir nach.

Aber ich war schon durch das Tor.

Meine Gedanken überschlugen sich. Iman hatte mich auf eine interessante Idee gebracht. Auch mir war schon aufgefallen, dass Alissa glücklich war. Und da Iman überzeugt war, dass er sein Glück nur anderswo finden konnte, brachte Alissa ihn durcheinander. Sie stellte seine Überzeugung infrage und damit sein einziges Ziel im Leben. Denn war Alissa nicht der Beweis dafür, dass man auch hier glücklich sein konnte?

Im Übrigen beantwortete das auch Imans Frage. Warum war es mir so wichtig, dass sie sich näherkamen? Weil Alissa Iman einen anderen Weg aufzeigen und ihn von dem Fernweh heilen konnte, das ihn seit der Begegnung mit Anna verzehrte. Wäre das nicht das schönste Geschenk, das ich dem Menschen, der mir das Leben gerettet hatte, machen konnte? Die Einsicht, dass man auch hier glücklich werden konnte?

Ich schenke dir ein neues Leben, Iman, so wie du mir ein neues Leben geschenkt hast. Dann sind wir quitt.

Der nächste Tag war einer der schrecklichsten in meinem Leben. Früh am Morgen ging ich zur Tankstelle und wusch Windschutzscheiben, um mich auf andere Gedanken zu bringen. Den ganzen Tag über fürchtete ich mich vor dem Abend. Als die Tankstelle schloss, hörte ich mir geduldig die Strafpredigt meines Chefs an. Schon jetzt gab es eine Art Routine. Mir ging auf, dass der Chef gar nicht so böse war, wie er tat. Er stieß zwar viele Drohungen aus, machte sie aber nur selten wahr, anders als Männer, die kaum etwas sagten, dafür aber gleich losprügelten. Männer wie Monsieur Bia.

Romaric schlug vor, ich solle ein Viertel meiner Einkünfte behalten, aber ich bestand darauf, ihm seine Hälfte zu geben. Ich hatte meine Schulden noch nicht abbezahlt, und ich wollte niemandem mehr etwas schuldig sein, weder ihm noch Iman. Ich nahm mir nur einige Münzen, um mir etwas zu essen zu kaufen. Bei einer alten Frau am Straßenrand erstand ich ein paar Maisfladen, setzte mich auf den Bordstein und aß. Dann fragte ich die Frau nach der Uhrzeit. Das Konzert hatte schon lange angefangen. Ich machte mich auf den Weg zu meiner Hütte.

Als ich an meinen Plan dachte, krampfte sich mein Herz zusammen. Iman und Alissa mussten sich längst getroffen haben. In diesem Moment sahen sie sich vermutlich die erotischen Darbietungen der Tänzerinnen an. In einer solchen Atmosphäre würden sie natürlich auf romantische Gedanken kommen, und da ich nicht bei ihnen war, würden den Gedanken auch Taten folgen. Ich biss mir auf die Lippe, bis sie blutete, um mich mit dem Schmerz zu betäuben. Es war schon spät, die meisten Bewohner des Slums waren in ihren Behausungen verschwunden. Ein kalter Wind wehte, und es roch nach Müll und Kohlenfeuer. Als ich mich meiner Hütte näherte, sah ich ein flackerndes Licht. Eine Petroleumlampe stand auf dem Boden vor meiner Tür. Drinnen sah ich einen Schatten. Waren irgendwelche Kerle dabei, meine Sachen zu durchwühlen? Das kam immer mal wieder vor. Ich besaß nichts Wertvolles, aber sie hatten es auf mich abgesehen, weil ich ein Krüppel war und mich nicht wehren konnte. Mit klopfendem Herzen blieb ich mitten auf der Straße stehen. Ich konnte nichts tun. Wenn ich schrie, würde niemand reagieren. Die Bewohner von Slums sind abgestumpft. Die Typen zur Rede stellen konnte ich auch nicht. Wenn sie mit dem Messer auf mich losgingen, wäre ich nur eine weitere namenlose Leiche, für die sich niemand interessierte. Hilflos stand ich ein paar Meter von meiner eigenen Hütte entfernt und rührte mich nicht.

Da ging meine Tür auf, und Alissa trat mit einem Eimer in der Hand heraus. Sie schüttete den Inhalt aus, drehte sich um und verschwand wieder im Inneren. Ich starrte fassungslos auf meine Hütte. Alissa kam noch mehrere Male mit dem vollen Eimer vor die Tür, leerte ihn aus und ging wieder nach drinnen. Sie schöpfte das Regenwasser, das in meiner Hütte stand, nach draußen. Als sie mich bemerkte, verharrte sie mit vorgebeugtem Oberkörper mitten in der Bewegung und winkte mir zu. Ihr Schatten flackerte im Schein der Petroleumflamme. Langsam ging ich auf sie zu. Was war geschehen? Warum war sie nicht auf dem Konzert? Mein großartiger Plan war also gescheitert! Konnte denn nichts, was ich mir vornahm, gelingen?

»Was machst du hier?«, herrschte ich sie an.

Alissa richtete sich auf und zeigte mit dem Eimer auf meine Hütte. Sie wusste nicht, was sie sagen sollte.

»Pass auf, dass du mir mit deiner Lampe nicht die Bude anzündest«, knurrte ich.

Meine Hütte war so durchnässt, dass nichts darin Feuer fangen konnte, aber das war mir egal. Alissa gab keine Antwort. Meine Aggressivität schien sie zu verunsichern. Nachdem wir uns eine ganze Weile schweigend angestarrt hatten, stellte ich die Frage, die mir auf der Zunge brannte:

»Bist du nicht auf dem Konzert gewesen?«

»Doch«, sagte sie leise.

»Und Iman?«

Sie zuckte mit den Schultern.

»Was ist mit Iman?«, fragte sie.

»Antworte gefälligst.«

Sie wich einen Schritt zurück. Tränen schossen ihr in die Augen. Warum weinte sie jetzt?

»Wo ist Iman, verdammt noch mal?«, fragte ich.

»Was weiß ich. Iman will nur eins: von hier weg! Er sagt, dass es bald so weit ist.«

Weinte sie deshalb? Weil Iman wegwollte? Weil er nicht bei ihr bleiben wollte? Die Szene, die sich auf dem Konzert abgespielt haben musste, stand mir deutlich vor Augen. Alissa hatte Iman getroffen, und sie war fröhlich und aufgekratzt gewesen, so wie an dem Abend, als wir Sylvies Onkel besucht hatten. Nachdem die beiden festgestellt hatten, dass ich nicht kommen würde, und sicherheitshalber noch ein wenig gewartet hatten, hatte Alissa sich an Iman herangemacht. Sie hatte versucht, ihn zu küssen, schließlich musste sie mir diesmal dabei nicht in die Augen sehen. *Ach, Iman!*, hatte sie gehaucht. Doch Iman hatte sich ihr nicht gewachsen gefühlt. Am Abend zuvor hatte er mir gebeichtet, dass er Angst vor Alissa hatte, dass er sich in ihrer Gegenwart klein fühlte. Er musste sie mit den Worten, die ich seit Monaten hörte, abgewiesen haben: »Ich will von hier weg.« Und jetzt weinte sie. Angewidert murmelte ich:

»Geh nach Hause, Alissa.«

»Aber ...«, protestierte sie.

»Geh nach Hause, sage ich!«

Sie sah mich mit großen Augen an. Langsam öffnete sie die Hand, und der Eimer fiel zu Boden. Das Scheppern hallte durch die ganze Siedlung. Alissa sah aus wie eine scheue Antilope, die einem Geparden gegenübersteht. Ihre Nasenflügel blähten sich im Takt ihrer Atemzüge. Im Schein der Petroleumlampe zuckten Schatten über ihr Gesicht. Merkwürdigerweise empfand ich bei diesem Anblick zum ersten Mal in meinem Leben körperliches Verlangen. Alissa war wunderschön. Verängstigt und zerbrechlich, aber wild. Ich wollte sie besitzen! Sie wandte sich ab und verschwand in der Dunkelheit. Die Petroleumlampe ließ sie zurück.

Alissa war hier glücklich, hatte Iman gesagt. Ich sah ihr nach. Jetzt war sie es nicht mehr, und daran war Iman schuld. Er nahm einem das Wertvollste, was man im Leben hatte. Ich hatte ihm Alissa zum Geschenk gemacht. Sie gehörte jetzt ihm und konnte deshalb nicht mehr mir gehören. Das war das größte Opfer, das ich jemals erbracht hatte. Trotzdem blieb Iman dabei, dass er von hier wegwollte, und zwar schon bald. Ich hatte einen Riesenfehler gemacht! Ich hatte ihm vertraut, und er hatte mich verraten. Er hatte mir meinen kostbarsten Besitz genommen und ihn dann einfach weggeworfen. Jetzt ging er ohne ein Wort des Dankes fort, und Alissa weinte um ihn. Dabei hatte ich ihm doch gesagt, dass sie mir sehr wichtig war. Aber Iman interessierte sich nicht für meine Gefühle. Wie hatte ich ihn nur jemals lieben können? Er war so undankbar!

UNENDLICH / INFINI
Alissa

Als ich durch den Slum lief, rauschte der Wind in den Blättern, es klang wie ein düsteres Raunen. Im Mondlicht warfen die Bäume lange, verzerrte Schatten. Sie erinnerten an Geister, die mitten in einem makabren Tanz erstarrt waren. Ich war eine weiße Silhouette in der Dunkelheit, ein Gespenst der Nacht. Ein kalter Wind zerrte an mir. Das Flattern meines Kleides klang wie ein hämisches Lachen.

Ich war zutiefst gedemütigt.

Mein Leben lang hatte ich anderen gedient, mich ihnen aber nicht unterworfen. Ich hatte verschiedene Herren gehabt, war aber nie eine Sklavin gewesen. Denn eine Illusion kann man nicht versklaven, und nichts anderes war ich gewesen. Der Stoff meines Kleides hatte nur eine große Leere verhüllt, in meinem Inneren war ich hohl gewesen. Wasser, Feuer oder Erde folgen den Gesetzen der Schwerkraft, sie zieht es zu Boden. Der Wind hingegen ist frei, er weht, wohin er will. Ich war wie der Wind. Doch ich war zu gierig gewesen. Denn der Wind ist unsichtbar, und ich hatte plötzlich gewollt, dass man mich sieht. Ich hatte mich nach Toumanis Blick gesehnt. Dadurch hatte ich meine Freiheit verloren.

Bevor ich Toumani begegnet war, war ich vollständig gewesen. Ich war vollständig gewesen und hatte nichts gefühlt, aber dann war ich eitel geworden und in tausend Stücke zersprungen. Jetzt lief ich durch die dunkle Nacht und zog mir mein Tuch enger um die Schultern, als wollte ich mich

zusammenhalten. Doch von nun an würde ich immer un-
vollständig sein. Mein Körper bestand nur noch aus Bruch-
stücken, und der Wind fuhr zwischen ihnen hindurch. Er
drang mir in die Knochen. Mir war bitterkalt.

Ich überlegte, ob ich zu Iman zurückgehen sollte. Ich hatte ihn mitten im Konzert allein gelassen. Mit einem Mal
hatte ich das Gefühl gehabt, sofort wegzumüssen. Er hatte
mich fragend angesehen und stumm um eine Erklärung gebeten. Kurz hatte ich gezögert: Sollte ich ihm die Wahrheit
sagen oder lügen, um ihn zu schonen? Ich behauptete, dass
mir nicht gut sei. Das stimmte sogar, denn ich hatte plötzlich das dringende Bedürfnis, Toumani zu sehen. Ein regel-
recht fiebriges Bedürfnis. Ich war davongerannt und quer
durch die Stadt gelaufen. Ich konnte nicht länger so tun, als
wäre Toumani mir gleichgültig.

Toumani, ich habe dir meine Liebe angeboten wie klares,
reines Wasser in der hohlen Hand, damit du davon trinkst,
doch du hast dich vorgebeugt und hineingespuckt. Warum
weist du mich ab? Ich verstehe deine Gründe nicht. Bedeu-
te ich dir denn gar nichts? Oder, schlimmer noch, bin ich
für dich nur ein Mittel zum Zweck, um Iman glücklich zu
machen? Der Gedanke tut weh, aber wenn du mich auf
diese Art und Weise begehrst, dann soll es so sein.

Denn ich liebe dich.

Am nächsten Morgen stieß ich die Fensterläden weit auf, um
Licht ins Zimmer zu lassen. Kiki drehte sich stöhnend in ihrem Bett herum, aber sie war zu müde, um zu protestieren,
und zog sich nur das Kissen über den Kopf. Sie hatte den
letzten Kunden kaum zwei Stunden zuvor zur Tür gebracht
und brauchte dringend Schlaf. Ich aber brauchte Licht, viel
Licht. Leider war der Himmel grau. Grimmige Wolken ver-
schränkten die Arme vor einer zaghaften Sonne. Die Luft
roch nach Regen, die Erde roch nach Regen, und ich fühl-

te mich unendlich matt. Selbst der Markt wirkte erschöpft. Er erwachte nur langsam zum Leben, die großen Pfützen, die nach dem Regen zwischen den Ständen lagen, schienen ihm jede Kraft zu rauben. An diesem Morgen begann mein neues Leben. Ein Leben ohne Ziel. Kiki hätte gesagt, ein Leben ohne Zwang. Doch wer ohne Zwang lebt, ist noch längst nicht frei. Im Gegenteil. Es gibt nichts Schlimmeres, als in der Leere gefangen zu sein, denn wenn es keine Mauern mehr gibt, die man einreißen muss, gibt es auch keine Hoffnung auf Flucht. Flucht, dieser Gedanke brachte mich auf Iman. Als ich am Abend zuvor gegangen war, hatte er so verloren gewirkt. Er hatte mit hängenden Armen inmitten der Menschenmenge gestanden. Ein Schauer lief mir über den Rücken. In letzter Zeit schien ich immer die falschen Entscheidungen zu treffen. So auch in diesem Moment, als ich plötzlich dachte, dass ich Iman sehen musste. Auf der Stelle! Ich schloss die Fensterläden, und das Zimmer versank wieder in Dunkelheit.

Wenige Tage zuvor war ich auf der Suche nach Toumani durch den Slum gelaufen, jetzt lief ich durch Imans Viertel und hielt nach seinem Haus Ausschau. Ich wich den großen Pfützen aus, die auf der Straße standen, und balancierte über Betonziegel, die durchs Wasser führten. Obwohl ich Iman noch nie besucht hatte, hatte ich eine ungefähre Vorstellung davon, wo er wohnte. Ich kam an dem ehemaligen Kino vorbei, in dem bis vor ein paar Jahren Bollywoodfilme gelaufen waren. Sie waren eine Zeitlang äußerst beliebt gewesen, aber dann hatten die Leute das Interesse verloren. Jetzt stand das Gebäude leer. Ein paar Verkäuferinnen hatten davor ihre Tische aufgebaut. Ich ging zu einer von ihnen.

»Ein groß gewachsener Junge, halb weiß?«, sagte sie und wies nach rechts. »Er wohnt da drüben, im Hof von Hadschas Haus.«

Ich kaufte ihr ein paar Erdnussstangen und frittierte Yamswurzeln ab. Sie wickelte das fettige Essen in ein Stück Papier, das sie von einem alten Zementsack abriss, und verstaute das Paket in einer Plastiktüte. Mit der Plastiktüte, die beim Gehen hin und her schlenkerte, ging ich zu dem Haus, auf das die Frau gezeigt hatte. Ein paar Jungen, die auf einer Brache einem Fußball hinterherjagten, blieben stehen und beäugten mich neugierig. Vor dem Tor blieb ich zögernd stehen. Einer der Jungen kam angelaufen. Er war barfuß, hatte einen hervorstehenden Bauchnabel und trug nur seine Shorts.

»Dada, große Schwester, zu wem willst du?«

»Zu Iman«, sagte ich.

»Warte, ich hole ihn. Er schläft bestimmt noch, ich habe ihn heute noch nicht gesehen.«

In den dicht besiedelten Wohnvierteln wissen die Kinder immer genau Bescheid, wer sich wann wo befindet, weil sie den ganzen Tag auf der Straße spielen. So etwas wie Privatsphäre gibt es hier nicht. Der Junge schlüpfte durch das Tor in den Hof, während seine Freunde mich nicht aus den Augen ließen. Gleich darauf trat Iman aus einer Tür und scherzte mit dem Jungen. Erst als er vor mir stand, sah er mich an. Sein Gesicht war verschlossen.

»Ja?«

Sein Tonfall erinnerte mich daran, wie aggressiv Toumani am Abend zuvor gewesen war. Mir ging auf, wie ähnlich die beiden sich trotz aller Unterschiede waren. Sie waren wie Brüder.

»Ich wollte mich für gestern Abend entschuldigen. Es ging mir wirklich nicht gut.«

Ich wartete angespannt auf seine Reaktion und rechnete fest damit, auch von ihm abgewiesen zu werden. Aber Iman ist nicht Toumani. Iman ist Iman.

»Und wie geht es Toumani?«

Die Frage überrumpelte mich.

»Ich ... Äh ... Warum fragst du? Woher weißt du, dass ich bei ihm war?«

»Ich weiß es eben.«

Ich erwog, alles abzustreiten. Ich wollte nicht zugeben, dass ich Toumanis Gesellschaft seiner vorgezogen hatte. Aber Iman hatte es verdient, dass ich ehrlich zu ihm war, also nickte ich. Ja, Toumani ging es gut. Seltsamerweise hellte sich seine Miene auf. Da begriff ich, dass die beiden etwas verband, was ich niemals verstehen würde.

»Und wie geht es dir, Iman?«

Jetzt war er überrascht. Offenbar wurde ihm diese Frage nicht oft gestellt. Er dachte eine Weile nach und sagte dann ernst:

»Ich weiß es nicht. Das kann ich dir erst später sagen.«

»Warum? Was passiert später?«

Iman trat einen Schritt zurück und musterte mich. Er fragte sich wohl, ob er dem Mädchen, das ihn am Abend zuvor einfach hatte stehen lassen, vertrauen konnte. Vielleicht ahnte er auch, dass ich nur deshalb vorbeigekommen war, weil Toumani mich weggeschickt hatte.

»Komm mit«, sagte er schließlich. »Ich erkläre es dir unterwegs.«

Iman lenkte sein Mofa im Schritttempo durch die Straßen, damit er mich nicht mit Schlamm vollspritzte, und erzählte mir mit knappen Worten, wie sein Abend zu Ende gegangen war. Ich bekam ein furchtbar schlechtes Gewissen. Nachdem ich ihn allein gelassen hatte, hatte Iman sich zu Gildas und seinen Freunden gesellt, die ebenfalls auf dem Konzert waren. Gildas war mittlerweile Anführer der Djangos, einer Jugendgang, die in alle möglichen kriminellen Aktivitäten verwickelt war. Iman erzählte Gildas und seinen Freunden, dass er davon träumte, nach Europa zu gehen. Sie saßen lange auf der Tribüne des Stadions, in dem das

Konzert stattfand, und diskutierten seinen Plan. Gildas hörte ihm geduldig zu und machte ihm dann einen Vorschlag. Er kannte einen erfahrenen Schlepper mit guten Kontakten zur Küstenwache und stabilen Booten, die nur selten kenterten. Es war eine einzigartige Gelegenheit. Aber Iman musste sich schnell entscheiden, und die Überfahrt kostete 700 Euro. Das war das Zehnfache von dem, was ein Lehrer im Monat verdiente. Wo sollte Iman das Geld hernehmen? Gildas bestellte ihn für den nächsten Tag zu den leeren Lagerhallen am Stadtrand. Er hatte gesagt: »Vielleicht kann ich dir helfen. Aber ich hoffe, du hast Eier in der Hose.« Mir war gar nicht wohl bei der Sache, aber Iman wollte unbedingt hinfahren. Er sagte, er sehe keinen anderen Weg.

Am Abend zuvor hätte ich dieser andere Weg sein können.

Wir verließen die Stadt und fuhren an einer Lagune entlang. Früher gab es hier ein Fischerdorf, aber dann kam die Industrialisierung, und die Bewohner wurden gezwungen, ihr Land zu verkaufen und fortzuziehen. Fabriken und Lagerhallen entstanden, und man baute eine Brücke, um die Waren schneller transportieren zu können. Doch dann begann das Gelände zu verfallen, und irgendwann stürzte die Brücke ein. Die Behörden interessierten sich keinen Deut für die Industriebrache an der Lagune, und so hatten sich hier Jugendbanden breitgemacht, deren Mitglieder bisweilen mit der Machete aufeinander losgingen. Die Gangs teilten das Gebiet unter sich auf und steckten ihr Territorium ab. Die Grenzen waren zwar unsichtbar, aber deshalb nicht minder real. An dem Weg, den wir entlangfuhren, waren rechts und links orangefarbene Tücher an die Büsche geknotet. Als die Lagerhalle der Djangos auftauchte, spürte ich, wie Imans Herz schneller schlug. Als wir näher kamen, hob ein Junge, der vor der Halle Wache stand, den Arm und machte eine drohende Geste. Iman parkte das Mofa etwa zwanzig Meter von ihm entfernt, und ich stieg ab.

Während Iman das Mofa aufbockte, kam der Junge auf uns zugerannt.

»Was willst du hier, Kleiner? Hau ab!«, brüllte er. Er war ein paar Jahre jünger als Iman.

»Ich will zu Gildas.«

»Hier gibt es keinen Gildas. Hau ab, oder ich mach dich fertig.«

Iman wich keinen Schritt zurück.

»Gildas hat mich herbestellt.«

Der Junge beruhigte sich.

»Na dann komm mit.«

Iman folgte dem Jungen, während ich nervös neben dem Mofa stehen blieb. Iman machte kehrt, nahm meine Hand und zog mich mit.

»Bist du sicher, dass ich mitkommen kann?«, flüsterte ich.

»Na klar. Mach dir keine Sorgen.«

Der Junge stieß die Tür zur Lagerhalle so heftig auf, dass sie mit einem lauten Knall gegen die Wand schlug. Dann trat er beiseite und starrte mich mit offenem Mund an. Als ich an ihm vorbeiging, wanderte sein Blick über meinen Körper. Ich fühlte mich äußerst unwohl. Der Junge folgte uns in die Halle und zog die Tür hinter sich zu. Dem Geruch nach zu schließen, befanden wir uns in einer ehemaligen Fischfabrik. Überall standen Kisten, auf denen muskulöse junge Männer herumlungerten. Manche spielten Karten, andere schauten einfach nur durch die schmutzigen Fenster nach draußen. Weiter hinten gab es einen kleinen abgetrennten Raum, der offenbar als Büro diente. Der Junge steuerte darauf zu und verschwand durch die Tür. Gleich darauf kam er mit einem stämmigen, muskelbepackten Typen wieder. Das musste Gildas sein. Doch Iman rief verblüfft:

»Covi! Du bist wieder draußen?«

Covi kam auf uns zu, und im Zwielicht, das durch die blinden Scheiben fiel, traten nach und nach seine Züge hervor. Er lächelte, aber mit den kleinen, blutunterlaufenen Augen in dem groben Gesicht wirkte er alles andere als sympathisch. Iman stand stocksteif da, als Covi ihm eine Hand auf den Arm legte.

»Ja, ich bin raus aus dem Knast! Jetzt habe ich hier wieder das Sagen. Gildas hätte es nicht geschafft, den Laden noch länger zusammenzuhalten!«

Während er mit Iman sprach, starrte er mich an. Covi machte mir Angst, ich hatte das Gefühl, dass er nur meinen Körper sah, nicht mich als Mensch. Ich senkte den Blick. Iman zupfte ihn am Ärmel.

»Ist Gildas da?«

»Mhm ... Nein. Ist er nicht«, antwortete Covi, ohne den Blick von mir zu wenden.

Ich spürte, dass sich auch Iman unwohl fühlte. Covi spuckte auf den Boden.

»Aber er hat mir von deinem kleinen Problem erzählt. Natürlich kann auch ich dir helfen. Du weißt ja, das ist mein Spezialgebiet. Ich helfe Leuten dabei, das Land zu verlassen.«

Iman entspannte sich ein bisschen, aber mir gelang das nicht. Ich hatte keine Ahnung, ob Covi mich immer noch anstarrte, denn ich sah angestrengt auf meine Fußspitzen. Am liebsten wäre ich im Boden versunken. In meinem Nacken breitete sich Hitze aus. Was machte ich bloß hier?

»Ich helfe dir, wenn du mir hilfst«, sagte Covi. »Eine Hand wäscht die andere.«

»Natürlich«, sagte Iman entschlossen. »Was soll ich tun?«

Covi brach in schallendes Gelächter aus, und die in der Halle herumlungernden Jungen fielen ein. Die Anspannung in meinem Bauch wurde so groß, dass ich fürchtete, mir ins Kleid zu machen. Nach einer endlosen Minute nahm ich knapp außerhalb meines Sichtfeldes eine Bewegung wahr. Ich ahnte, dass Covi sich Lachtränen aus den Augen wischte.

»Iman, Iman! Dafür habe ich dich immer bewundert. Du hast Mumm in den Knochen. Schade, dass du nicht für diesen Beruf gemacht bist, sonst hätte ich dich längst in die Bande aufgenommen. Du willst mir also helfen, mein Freund?«

»Ja. Gildas hat erwähnt, dass ihr einen Überfall plant ...«

Covi trat neben Iman und legte ihm einen Arm um die Schultern. Ich riskierte einen Blick. Iman war einen Kopf größer als er, und Covi musste sich gehörig anstrengen, seine Schulter zu erreichen. Das Bild hätte lustig sein können, wäre ich nicht so verängstigt gewesen.

»Gildas redet zu viel. Aber wo er schon mal dabei war, hat er sicher auch erwähnt, dass die Sache gefährlich ist. Du bist trotzdem gekommen, also macht es dir nichts aus, als Kanonenfutter zu dienen. Dann lass uns mal übers Geschäft reden. Aber erst musst du mir erzählen, warum du unbedingt wegwillst. Sieht ganz danach aus, als wäre dein Typ hier gefragt.«

Wieder wanderte sein Blick zu mir, und ich starrte auf meine Fußspitzen. Ich atmete schwer und fragte mich, ob er es bemerkte.

»Lass sie in Ruhe, Covi. Sag lieber, was du von mir willst.«

»Na schön. Komm mit.«

Sie verschwanden in dem Büro und ließen die Tür offen. Ich stand mit gesenktem Kopf da. Alle Blicke in der Halle waren auf mich gerichtet. Mein Magen krampfte sich zusammen, meine Augen brannten. Wann konnte ich endlich hier weg? Die Sekunden zogen sich in die Länge, jedes noch so kleine Geräusch hallte laut durch die Halle. Ich versuchte, mich in mich selbst zurückzuziehen und eine Seifenblase um mich herum zu bilden, die alle Geräusche dämpfte und die Bilder verschwimmen ließ. In diesem Moment drang ein wütender Schrei an meine Ohren. Iman!

»Vergiss es! Niemals!«, brüllte er.

Ich hob den Blick und sah gerade noch, wie Iman die Schulter gegen Covis Brust rammte. Covi taumelte zurück, verlor das Gleichgewicht und ging zu Boden.

Die Jungen in der Lagerhalle verstummten. Alle starrten auf die offene Bürotür.

Iman schien nicht gleich zu begreifen, in welche Schwierigkeiten er sich gebracht hatte. Und nicht nur sich, uns beide! Covi war zwar unverletzt, aber tödlich gekränkt. Er schrie seinen Männern zu:

»Macht den Wichser fertig!«

Die Jungen in der Halle johlten auf. Endlich gab es etwas Action. Wie ein Rudel Wölfe sprangen sie über die Kisten und stürzten sich mit gefletschten Zähnen auf ihr Opfer. Iman versuchte, aus dem engen Büro herauszukommen, war aber nicht schnell genug. Eine Faust traf ihn ins Gesicht. Sein Kopf flog nach hinten, und er schrie:

»Alissa! Lauf!«

Ich rannte zur Tür, riss sie auf und stürzte nach draußen. Nach wenigen Schritten rutschte ich aus, fiel hin und landete mit dem Gesicht im Matsch. Ich rappelte mich hoch und rannte zu Imans Mofa. Ich stieg auf, startete den Motor und warf einen Blick über die Schulter.

Niemand verfolgte mich.

Warum nicht?

Im selben Moment bekam ich die Antwort: Aus der Halle erklang ein erstickter Schrei. Sie schlugen Iman zusammen. Ich konnte nicht einfach weglaufen. Aber zurück in die Halle konnte ich auch nicht. Wie sollte ich Iman helfen? Egal, mir würde schon etwas einfallen. Ich sprang vom Mofa und rannte zur Halle. Schon von der Tür aus sah ich Iman am Boden liegen. Durch die Beine der Jungen, die ihn umringten, blickte ich in sein blutüberströmtes Gesicht.

Iman wand sich unter den Tritten seiner Angreifer. Sie würden ihn umbringen! Ich stürzte mich auf die Gruppe.

Ein kräftiger Arm packte mich und stieß mich brutal zu Boden, ich landete hart auf dem Rücken. Einer der Jungen hatte mich mit einer schnellen Bewegung aus dem Weg geräumt, ganz so, als wäre ich eine lästige Fliege. Er schien mich nicht einmal richtig wahrzunehmen, sondern wandte sich sofort wieder dem am Boden liegenden Iman zu. Als ich mich aufrappelte, lief mir Urin an den Beinen hinab. Da brüllte ich los, stürzte mich auf den Kerl und biss ihm in den Rücken wie ein wildes Tier.

Diesmal traf mich sein Ellbogen unter dem linken Auge. Wieder landete ich auf dem Boden. Ich war benommen, mein Kopf dröhnte, mir verschwamm die Sicht. Doch darauf konnte ich jetzt keine Rücksicht nehmen, ich musste kämpfen, ich musste Iman helfen. Vergeblich versuchte ich aufzustehen. Meine Arme und Beine wollten mir einfach nicht gehorchen, ich sackte immer wieder zu Boden. Schließlich gab ich es auf.

»Die Schlampe hat mich gebissen!«

Das Geräusch der Fußtritte und Schläge verstummte. Ich hatte es geschafft! Aber hatte ich das wirklich? Jetzt scharten sich die Jungen um mich.

»Dann wollen wir uns mal mit dir vergnügen!«

Ich versuchte, in Richtung Ausgang zu robben. Ich musste fliehen.

»Covi! Lasst sie in Ruhe. Sie hat nichts mit der Sache zu tun«, rief jemand.

Es war Iman. Leise fügte er hinzu:

»Bitte!«

Ich schloss die Augen und murmelte ein Gebet.

»Es reicht, Jungs!«

Covis Stimme dröhnte mir in den Ohren.

»Wärst du nicht mit Gildas befreundet, Iman, dann würde ich dich totschlagen und deine Nutte vergewaltigen, das schwöre ich dir. Und zwar nicht unbedingt in dieser

Reihenfolge. Für wen hältst du dich, Arschloch? Schmeißt die beiden raus!«

Ein paar Jungen hoben mich hoch und trugen mich nach draußen. Ein Stück von der Lagerhalle entfernt warfen sie mich in den Schlamm am Ufer der Lagune. Mir tat alles weh. Vorsichtig tastete ich meine Rippen ab. Gleich darauf hörte ich einen dumpfen Aufprall. Iman war neben mir gelandet. Das Mofa warfen die Jungen ein paar Meter weiter ins Wasser. Ich kroch zu Iman und legte den Kopf an seine Brust. Er wimmerte vor Schmerz. Ich schmiegte mich mit dem ganzen Körper an ihn.

»Alles wird gut, Iman. Ich bin ja da.«

Als ich wieder zu mir kam, war Iman eingeschlafen. Ich schob mich ein Stück von ihm weg und setzte mich auf. Die linke Seite meines Kopfes hämmerte, und ich konnte nur noch auf einem Auge sehen. Erschreckt betastete ich mein Gesicht.

Mein linkes Auge war völlig zugeschwollen, schien aber unversehrt. Ich sah mich um. Von hier aus gesehen war die Lagerhalle ein winziges Quadrat in der Ferne. Die Jungen hatten uns viel weiter weggetragen, als ich gedacht hatte. Mühsam stand ich auf. Es wurde bereits dunkel. Wellen klatschten gegen das Mofa, das ein Stück weiter weg im Wasser lag und halb im Schlamm versunken war. Ich raffte mein Kleid hoch und watete hin. Mit aller Kraft packte ich den Lenker, stieß einen heiseren Schrei aus, zog es aus dem Wasser und schleifte es zum Ufer. Dann ließ ich mich erschöpft zu Boden fallen und beobachtete Iman. Seine Brust hob und senkte sich friedlich. Sein Gesicht war unter den Blutergüssen nicht wiederzuerkennen. Die Lippen waren völlig ausgetrocknet. Ich erhob mich und ging neben ihm auf die Knie. Ich musste Wasser finden und ihm zu trinken geben. Dann beugte ich mich unwillkürlich vor und gab dem schlafenden Iman einen Kuss. Mein erster Kuss! Es war ein wunderschönes Gefühl. Iman würde nie davon erfahren. Ich gab mir einen Ruck. Wir mussten von hier weg.

»Iman!«, rief ich.

Seine Lider flatterten. Er setzte sich benommen auf.

»Wie geht es dir?«, fragte ich.

Mir war klar, wie lächerlich das klang. Er grinste.

»Ich weiß nicht.«

»Hast du dir was gebrochen?«

»Ich weiß nicht.«

Er versuchte aufzustehen und stöhnte vor Schmerz. Ich nahm seinen Arm, legte ihn mir um die Schultern und half ihm hoch.

»Lass uns abhauen«, sagte er und taumelte auf das Mofa zu.

Er versuchte gar nicht erst, den Motor anzulassen. Ganz abgesehen davon, dass er voll Wasser gelaufen war, konnte Iman in seinem Zustand ohnehin nicht fahren. Wir gingen zu Fuß und schoben das Mofa, jeder auf einer Seite. Wir kamen wieder an den orangefarbenen Tüchern vorbei, und Iman fluchte leise vor sich hin. Als wir das Territorium der Gangs hinter uns gelassen hatten, sah er mich zum ersten Mal an:

»Es tut mir leid, dass ich dich mitgenommen habe, Alissa. Das hätte schlimm für dich enden können. Ich habe nicht nachgedacht.«

Ich blieb stumm. Iman war noch nicht fertig.

»Na ja, wenn ich ehrlich bin, habe ich schon nachgedacht. Aber ich habe mich nicht allein hergetraut. Es tut mir leid. Ich habe dich benutzt.«

Beschämt senkte er den Kopf.

»Was ist in dem Büro passiert, Iman? Warum hast du Covi zu Boden gestoßen?«

»Einfach so.«

»Bitte sag es mir.«

»Covi hält mich für einen Schwächling. Sie planen einen bewaffneten Überfall. Er glaubt, dass ich kneife.«

Iman verstummte, und ich spürte, dass das nur die halbe Wahrheit war.

»Und was noch?«, hakte ich nach.

»Covi hat mir einen Vorschlag gemacht: Er besorgt mir im Tausch gegen dich einen Platz auf dem Boot. Er war einfach nicht von der Idee abzubringen. Ich musste ihn ablenken.«

»Danke, dass du ehrlich zu mir bist.«

»Eins verstehe ich nicht. Warum bist du in die Halle zurückgekommen? Du hättest doch fliehen können! Mach so was nie wieder!«

»Die Bestie hätte dich umgebracht.«

»Nein, Alissa, Covi hätte mich nicht umgebracht. Er ist keine Bestie. Du verstehst das nicht. Covi hatte es nicht leicht. Er nimmt Drogen, er klaut, er vergewaltigt, aber er würde mich niemals töten. Und weißt du auch, warum? Weil wir als Kinder befreundet waren. Das vergisst er nie, auch wenn er jetzt Chef einer Gang ist.«

Iman hatte recht, ich verstand es nicht. Ich war nicht sicher, ob seine Argumentation weise oder blind war. Manchmal machte mir Iman Angst. Sein Verhalten war unberechenbar, und die Gründe, die er dafür anführte, waren mir ein Rätsel. Ich musste ein Auge auf ihn haben und ihn vor sich selbst schützen.

»Iman, in diesem Zustand kannst du nicht nach Hause. Deine Familie würde sich schreckliche Sorgen machen. Komm ein paar Tage zu mir. Ich pflege dich gesund.«

Er nickte. Er hatte nicht die Kraft, mir zu widersprechen. Wir schleppten uns durch die Stadt und erreichten den Markt irgendwann in der Nacht.

Als Iman am nächsten Morgen die Augen aufschlug, sagte er als Erstes:

»Ich muss noch einmal zu der Halle. Dann sieht Covi, dass ich es ernst meine.«

Ich hockte vor Kikis Gasbrenner und machte uns etwas zu essen warm. Seine Worte überraschten mich nicht. Iman hatte die ganze Nacht lang Fieberträume gehabt und im Schlaf gesprochen. Kiki und ich hatte ihm abwechselnd kalte Wickel auf die Stirn gelegt. Da Kiki in der Nacht nicht gearbeitet hatte, war sie am frühen Morgen völlig übermüdet losgezogen, schließlich musste sie Geld verdienen. Sie hatte gesagt, dass sie die Männer heute nicht mit nach Hause bringen werde, sie werde eine andere Lösung finden. Wortlos rührte ich in den Bohnen. Ich war eine Kerzenflamme, die im Wind von Imans Entschlossenheit flackerte. Mir war klar, dass ich ihn nicht aufhalten konnte. Aber vielleicht konnte ich etwas Zeit schinden und mir Hilfe holen.

»Kiki hat einen Nachbarn gebeten, dein Mofa in die Werkstatt zu bringen. Der Motor ist kaputt. Die Reparatur wird ein paar Tage dauern.«

»So lange kann ich nicht warten! Ich brauche die Papiere jetzt! Ich habe die Möglichkeit, das Land bald zu verlassen. Ich darf sie nicht verpassen. Vielleicht bekomme ich nie wieder eine so gute Gelegenheit.«

»Tut mir leid, das wusste ich nicht. Wie willst du ohne Mofa zu der Lagerhalle kommen? Kein Taxifahrer wagt sich in die Gegend. Warte noch zwei Tage, dann kannst du selbst hinfahren.«

Das Argument schien ihn zu überzeugen. Vielleicht war er auch einfach noch zu schwach, um zu protestieren. Ich reichte ihm einen Teller Bohnen.

»Isst du nichts?«

»Ich muss noch etwas erledigen. Ich bin gleich wieder da.«

Ich stand auf, doch er packte mein Handgelenk und zwang mich, ihn anzuschauen.

»Ich weiß, was du denkst. Du hältst mich für verrückt. Du fragst dich, warum ich mein Leben riskiere, nur um von hier wegzukommen.«

Ich blieb stumm.

»Aber was wäre, wenn ich bleibe? Wenn ich deinetwegen bleibe, weil du mich darum bittest. Was wäre dann?«

Ich stand stocksteif da, während Iman mich flehend ansah. Ich dachte an den Kuss, den ich ihm am Tag zuvor gegeben hatte. Ja, was wäre dann? Toumanis Gesicht schob sich vor dieses Bild. Es tut mir leid, Iman, aber ich gehöre zu Toumani. Ich sagte nichts. Iman ließ meine Hand los.

Mit klopfendem Herzen zog ich die Tür hinter mir zu. Ich musste Hilfe holen! Wenn Iman zu der Lagerhalle zurückkehrte, würden Covis Männer ihn umbringen. Wie konnte ich ihn aufhalten? Es gab nur einen Weg: Toumani. So schnell ich konnte, rannte ich durch die Stadt.

Bestimmt würde Toumani seinem Freund helfen, schließlich war er für ihn wie ein Bruder. Ich lief durch die Straßen des Slums, ohne nach links und rechts zu schauen. Mittlerweile machte mir die Umgebung keine Angst mehr. Die Nachbarn kannten mich und beachteten mich nicht. Nur die Schweine, die vor meinen Füßen auseinanderstoben, schienen sich an meiner Anwesenheit zu stören. Sie quiekten, um ihren Unmut zum Ausdruck zu bringen, und wühlten dann weiter im Schlamm. Als Toumanis Hütte vor mir auftauchte, bekam ich Angst. Was, wenn Toumani Iman gar nicht helfen wollte? Nein, das konnte nicht sein. Ich klopfte dreimal an die Tür, und gleich darauf kam Toumani hinter der Hütte hervor. Er hatte sich gerade gewaschen, vermutlich war er auf dem Weg zu seinem neuen Job. Mir fiel ein, dass ich ihn noch gar nicht gefragt hatte, was das für eine Arbeit war. Doch dafür war jetzt nicht der richtige Moment. Unser letztes Treffen war ganze zwei Tage her, aber es war, als hätte ich mich nur kurz abgewandt. Sein Gesichtsausdruck hatte sich nicht verändert. Sein Blick wanderte zu dem schillernden Bluterguss unter meinem linken Auge, aber er sagte nichts. Er hatte bestimmt das Gefühl, er könne nicht besorgt fragen, was passiert sei, nachdem er mich beim letzten Mal mitten in der Nacht fortgeschickt hatte. Doch meine Verletzung ließ ihn offensichtlich nicht kalt. Er versuchte, seine Unsicherheit hinter einer finsteren Miene zu verbergen. Das Gespräch würde nicht einfach werden. Ich erinnerte mich daran, wie Imans hartes Gesicht weich geworden war, als ich am Tag zuvor vor seiner Tür gestanden und ihm berichtet hatte, dass es Toumani gut ging. Die beiden verband etwas, was ich nicht verstand, und so beschloss ich, trotz seiner Feindseligkeit freundlich zu sein.

»Hallo, Toumani!«

»Warst du bei Iman?«

Ich verkniff mir ein Grinsen.

»Ja. Seinetwegen bin ich hier.«

Toumani sah sich um, als wollte er weglaufen, aber hinter ihm gab es nur struppiges Gebüsch, in dem es vor Schlangen wimmelte. Wenn er irgendwo hinwollte, musste er an mir vorbei.

»Und was ist mit Iman?«, murmelte er.

»Er will das Land verlassen.«

»Iman will weg, seit ich ihn kenne, Alissa. Er will schon weg, seit ihm aufgefallen ist, dass seine Haut heller ist als unsere. Denn er glaubt, dass er allein deshalb ein besseres Leben verdient hat.«

Der bittere Klang seiner Stimme war wie ein Schlag ins Gesicht. Es würde hart werden, aber noch hatte ich eine Chance. Zu der Zeit, als Toumani mich jeden Tag von der Werkstatt nach Hause begleitet hatte, hatte ich einen großen Fehler gemacht: Ich hatte seine Anwesenheit für selbstverständlich gehalten und ihn deshalb verloren. Vielleicht dachte Toumani ja auch, dass Iman immer da sein würde, dass er für alle Ewigkeit davon reden würde, wegzugehen, es aber nie wahrmachen würde. Ich musste Toumani also nur begreiflich machen, dass Iman tatsächlich bald fortgehen würde.

»Er war bei Covi. Die Djangos planen einen Überfall und er soll mitmachen, um das Geld für die Überfahrt zu verdienen. Covi hat ihm einen Platz auf einem Boot versprochen.«

Toumani starrte mich entgeistert an. Auf seinem Gesicht wechselten sich in rascher Folge verschiedene Gefühle ab. Plötzlich hatte ich keine Kraft mehr. Ich wollte nur noch, dass es vorbei war. Toumani schloss die Augen.

»Er will also wirklich weg? Iman hat doch alles. Er ist groß und gutaussehend, er hat ein Dach über dem Kopf, er hat eine Familie. Trotzdem ist er unzufrieden. Er hat alles, aber das reicht ihm nicht. Wir sind ihm egal. Er hält sich für was Besseres. Soll er doch abhauen, schließlich ist er erwachsen. Wenn du jemanden suchst, der ihn bemuttert, bist du bei mir falsch. Frag doch seine Mutter.«

Er warf mir einen anklagenden Blick zu:

»Oder mach es selbst.«

Ich wusste nicht, was ich sagen sollte. Wollte er wirklich nichts mehr von Iman wissen? Ich stammelte:

»Aber er ist doch dein Freund ... Was, wenn Covi ihn totschlägt? Oder das Boot kentert und er ertrinkt?«

Toumani spuckte verächtlich aus.

»Soll er doch verrecken!«

Er stieß mich beiseite und hinkte eilig davon, wobei er sich schwer auf seinen Stock stützte.

Mein Plan war gescheitert. Ich konnte nichts mehr für Iman tun. Außer ...

»Frag doch seine Mutter«, hatte Toumani gesagt.

Es war eine verrückte Idee, aber ich war ja auch von Verrückten umgeben. Außerdem, was blieb mir anderes übrig? Wenn ich nach Hause ginge, würde Iman mir nur damit in den Ohren liegen, dass er noch einmal zu Covi musste. Iman hatte mich am Tag zuvor vor einer Horde drogensüchtiger Schläger beschützt. Ich musste ihm helfen. Vielleicht würde er ja von seinem selbstmörderischen Plan abrücken, wenn er begriff, dass er ein Zuhause hatte. Schickte mich Toumani deshalb zu seiner Mutter? Ich konnte einfach nicht glauben, dass er Iman wirklich hasste. Warum eigentlich nicht? Vielleicht, weil ich mir sonst hätte eingestehen müssen, dass ich an seinem Hass schuld war? Wie auch immer, ich hatte keine Zeit mehr, über diese Frage nachzugrübeln. Ich war am Ziel. Obwohl ich noch nie dort gewesen war, wusste ich, wo sich der Friseursalon von Imans Mutter befand. Er war stadtbekannt. Durch die Ladenfront konnte man ins Innere sehen. Imans Mutter wohnte in dem Haus hinter dem Salon. Ich schirmte die Augen mit der Hand ab und beobachtete die Friseurinnen durch die Scheibe bei der Arbeit. Während ich mich noch fragte, welche von ihnen Iman ähnlich sah, öffnete sich die Tür und ein Glöckchen klingelte. Ein Mädchen in meinem Alter steckte den Kopf durch die Tür und sprach mich an:

»Möchten Sie sich die Haare schneiden lassen, Mademoiselle? Kommen Sie doch herein.«

Ich machte einen Schritt auf sie zu.

»Ich möchte zur Chefin.«

»Ich kann Ihnen auch die Haare schneiden.«

»Ich bin nicht hier, um mir die Haare schneiden zu lassen.«

Sie runzelte die Stirn. Wahrscheinlich fragte sie sich, warum ich ihre Zeit verschwendete.

»Richten Sie ihr aus, dass es um ihren Sohn geht.«

»Ist etwas mit Désiré?«

»Nein, es geht um ihren anderen Sohn. Iman.«

»Da sind Sie hier falsch. Madame hat nur einen Sohn.«

Sie wollte die Tür gerade wieder schließen, als eine etwas ältere Frau hinter ihr auftauchte.

»Hast du ›Iman‹ gesagt, mein Kind?«

Ich nickte. Das Mädchen schaute verwirrt, und die Frau schickte es nach drinnen.

»Sieh doch mal nach der Kundin unter der Trockenhaube. Ich glaube, sie ist so weit.«

Dann wandte sie sich wieder mir zu.

»Niemand hier weiß von Iman. Ma'Désiré hat alle, die ihn kannten, entlassen. Nur ich bin noch hier. Wer bist du und was willst du?«

Sie sprach hastig und wirkte nervös. Hier hatte sich offenbar ein Drama abgespielt, von dem ich nichts wusste. Aber eins war klar: Ich war nicht erwünscht.

»Ich heiße Alissa. Ich muss mit Ma'Désiré sprechen«, sagte ich.

Normalerweise werden Mütter nach dem Namen ihres erstgeborenen Kindes benannt, aber Imans Mutter ließ sich Ma'Désiré rufen. Es war, als hätte es Iman nie gegeben.

»Sie will nichts von ihm wissen. Sie hat einer ihrer besten Friseurinnen gekündigt, nur weil sie nach ihm gefragt hat.«

»Es ist wichtig«, sagte ich fest.

Sie seufzte.

»Na gut, aber ich garantiere für nichts.«

Sie bat mich, draußen zu warten, schloss die Tür und verschwand. Ich scharrte mit meiner Sandale im Sand. Es war mitten am Tag, aber die Sonne verbarg sich hinter einer Wolkendecke, und es war recht kühl. Um mich herum gingen Leute ihren Geschäften nach. Ein Stück die Straße hinunter befand sich eine Werkstatt, erkennbar an den Autowracks, die dort aufgestapelt waren. Ein Junge beugte sich über eine Motorhaube und schlug mit einem Schraubenschlüssel gegen ein Metallteil. Das gleichmäßige

Klopfen, das durch das Viertel hallte, hatte etwas Beruhigendes. Kinder spielten auf der Straße Fangen und blieben nur stehen, wenn ein Auto vorbeirumpelte. Oft kam das nicht vor, es gab hier nicht viel Verkehr. Das Viertel war friedlich. Währenddessen lag Iman in einem anderen Teil der Stadt auf meinem Bett und schickte sich an, in den sicheren Tod zu gehen.

Wieder bimmelte das Glöckchen.

»Komm, mein Kind. Du hast Glück.«

Ich durchquerte den Salon unter den neugierigen Blicken der Friseurinnen. Der Innenhof war sauber und gepflegt. Imans Mutter war offenbar recht wohlhabend. Sie wohnte in einem geräumigen Haus, und auf der Straße parkte ein Toyota in gutem Zustand. Ich folgte der Frau ins Haus. Der Flur war ebenfalls sehr sauber. Wahrscheinlich mussten die Angestellten jeden Morgen vor der Arbeit Haus und Hof fegen. Die Frau blieb vor einer angelehnten Tür stehen. Fast wäre ich gegen sie gelaufen.

»Ma'Désiré erwartet dich.«

Sie machte einen Schritt beiseite, und ich betrat das Wohnzimmer. Die Wände waren grün gestrichen, die Fenster gingen zum Hof hinaus. Weder an den Wänden noch auf der Anrichte gab es Familienfotos. In der Mitte des Raums standen ein Sofa und drei Sessel um einen niedrigen Tisch herum. Weiter links gab es einen Esstisch mit sechs Stühlen. Am Kopfende des Tisches saß eine Frau in einem weißen Trägerkleid, das ihre Schultern zur Geltung brachte. Sie sah Iman verblüffend ähnlich. Unter dem Kleid waren ihre Brüste nackt, sie hatte das Haus an diesem Tag offenbar noch nicht verlassen. Ihre Arme lagen auf der karierten Tischdecke, vor ihr standen eine unbenutzte Tasse und eine Thermoskanne. Sie spielte nervös mit einer Dose Nescafé herum und lächelte mir leicht zu.

»Alissa. Setz dich doch.«

Sie wies auf den Stuhl neben sich, und ich nahm Platz. Sie sah mich an. Mit einem Mal wusste ich nicht mehr, was ich sagen sollte. Imans Mutter wirkte erschöpft. Sie sah aus wie ein Hund, der in ein Gewitter geraten war und sich daraufhin im Haus verkrochen hatte. Früher musste ihr Lächeln sehr anziehend gewesen sein, aber diese Zeit war vorbei.

»Bist du Imans Freundin?«

Ich nickte, so war es einfacher. Außerdem war das eine gute Erklärung dafür, warum ich hier war.

»Du bist wirklich sehr hübsch. Ich freue mich über deinen Besuch.«

Verlegen schlug ich die Augen nieder. Ich hatte ihr unumwunden sagen wollen, dass ihr Sohn in Lebensgefahr war, damit sie einen Schreck bekam und etwas unternahm. Aber jetzt traute ich mich nicht mehr. Ihr Blick wanderte unruhig durchs Zimmer.

»Möchtest du Kaffee?«, fragte sie.

So konnte es nicht weitergehen.

»Madame, ich muss Ihnen etwas Wichtiges sagen.«

Kurz blieb ihr Blick an mir hängen. Sie schien durch mich hindurchzuschauen. Ich nahm ihre Hand. Die Haut war feucht. Imans Mutter wirkte schrecklich nervös.

»Ich brauche Ihre Hilfe.«

Ihre Hand begann zu zittern. Sie schien zu ahnen, worum ich sie bitten würde.

»Sie müssen mit Iman reden.«

Sie versuchte, mir ihre Hand zu entziehen, aber ich hielt sie fest. Imans Mutter wich vor mir zurück wie eine Schildkröte, die sich in ihren Panzer verkriecht. Sie schien in sich zusammenzufallen. Ich musste endlich Klartext reden.

»Iman will das Land verlassen. Er will unbedingt nach Europa, in die Heimat seines Vaters, aber die Überfahrt ist lebensgefährlich. Jemand muss ihn zur Vernunft bringen.«

Ihre Hand erschlaffte, alles Leben wich aus ihren Augen.

»Er will sich einfach nicht davon abbringen lassen«, fügte ich hinzu.

»Ich weiß«, sagte sie leise. »In diesem Punkt sind sich die beiden sehr ähnlich. Wenn sie sich etwas in den Kopf gesetzt haben, gibt es kein Zurück mehr.«

Ich ahnte, dass sie auf Imans Vater anspielte. Ich fügte hinzu:

»Iman hat nichts, was ihn hier hält. Er sehnt sich nach dem Gefühl, dass ihn jemand ... liebt.«

»Aber du liebst ihn, oder? Deswegen bist du doch hier.«

»Ja.«

Die Antwort ging mir so leicht von den Lippen, dass sich mir das Herz zusammenkrampfte. Es war keine Lüge. Ich dachte an Toumani, und mir wurde schwindelig. Plötzlich war ich beiden böse.

»Das, worum ich Sie bitte, ist nicht leicht, das weiß ich, aber – «

»Ich kann nicht«, unterbrach sie mich.

»Sie sind seine Mutter.«

»Da bin ich mir nicht mehr so sicher.«

Sie zuckte zusammen, offenbar überrascht von ihren eigenen Worten.

»Ich wünschte, ich hätte Iman so lieben können wie du ...«

»Noch ist es nicht zu spät.«

»Vielleicht hast du recht.«

Ich hielt den Atem an.

»Na gut, ich komme mit. Bring mich zu ihm, Alissa.«

Die Worte hallten in meinem Kopf wider. Ich traute meinen Ohren kaum, aber ich versuchte, mir nichts anmerken zu lassen. Im Grunde war ich von Anfang an vom Scheitern meines Plans überzeugt gewesen. Ich war nicht darauf gefasst gewesen, dass sie mir wirklich helfen würde.

»Ich gehe mir nur rasch etwas anziehen. Wir müssen uns beeilen, bald kommt mein Mann nach Hause. Er holt Désiré von der Schule ab und bringt ihn zum Mittagessen her. Wir dürfen ihm auf keinen Fall begegnen.«

Wenig später fuhren wir in dem Toyota, der vor dem Haus gestanden hatte, durch die Stadt. Imans Mutter saß am Steuer, und ich wies ihr so gut wie möglich den Weg. Die Straßen wirkten völlig fremd, und ich hatte Schwierigkeiten, mich zurechtzufinden. Es war sehr ungewohnt, mich auf diese Weise durch die Stadt zu bewegen, ich hatte noch nicht oft in einem Auto gesessen. Während der Fahrt dachte ich über die Frau neben mir nach. Sobald sie entschieden hatte, mir zu helfen, hatte sie die Dinge in die Hand genommen. Imans Mutter war eine mutige Frau, auch wenn sie immer noch sehr nervös war.

»Ich bin schon lange nicht mehr selbst gefahren«, hatte sie beim Einsteigen entschuldigend gesagt.

Tatsächlich war ein Mann von einem Stein aufgesprungen, als wir in den Wagen einstiegen. Imans Mutter erklärte mir, dass er ihr Fahrer war, und schickte ihn mit strengem Blick fort. Mit demselben Blick hatte sie ihre Angestellte angesehen, während sie ihr erklärte, was sie sagen solle, wenn Désirés Vater nach Hause käme. Früher musste Imans Mutter eine sehr starke Frau gewesen sein. Mit sicheren Bewegungen schaltete sie beim Fahren die Gänge hoch oder runter. Sie hatte das Trägerkleid gegen eine elegante Bluse und einen schicken Rock getauscht. Allerdings zitterten ihre Beine leicht, und sie zog immer wieder die Ärmel ihrer Bluse über die blauen Flecken an ihren Armen, die vermutlich von Schlägen herrührten. Je länger wir unterwegs waren, desto langsamer fuhr sie. Ihre Entschlossenheit verflog, und sie schien den Wagen nicht mehr selbst durch den Verkehr zu lenken, sondern nur noch dem Fluss der anderen Autos zu folgen.

Ich ballte die Fäuste und betete, dass wir ankamen, bevor sie es sich anders überlegte. Nach einer Weile sagte sie leise:

»Es ist meine Schuld, dass Iman von hier wegwill. Wenn ich ihm ein Zuhause geboten hätte, müsste er nicht woanders nach einem suchen. Ich habe ihm die Kindheit genommen, und jetzt soll ich auch noch seine Zukunft zerstören. Woher nehmen wir uns das Recht, ihn am Weggehen zu hindern? Es ist seine Entscheidung. Mein ganzes Leben lang war ich immer nur auf mein eigenes Glück aus. Erst auf Kosten von Hadscha, dann auf Kosten von Georges und schließlich auf Kosten von Iman. Ich bin nicht sicher, ob das hier eine gute Idee ist. Tue ich das wirklich für Iman? Will ich nicht nur mein schlechtes Gewissen beruhigen und die Fehler der Vergangenheit wiedergutmachen?«

Ich gab keine Antwort. Imans Mutter führte ein Selbstgespräch, und ich wollte nichts Falsches sagen, weil ich fürchtete, sie würde sonst kehrtmachen. Die Fahrt dauerte eine Ewigkeit. Ich ärgerte mich über mich selbst, weil wir uns immer wieder verfuhren. Zweimal waren wir nun schon an der Straße vorbeigefahren, die zum Markt führte. Zu Fuß war es viel einfacher, sich zurechtzufinden. Im Auto raste alles furchtbar schnell an einem vorbei, und wir konnten auch nicht einfach anhalten und mitten auf der Straße wenden, weil die Autos hinter uns wütend hupten. Ich hatte das Gefühl, verrückt zu werden. Als wir endlich ankamen, war ich völlig fertig. Imans Mutter parkte vor dem Haus, machte aber keine Anstalten auszusteigen.

»Wohnt er hier?« Ihre Stimme zitterte, und sie sah aus, als würde sie jeden Moment in Tränen ausbrechen. Ich fühlte mich unwohl. Im Auto war es entsetzlich heiß.

»Nein, hier wohne ich. Im ersten Stock.«

Sie beugte sich vor und spähte durch die Windschutzscheibe. Vor Angst begann sie zu schwitzen.

»Gehen wir hoch?«, fragte ich.

Sie saß mit leerem Blick da, die Hände auf dem Lenkrad. Mein Herz begann zu rasen. Sie konnte immer noch einen

Rückzieher machen. Also tat ich so, als bemerkte ich ihr Zögern nicht, stieg aus und schloss die Beifahrertür. Imans Mutter öffnete ihre Tür und stellte einen Fuß auf die Straße. Ich ging zur Eingangstür, ohne mich umzusehen. Es blieb still, die Autotür schlug nicht zu, keine Schritte waren zu hören. Langsam steckte ich den Schlüssel ins Schloss, um ihr noch etwas Zeit zu lassen. Ich hörte, wie die Fahrertür geschlossen wurde. War sie ausgestiegen? Oder würde sie den Motor anlassen und davonfahren? Hinter mir hörte ich das Rascheln ihres Rocks. Erleichtert atmete ich aus. Noch immer wagte ich nicht, etwas zu sagen. Ich schob die Tür auf und zuckte zusammen, als die Scharniere quietschten. Ich machte kein Licht im Treppenhaus und betete, dass sie mir folgte. Wären wir erst einmal in meinem Zimmer, könnte sie nicht mehr davonlaufen, dann müsste sie mit Iman sprechen. Ich würde mich vor die Tür stellen und ihr den Weg nach draußen versperren. Ich hatte keine Ahnung, wie Iman auf den Besuch seiner Mutter reagieren würde, aber ich vertraute darauf, dass alles gut werden würde.

Die Hälfte der Treppe hatten wir geschafft. Imans Mutter folgte mir in einigem Abstand. Sollte ich langsamer gehen? Oder schneller? Endlich erreichten wir den ersten Stock, und ich legte eine Hand auf die Türklinke. Imans Mutter war auf der Treppe stehen geblieben. Sie rührte sich nicht. Ich spürte, dass sie umkehren würde, sobald ich die Tür öffnete. Ich musste etwas tun, aber ich wusste nicht, was. Langsam drehte ich mich um. Ihre Augen schimmerten im Dunkeln. Tränen liefen ihr über die Wangen.

»Mein Sohn ist hinter dieser Tür?«

»Ja.«

Sie klammerte sich an das Geländer. Ich ging zur Treppe und stieg eine Stufe hinab. Imans Mutter wich zurück. Dann streckte sie mir die Handfläche entgegen und sagte: »Halt.«

Aber ich blieb nicht stehen. Das war mein Fehler. Ich hätte sie nicht dazu zwingen sollen, die Worte auszusprechen, die alles zerstörten:

»Ich kann nicht.«

Enttäuscht ließ ich die Schultern hängen. In dem dunklen Treppenhaus hatte ich keine Macht über sie. Ich wusste nicht mehr weiter.

»Es ist alles meine Schuld. Iman will weg, weil ich ihn verstoßen habe. Aber zum Glück hat er ja jetzt dich. Du wirst dich besser um ihn kümmern, als ich es jemals konnte.«

Ich hatte nicht mehr die Kraft, ihr zu widersprechen. Es war vorbei. Ich konnte Imans Mutter nicht dabei helfen, ihren Schmerz zu überwinden.

»Weißt du, Alissa, manchmal ist es einfach zu spät.«

Abrupt drehte sie sich um und ergriff die Flucht. Ich ließ mich auf die Stufen sinken und saß im Dunklen da, bis ich den Motor aufheulen hörte. Das Auto fuhr davon, und der Abstand zwischen Iman und seiner Mutter wurde wieder größer. Fast hätte ich es geschafft, aber eben nur fast. Ich vergrub das Gesicht in den Händen und ließ meinen Tränen freien Lauf. Ich hatte alles versucht. Vielleicht hast du ja recht, Iman, vielleicht hast du wirklich niemanden auf der Welt.

Nach einer Weile stand ich auf und strich mein Kleid glatt. Ich hatte das Gefühl, achtzig Jahre alt zu sein. Aber hatte ich mir nicht auch den Schmerz mehrerer Generationen auf die Schultern geladen? Mühsam erklomm ich die Stufen, drückte die Klinke nieder und öffnete die Tür.

Der Vorraum war leer. Ich öffnete die Tür zu Kikis Zimmer. Sie saß auf ihrem Bett und schaute aus dem Fenster. Als sie mich sah, streckte sie mir einen Zettel hin. Ich nahm ihn entgegen. In einer säuberlichen Handschrift stand da kurz und knapp:

»Der Überfall findet heute Abend statt. Ich muss los.«

Also wäre mein Plan ohnehin nicht aufgegangen. Imans Mutter hatte recht: Manchmal ist es einfach zu spät. Gegen das Schicksal kommt man nicht an. Mit dem Zettel in der Hand sank ich zu Boden. Alle Anspannung wich aus meinem Körper, und ich rollte mich zusammen. Meine Verzweiflung war unendlich.

INDIGO

Toumani

Ich hätte nicht sagen sollen, dass er groß und gutaussehend war. Wie konnte Alissa mich jetzt noch respektieren? Ich hatte auch viel Schlechtes über Iman gesagt, zum Beispiel dass er sich für etwas Besseres hielt. Aber hatte sie mir überhaupt zugehört? Ganz gleich, wie sehr ich versuchte, Iman in einem schlechten Licht dastehen zu lassen, seine Hartnäckigkeit hatte auch etwas Heldenhaftes. Soll er doch verrecken, hatte ich gesagt. Mein Gott, wünschte ich mir tatsächlich, dass er das Boot bestieg und im Meer ertrank? Der Gedanke machte mir Angst. Ich erkannte mich selbst kaum wieder.

Auf meinen Stock gestützt hinkte ich die Straße entlang. Iman war schuld an dem ganzen Schlamassel. Gleichzeitig verfolgte mich ein Bild: das eines Jungen, der seinen einbeinigen Freund im Rollstuhl durch die Straßen schiebt. Wie konnte ich schlecht über ihn denken? War ich undankbar? Ein Unmensch? Mir fiel ein, wie ich einmal gedacht hatte, dass ich erst durch Iman zum Menschen geworden war. Hatte ich mich nie gefragt, was passieren würde, wenn er weg war? Nein, denn insgeheim hatte ich Angst davor. Ich hatte Angst, dass er wegging, und Angst, dass er blieb. Angst, mein Leben zu leben. Und während mich die Angst erstickte, übernahm mein Körper die Kontrolle.

Im Vorbeigehen schlug ich mit der Faust gegen einen Laternenpfahl und brüllte meinen Schmerz heraus. Es gab nur einen Weg, alles wieder gutzumachen: Ich musste Iman helfen und ihn von seinem Plan abbringen. Plötzlich wusste ich, was zu tun war.

Iman war nicht zu Hause, also ging ich bei Alissa vorbei. Vielleicht konnte sie mir ja sagen, wo er war, aber auch sie war nicht da. Wenn ich es recht bedachte, war das sogar besser so. Ich wollte nicht, dass Alissa sich einmischte. Hinterher glaubte sie noch, ich bräuchte ihre Zustimmung, um etwas zu unternehmen. Nein, ich tat das alles nur für Iman. Trotzdem wusste ich mit einem Mal nicht weiter. Mir ging auf, dass es nichts bringen würde, mit Iman zu sprechen, er würde sowieso nicht auf mich hören. Niemand konnte ihn zur Vernunft bringen. Ich musste einen anderen Weg finden. Ich stand an einer Straßenkreuzung und beobachtete die klapprigen Autos, die an mir vorbeirumpelten und schwarzen Rauch aus dem Auspuff spuckten. Eine dicke Frau mit zwei Kindern belud ein Zweiradtaxi mit ihren Einkäufen, sie stellte die Taschen zwischen den Füßen des Fahrers ab und versuchte, ihre Kinder zwischen ihm und sich selbst unterzubringen. Das Moped schlingerte schwer beladen davon. Als es verschwunden war, hatte ich immer noch keine Lösung gefunden. Ich dachte daran, was Alissa mir erzählt hatte: Iman wollte bei einem Überfall der Djangos mitmachen. Ich musste herausfinden, was das für ein Überfall war. Zu Covi konnte ich nicht. Covi hatte im Gefängnis gesessen und war bei den Verhören brutal misshandelt worden. Er hatte zwar den Mund gehalten, darüber aber den Verstand verloren. Er selbst glaubte natürlich, die richtige Entscheidung getroffen zu haben. Darüber lässt sich streiten, aber ganz falsch ist es nicht. Hätte er seine Auftraggeber verpfiffen, hätte er nach der Entlassung nicht lange überlebt. Er hätte ständig nervöse Blicke über die Schulter werfen müssen, in der Hoffnung, wenigstens noch das Gesicht desjenigen zu sehen, der ihm ein Messer in den Rücken stieß. Jetzt tötete Covi aus purem Sadismus. Andererseits half er vielen Leuten, die von einem besseren Leben träumten, er besorgte ihnen falsche Papiere und wies ihnen einen Weg aus dieser Hölle. Covi war der neue Messias, und wie alle Heilsbringer war er fest davon überzeugt, der Zweck heilige die Mittel. Im Verlauf der Geschichte waren viele Propheten über Leichen gegangen, und da diese Männer heute verehrt wurden, würde Covi morgen vielleicht auch als Heiliger gelten. Covi verkaufte Menschen ihre Hoffnungen, und das war womöglich tatsächlich eine Rechtfertigung für seine Verbrechen. Wie auch immer, zu Covi konnte ich nicht. Stattdessen beschloss ich, Gildas aufzusuchen.

Die Wolken hingen tief, und es wehte ein kühler Wind. Als ich vor Gildas Haus ankam, schob ich die Wellblechtür auf und ging die drei Stufen hinunter zum Hof. Grauer Sand bedeckte den Boden. Anders als bei Hadschja wohnten hier vor allem junge Männer. Paare und Familien fühlten sich in Gegenwart eines Menschenschlags, der tagsüber trank und nachts lebte, nicht wohl. Ich ging auf Gildas Tür zu und klopfte. Drinnen hörte ich Geräusche.

»Wer ist da?«

»Toumani.«

»Was willst du?«

»Reden.«

»Tut mir leid, ich habe keine Zeit.«

»Es ist wichtig.«

Ein Riegel wurde zurückgeschoben, und die Tür ging auf. Gildas warf einen Blick über meine Schulter und zog mich hastig nach drinnen. Hinten in dem dunklen, unaufgeräumten Zimmer lag ein Mädchen auf dem Bett, ein Batiktuch lose über den nackten Körper gebreitet. Ein pechschwarzer Oberschenkel schaute hervor. War es dasselbe

Mädchen, das Gildas neulich in der Bar kennengelernt hatte? Unwahrscheinlich. Gildas stand in Shorts und mit nacktem Oberkörper vor mir, er wirkte nervös.

»Was willst du?«

»Ich bin auf der Suche nach Iman.«

»Und warum zum Teufel sollte er hier sein?«

»Ich weiß, dass die Djangos etwas vorhaben. Iman will das Land verlassen, und ich muss ihn vorher finden.«

Gildas' Augen funkelten im Halbdunkel. Plötzlich schnellte sein Arm vor, er packte meinen Hals und drückte mich gegen die Wand. Mein Hinterkopf schlug hart gegen die Mauer, meine Füße baumelten in der Luft. Seine Hand zerquetschte mir den Adamsapfel.

»Ach ja? Und was weißt du noch?«

Ich hustete und schnappte verzweifelt nach Luft. Das Zimmer verschwamm vor meinen Augen. Gildas hatte Angst, das spürte ich.

»Ich weiß, dass ihr einen bewaffneten Überfall plant, aber ich weiß nicht, wo und wann.«

»Und da tauchst du einfach hier auf und glaubst, ich würde es dir sagen?«

»Ja«, presste ich hervor.

Gildas runzelte die Stirn.

»Du bist ja völlig verrückt! Warum sollte ich das tun?«

Sterne tanzten vor meinen Augen. Mein Stock fiel klappernd zu Boden.

»Weil Iman dein Freund ist ...«

Sein Griff lockerte sich ein wenig. Gildas starrte mich verständnislos an.

»... und du nicht willst, dass er stirbt«, keuchte ich.

Bei diesen Worten ließ er mich abrupt los.

»Du hast recht«, murmelte er, während ich hustend auf die Knie sank. »Covi schickt Iman in den sicheren Tod, und es ist meine Schuld.«

Ich lehnte mich benommen an die Tür und sah zu ihm hoch. Er redete weiter:

»Iman braucht einen Schleuser. Er war gestern bei Covi und heute noch einmal. Covi hat ihm versprochen, ihm das Geld für einen Platz auf einem Boot zu geben, wenn Iman bei dem Überfall mitmacht. Vielleicht bricht Iman schon morgen früh auf, Toumani! Aber vorher muss er noch etwas tun, für das kein anderer Django mutig oder verrückt genug war.«

Gildas schlug mit der Faust gegen die Wand.

»Covi hat ihm dieses Geschäft nur vorgeschlagen, weil er weiß, dass Iman die Sache nicht überleben wird!«

Auf dem Bett wälzte sich das Mädchen herum. Jetzt schaute ein runder Po unter dem Batiktuch hervor. Plötzlich sah ich statt des Mädchens Alissa nackt auf dem Bett liegen.

»Und was soll Iman tun?«, fragte ich erstickt und rieb mir den Hals.

»Erinnerst du dich noch an Ludovic? Vor ein paar Jahren sind wir mal bei ihm eingestiegen, während du auf der Straße Schmiere gestanden hast.«

Natürlich erinnerte ich mich an jede Sekunde dieses Tages.

»Kann sein.«

»Jedenfalls ist Ludovic der Anführer einer Gang. Jeder, der mitmachen will, muss sich mit einer Rasierklinge die Wange aufschneiden, damit er eine Narbe wie Ludovic kriegt. Die Djangos sind mit ihnen verfeindet. Vor ein paar Tagen wurde Ludovic wegen einer Kleinigkeit verhaftet, und heute Abend wird er von der Polizeiwache ins Gefängnis verlegt. Das ist der Moment, in dem wir zuschlagen.«

»Was heißt das?«

»Covi hat beschlossen, Ludovic zu töten. Aber er wird von Soldaten bewacht.«

Ich begann zu zittern. Iman hatte sich auf einen Mord eingelassen. Er wollte sich die Überfahrt mit Blut erkaufen.

Er war offenbar zu allem bereit, um von hier wegzukommen.

»Nachdem die Djangos Ludovic erschossen haben, werden die Soldaten uns verfolgen. Sie sind gut ausgebildet, gegen sie haben wir keine Chance. Iman soll sie ablenken. Der Plan sieht vor, dass er sie auf eine falsche Fährte lockt, während wir uns verstecken. Aber diese Soldaten sind wilde Tiere, sie werden sich nicht damit begnügen, ihn zu verhaften. Sie werden ihn erschießen!«

Um Gottes willen!

Gildas stützte sich an der Wand ab und kniff die Augen zusammen.

»Ich habe versucht, Iman davon abzubringen, aber er steht wie unter Drogen. Er war sogar bereit, Ludovic eigenhändig umzubringen.«

Ja, Iman stand unter Drogen. Seine Droge war die Flucht. Die Flucht in eine bessere Welt oder in den Tod. Hauptsache weg von hier, und zwar für immer. Gildas' Zimmer schien plötzlich immer kleiner zu werden. Um mich herum begann sich alles zu drehen. Ich musste hier raus. Verzweifelt tastete ich nach dem Türknauf. Gildas sah mich reglos an.

»Was hast du vor? Jetzt, wo du alles weißt?«

Ich wusste es nicht. Ich bekam keine Luft mehr. Ich fand den Knauf, drehte ihn und stieß die Tür auf. Grelles Licht flutete ins Zimmer und blendete mich. Blind kroch ich nach draußen in den Hof. Ein paar junge Männer kamen näher, um zu sehen, ob es Ärger gab. Gildas bedeutete ihnen, dass alles in Ordnung war, und ging neben mir in die Hocke. Er redete auf mich ein, bis er merkte, dass ich ihm gar nicht zuhörte. Nach längerem Schweigen sagte er:

»Ich habe eine Idee.«

Ich lag im hohen Gras und dachte an Gildas' Worte: Vielleicht brach Iman schon morgen früh auf. Über mir schimmerte die Mondsichel. Womöglich war es die letzte Nacht vor Imans Abreise. Oder vor seinem Tod, aber diesen Gedanken schob ich rasch beiseite. Von meinem Versteck aus hatte ich einen guten Blick auf den Palmenhain, in dem die Djangos auf der Lauer lagen. Sie warteten auf die Soldaten. Den ganzen Tag über war ich bei Gildas gewesen. Wir hatten gegessen, getrunken, und zum ersten Mal in meinem Leben hatte ich Zigaretten geraucht. Gildas hatte mir auch einen Joint angeboten, aber ich hatte mich nicht getraut, ihn zu rauchen. Ich hatte ihn mir in die Hosentasche gesteckt, für später, wenn wir unseren Erfolg feierten. Irgendwann war Gildas aufgebrochen, er traf sich mit den anderen Djangos an der Lagerhalle. Bevor er ging, erklärte er mir zum tausendsten Mal seinen Plan. Leider ließ sich sein Plan in zwei Sätzen zusammenfassen, und wie alle Pläne, die nur aus zwei Sätzen bestehen, hatte er viele Schwachstellen. Trotzdem hatte ich ihm andächtig zugehört. Was blieb mir schon anderes übrig? Ich musste ihm blind vertrauen, so wie fromme Menschen darauf vertrauen, dass ein paar Kniefälle und Gebete ihnen Erlösung bringen. Jetzt, wo ich frierend zwischen den Gräsern lag, während am Himmel ein Gewitter aufzog, kamen mir allerdings Zweifel. Gildas erging es vermutlich nicht anders. Aber man muss sich im Leben an etwas festhalten, das lernen wir hier früh. Iman klammerte sich an den Gedanken an seine Abreise. Und wir, Gildas, Alissa und ich, klammerten uns an Iman. Warum wollten wir eigentlich nicht, dass er fortging? Ich zupfte an einem feuchten Grashalm. Auf diese Frage hatte ich keine Antwort. Aus Zuneigung? Aber müssten wir ihn dann nicht bei seinem Plan unterstützen? Nein, hinter unserem Wunsch steckte etwas anderes. Etwas, was von unserer Schwäche zeugte. Mein Leben war die Hölle, aber ich hatte niemals auch nur mit dem Gedanken gespielt, von hier wegzugehen. Indem ich Iman zurückhielt, rechtfertigte ich meine eigene

Passivität. Wenn er blieb, musste ich nichts an meinem eigenen Elend ändern. Alissa wiederum gab vor, um Imans Leben zu fürchten. Aber nur wer lebt, kann sterben. Iman war wie einer dieser ausgetrockneten Schwämme, die am Strand herumlagen. Eine leere Hülle. Sein ganzes Leben lang hatte er darauf gewartet, dass jemand anders ihn mit Leben füllte. Anfangs hatte ich das mit Großzügigkeit verwechselt. In den ersten Tagen bei Hadscha hatte er mir geduldig Suppe eingeflößt, später hatte er mich in Onkel Oumars Rollstuhl durch die Stadt geschoben. Aber schon damals hatte er immer etwas abwesend gewirkt. Iman brauchte andere Menschen, die seinem Leben einen Sinn gaben, er benutzte sie, indem er sich hingebungsvoll um sie kümmerte. Auch mich hatte er nur benutzt. Später hatte er Anna kennengelernt und sie benutzt. Er hatte sie in dem naiven Glauben bestärkt, ihre Liebe könne das Schicksal der Menschen verändern. Aber Iman wusste es besser, er war hier bei uns aufgewachsen. Und dann kam Alissa. Alissa machte Iman Angst, weil sie anders war. Sie konnte er nicht benutzen. Alles, was Alissa tat, tat sie aus Pflichtgefühl gegenüber ihrer Familie. Sie hatte kein eigenes Leben, keine Träume, keine Wünsche, und deshalb kam Iman nicht an sie heran. Bis zu dem Konzert. Jener Abend hatte Alissa verändert. Zum ersten Mal in ihrem Leben hatte sie gezögert, weil sie zum ersten Mal vor einer Entscheidung stand, die nur sie selbst betraf. Aber was war eigentlich ihr Dilemma? War es die Entscheidung zwischen Iman und mir? Die Frage hatte mir Angst gemacht, wie immer, und so hatte ich das Schlimmste getan, was ich tun konnte. Ich hatte Alissa aus Schwäche weggestoßen. Aber ich wollte nicht mehr schwach sein, und deshalb musste ich Iman helfen. Vielleicht konnte ich so lernen, stark zu sein. Vielleicht konnte ich Alissa so von Iman zurückerobern.

Ein Schuss zerriss die Luft.

Schlagartig kehrte ich in die Wirklichkeit zurück. Es ging los, und ich presste mich ängstlich auf den Boden. Aus dem Palmenhain erklangen Schreie und weitere Schüsse. Ich glaubte Lichter aufblitzen zu sehen, aber vielleicht spielte mir auch meine Fantasie einen Streich. Plötzlich war es totenstill. Ich stellte mir vor, wie die Djangos zwischen den Bäumen verschwanden. Die Soldaten standen unter Schock, einige von ihnen waren verletzt. Ludovic war tot. Bald, sehr bald, wäre es so weit. Die Soldaten würden sich wieder fassen und die Täter verfolgen. In den letzten Tagen hatten die Djangos zwischen den Palmen Verstecke gebaut. Die Soldaten würden auf dem einzigen Weg, der aus dem Palmenhain herausführte, an ihnen vorbeirennen und nicht merken, dass sie Phantome verfolgten. Irgendwann würden sie verwirrt stehen bleiben, und genau in diesem Moment ...

Ein weiterer Schuss zerriss die Nacht, gefolgt von einem lauten Brüllen. Iman machte die Soldaten auf sich aufmerksam. Iman, das Phantom. Bald würde er zwischen den Palmen hervorkommen, verfolgt von den Soldaten. Gildas hatte gesagt, ich solle mich ein paar hundert Meter von der Stelle entfernt verstecken, wo der Trampelpfad auf den Weg stieß. Dann werde Iman genau auf mich zulaufen. Doch plötzlich kamen mir Zweifel. Ich sprang auf und rannte, so schnell es mir mein Holzbein erlaubte, auf den Trampelpfad zu. Wenn Iman aus dem Palmenhain kam, hatte er zwei Möglichkeiten. Gildas war davon ausgegangen, dass er nach Norden auf die Stadt zulaufen würde. Aber vielleicht wusste Iman, dass er nicht mit dem Leben davonkommen würde. Vielleicht suchte er sogar den Tod! Dann würde er nach Süden laufen, zum Meer hin. Ich rannte an dem Trampelpfad vorbei, um von der Wegkreuzung wegzukommen, bevor Iman dort auftauchte. Meine Entscheidung beruhte einzig auf der Überzeugung, dass ich Iman besser kannte als jeder andere. Es war eine Art Test, ein Test unserer Freundschaft. Was, wenn ich mich irrte? Ich rannte weiter und stützte mich hart auf meinen Stock. Beim Laufen peitschten mir Gräser ins Gesicht. Vor mir machte der Weg einen scharfen Knick. Als ich um die Kurve bog, hörte ich hinter mir ein Geräusch und warf mich zu Boden. Ich kroch zwischen die Gräser und spitzte die Ohren. Das Ende des Trampelpfades lag jetzt hinter der Biegung, ich konnte es nicht sehen. Ich hörte hastige Schritte. Iman kam auf mich zu, ich spürte es. In wenigen Sekunden wäre er auf meiner Höhe. Vor meinem inneren Auge sah ich ihn den Weg entlangrennen, sein aufgeknöpftes Hemd im Wind flattern, seine nackte Brust. Ich sah seine verstörte Miene, den vor Anstrengung verzerrten Mund, den leeren Blick. Ich sah, wie er auf den Schuss lauerte, der ihm jederzeit in den Rücken fahren und seinen Lauf stoppen konnte. Ich richtete mich auf wie ein Sprinter kurz vor dem Start. Ich hörte Imans Keuchen, in der Dunkelheit klang das Geräusch überlaut. Es war, als atmete er mir direkt ins Ohr.

Jetzt!

Ich drückte mich ab und sprang. Für den Bruchteil einer Sekunde flog ich schwerelos durch die Luft. Dann prallte ich gegen einen anderen Körper, wurde herumgeschleudert und fiel kopfüber zu Boden. Im ersten Moment dachte ich, ich hätte mir das Genick gebrochen. Ich lag da und wäre am liebsten nie wieder aufgestanden. Jetzt nur nicht bewusstlos werden! Benommen stand ich auf und beugte mich über Iman, der reglos dalag. Ich musste mich beeilen, jeden Moment konnten die Soldaten da sein. Ich zog Iman an den Füßen zwischen die Gräser am Wegrand und wälzte seinen Körper herum, bis er nicht mehr zu sehen war. Hastige Schritte kamen näher. Ich hob meinen Stock auf, immer noch ganz betäubt von dem Zusammenstoß.

Eine Gruppe Männer in Uniform kam im Laufschritt auf mich zu. Fast hätten sie mich umgerannt. Ein Soldat packte mich am Arm. Ich spürte seine Nervosität.

»Haben wir dich!«

Sie glaubten, ich wäre Iman. Der Mann schüttelte mich und wollte mich zu Boden werfen, doch ein anderer sah mich genauer an und bemerkte meinen Stock und mein Holzbein.

»Das ist er nicht! Der hier ist ein Krüppel!«

Die Soldaten sahen sich hektisch um. Sie waren verwirrt. Wo war Iman? Er konnte sich doch nicht in Luft aufgelöst haben. Der Mann, der mich immer noch festhielt, bohrte mir den Lauf seiner Waffe in den Hals.

»Wo ist er?«

»Ich ... ich ...«

»Antworte oder ich knall dich ab! Wo ist er?«

»Da hinten ist jemand entlanggelaufen. Er hat den Weg überquert und ist im Gebüsch verschwunden.«

Ich zeigte in die Richtung, aus der sie gekommen waren. Ich musste sie von der Stelle ablenken, wo ich Iman im Gras versteckt hatte, kaum zwei Meter von uns entfernt.

»Bist du sicher? Was hast du hier überhaupt zu suchen? Wo willst du hin?«

»Ich bin Fischer. Ich komme vom Strand. Ich bin auf dem Weg nach Hause.«

Misstrauisch musterten sie mich von Kopf bis Fuß.

»Tja, heute Abend gehst du nicht nach Hause. Du kommst mit uns! Und keine faulen Tricks, sonst knall ich dich ab, so wahr ich Kommandant Yekibi heiße!«

Damit hatte ich nicht gerechnet. Ich biss die Zähne zusammen. Ich zwang mich, nicht über die Schulter zu der Stelle zu sehen, wo Iman lag, und folgte ihnen. Wir gingen davon und ließen Iman zurück.

Sie nahmen mich mit zu ihrem Lastwagen und stellten mir weitere Fragen. Ich blieb stur bei meiner Aussage. Sie stießen mich herum, schüttelten mich, drohten mir, aber das konnte sie nicht für die Katastrophe entschädigen, die über sie hereingebrochen war. Ludovic war tot, mehrere Soldaten waren verletzt, und die Angreifer hatten sich in Luft aufgelöst. Irgendwann bestiegen die Soldaten den Lastwagen und riefen mir zu, sie würden die Stadt durchkämmen und alle Gangmitglieder, die sie in die Finger bekämen, zu Brei schlagen, bis einer von ihnen die Täter denunzierte. Außerdem würden sie sich mein Gesicht merken. Wenn sie mich bei einer ihrer Razzien schnappten, würde ich den Tag bereuen, an dem mich meine Eltern gezeugt hätten. Dann fuhren sie davon. Ludovics Leiche nahmen sie mit. Ich hastete zwischen den Palmen hindurch und fragte mich, ob die Djangos sich noch in ihren Verstecken befanden. Ich gelangte zu dem Weg, der zum Strand hinunterführte, und wandte mich südwärts. Die Steinchen am Boden funkelten im Mondlicht, ich hatte das Gefühl, über einen Diamantenteppich zu gehen. Ich lächelte, erst zaghaft, dann immer breiter. Noch nie war ich so glücklich gewesen. Ich hatte es geschafft! Als ich die Stelle erreichte, wo ich Iman zurückgelassen hatte, blieb ich stehen und sah mich um. Ich wollte mich vergewissern, dass die Soldaten mir keine Falle stellten. Es wäre wirklich schade, jetzt durch einen dummen Fehler alles kaputtzumachen. Ich fragte mich ernsthaft, warum die Soldaten nichts bemerkt hatten. An der Stelle, wo ich Iman entlanggeschleift hatte, waren die Gräser umgeknickt und plattgetreten. Ich trat ein paar Schritte vor und schob die Halme mit meinem Stock beiseite. Niemand! Doch es war die richtige Stelle, das sah ich an den Spuren, die das Phantom hinterlassen hatte. Iman war also aufgewacht und hatte sich davongemacht. Ich sah hoch zum Mond. Ich wusste sofort, wo ich nach ihm suchen musste.

»Ich werde dich nie verlassen«, hatte er gesagt. Ich stellte mir vor, wie Iman wie ein verfolgtes Tier davonrannte. Ich erinnerte mich an den Tag, als er mir von dem Gespräch mit seinem kleinen Bruder erzählt hatte. Damals hatte er Désiré mit an den Strand genommen. Immer wenn Iman sich einsam und verlassen fühlte, verkroch er sich in seinem Versteck. Dort, wo er mich Jahre zuvor im Arm gehalten und mir ein Versprechen gegeben hatte, das zu brechen ich ihm nun helfen würde. Ich hinkte im Mondschein am Strand entlang. Es hatte zu regnen begonnen. Iman hatte mir einmal erklärt, dass der Mond für Ebbe und Flut verantwortlich war. Die Gezeiten waren eines der Wunder des Lebens, über die man etwas in der Schule lernte. An jenem Tag hatte Iman mir auch gestanden, dass er die Schule vermisste. Er war nicht mehr hingegangen, seit seine Mutter ihn rausgeschmissen hatte. Aber was war mit mir? Ich war nie zur Schule gegangen! Manchmal hatten wir uns vor Désirés Schule hinter einem parkenden Auto oder einer Straßenecke versteckt und ihn nach Unterrichtsschluss beobachtet. Iman versuchte nie, mit seinem Bruder zu reden. Ich weiß nicht, warum, ich hatte ihn nie danach gefragt.

Jetzt kam ich zu der Stelle, wo man sich vom Meer entfernen und in die Dünen abbiegen musste. Ich war seit Jahren nicht mehr hier gewesen. An manchen Tagen war Iman plötzlich verschwunden und hatte mich einfach stehen lassen. Dann hatte ich mir vorgestellt, wie er die Dünen hochging und an Palmen vorbei zu der Lichtung gelangte, wie er sich hinunterbeugte und zwischen den Wurzeln des großen Baums verschwand. Nachgegangen war ich ihm nie, das hätte ich als Frevel empfunden. Heute war das etwas anderes. Ich sah eine Weile aufs Meer hinaus und beobachtete das Glitzern des Regens auf dem Wasser. Es war etwas anderes, weil Iman am nächsten Morgen das Boot eines Schleppers bestieg und ich ihn nie wiedersehen würde. Außerdem wartete er auf mich, da war ich mir ganz sicher.

Erstaunlicherweise fand ich den Baum mit den großen Wurzeln auf Anhieb wieder. Er wirkte sehr viel kleiner als in meiner Erinnerung. Ich beugte mich vor und betrat Imans Versteck. Ein flackerndes Licht erhellte die Höhle. Iman saß da, den Rücken an die Wurzeln gelehnt, die Petroleumlampe zwischen den gespreizten Beinen. Das Licht warf zuckende Schatten auf sein erschöpftes Gesicht. Er wirkte abgemagert. Das weiße T-Shirt und die kurze Leinenhose schlackerten um seine Glieder. Als ich mich neben ihn setzte, blickte er nicht auf. Wir schwiegen eine ganze Weile, dann fragte ich:

»Wie lange dauert die Überfahrt eigentlich?«

»Keine Ahnung.«

Mir wurde klar, dass Iman nie richtig über die Reise nachgedacht hatte. Er wusste gar nicht, was ihn erwartete. Der Gedanke, dass er in wenigen Stunden aufbrechen würde, war ihm offenbar genauso fremd wie mir.

»Wirst du zurückkommen?«

Er sah mich an, antwortete aber nicht. Warum sollte er auch zurückkommen?, sagte sein Blick. Was hatte er hier schon? Ich war verletzt, zeigte es aber nicht. Die letzten Augenblicke, die wir miteinander verbrachten, sollten die schönsten unseres Lebens werden. Ich suchte nach einem Thema, über das er gern redete:

»Vielleicht siehst du ja Anna wieder.«

Er reagierte nicht. Er grinste nicht einmal, um mir zu zeigen, wie lächerlich meine Worte waren. Ich hatte keine Ahnung, was Iman in diesem Moment empfand. Das frustrierte mich. Warum vertraute er mir nicht? Begriff er nicht, dass wir uns höchstwahrscheinlich nie wiedersehen würden? Aber vielleicht war ihm das ja egal. Vielleicht bedeutete ich ihm gar nichts mehr, jetzt, wo er fortging. Ich verscheuchte den Gedanken und beschloss, es auf anderem Weg zu probieren.

»Hast du Angst?«

»Ja.«

Er hatte geantwortet! Das war ermutigend, also fragte ich weiter:

»Und wovor? Dass du es nicht übers Meer schaffst? Hab keine Angst, Gott wird dich führen!«

»Nein, ich habe Angst, dort anzukommen.«

Das verstand ich nicht.

»Ist es wegen Sylvies Onkel? Mach dir keine Sorgen, du bist viel schlauer als er.«

»Nein, das ist es nicht. Selbst wenn ich dort krepiere, ist mir das immer noch lieber, als weiter hier zu leben.«

»Was ist es dann?«

»Ich habe Angst, bei meiner Ankunft festzustellen, dass es dort nicht anders ist als hier.«

Tja, dann würde er eben wiederkommen. Aber das wagte ich nicht zu sagen. Stattdessen murmelte ich:

»Hier ist es doch gar nicht so schlecht.«

Er schnaubte.

»Was stört dich denn an dem Leben hier, Iman?«

»Alles.«

Alles? Und was war mit mir? Mit Alissa? Selbst mit Gildas?

»Du hast doch mehr als jeder andere von uns«, brach es aus mir heraus. »Du bist der Einzige mit Familie, mit Freunden ...«

»Familie, Freunde ...«

»Genau! Aber weißt du was? Deine Angst ist berechtigt. Nach deiner Ankunft wirst du tatsächlich merken, dass es dort genauso ist wie hier.«

»Ach ja?«, sagte er seelenruhig.

»Ja! Und weißt du auch, warum?«, brüllte ich, weil mich seine Gelassenheit auf die Palme brachte.

»Warum denn?«

»Weil du das Problem bist, Iman. Weil du schon immer das Problem warst.«

Eine Sekunde verging, und fast bereute ich meine Worte. Würde er sich auf mich stürzen? In Tränen ausbrechen? Aber er sagte nur:

»Aha. Und warum bin ich das Problem?«

»Weil du immer nur an dich selbst denkst!«

Ich sprang auf und hinkte zum Ausgang. Insgeheim wünschte ich mir, er würde mich zurückhalten. Dabei kannte ich Iman. Doch seltsamerweise hegte ich nach all den Jahren immer noch die Hoffnung, dass er sich änderte. Er verabschiedete sich nicht einmal von mir. Ich schluckte und sagte über die Schulter:

»Hau doch endlich ab! Du und dein Vater, ihr glaubt doch sowieso, ihr seid was Besseres. Jetzt kannst du endlich zu ihm! Wenn du nicht vorher im Meer ersäufst ...«

Er schwieg. Mein Magen krampfte sich zusammen. Würde es tatsächlich so enden? Verzweifelt drängte ich die Tränen zurück.

»Ich gehe jetzt. Ich gebe mich lieber mit Menschen ab, die es verdient haben. Menschen, die dich bewundern, während du ihnen ins Gesicht spuckst.«

»Von wem redest du? Covi, Gildas, Alissa?«

Mit einem Mal klang seine Stimme verändert. Warum? Was empfand er in diesem Moment? Ich trat einen Schritt vor. Hinter mir bewegte sich Iman im Halbdunkel.

»Danke, dass du mir geholfen hast, Toumani. Ohne dich hätten mich die Soldaten geschnappt.«

Dafür war es jetzt zu spät. Glaubte er etwa, das reichte, damit ich zurückkam und mich weiter beleidigen ließ? Ich fauchte:

»Vergiss es. Das war nicht meine Idee. Ich wusste ja nicht mal, was ihr vorhattet. Ich war nicht derjenige, der dich retten wollte.«

Nach einem Moment der Stille fragte er:

»Wer dann? Alissa?«

Wieder klang seine Stimme seltsam, und das gefiel mir gar nicht. Jedes Mal, wenn er Alissa erwähnte, lag Hoffnung in seiner Stimme. Ich fuhr herum und hob den Stock.

»Hör auf, ständig ihren Namen zu sagen!«

Imans Miene verfinsterte sich.

»Toumani, du hättest es mir sagen sollen.«

»Was hätte ich dir sagen sollen?«

»Dass du sie liebst.«

Seine Worte überrumpelten mich. Ich stammelte:

»Wovon redest du? Und überhaupt, was geht dich das an?«

Mühsam stand er auf. Iman war völlig entkräftet. Ich fragte mich, wann er zum letzten Mal etwas gegessen hatte.

»Du hättest es mir sagen sollen«, wiederholte er lauter.

Wieso hob er die Stimme? Wieso kam er drohend näher?

»Und warum hätte ich es dir sagen sollen?«

»Du hättest es mir sagen sollen, bevor es zu spät war!«

Bevor es zu spät war? Hatte er sie etwa angerührt? Hatte er es gewagt? Alles, was ich für Iman getan hatte, hatte ich in dem Glauben getan, dadurch Alissa für mich gewinnen zu können. Aber wenn Iman sie tatsächlich angerührt hatte, stand ich da wie der letzte Idiot. Plötzlich sah ich die nackte Frau in Gildas' Zimmer vor mir, ihren schwarzen, runden Po. Ich stellte mir Alissa nackt vor und dann Iman. Wie sie schwitzten und stöhnten! Selbst wenn Iman das Land verließ und sich Alissa mir hingab, würde ich sie jemals so befriedigen können wie Iman?

»Was hast du getan, du Arsch?«, brüllte ich und peitschte mit meinem Stock durch die Luft.

Iman blieb wie angewurzelt stehen. Mit einem Mal, das sah ich auf seinem Gesicht, wurde ihm klar, dass er besser den Mund gehalten hätte. Jetzt würde er sicher zurückrudern. Er würde mir in die Augen sehen und mich anlügen, und das am Tag seiner Abreise.

»Nein, Toumani, es ist nicht so, wie du denkst.«

Schon gingen die Lügen los! Er hielt mich wohl für dumm.

»Reg dich ab.«

Er versuchte Zeit zu gewinnen.

»Zwischen uns war nichts.«

Wie bitte?

»Jedenfalls nichts Schlimmes.«

Nichts Schlimmes?!

»Wenn nichts Schlimmes zwischen euch war, was dann?«, brüllte ich.

»Sie hat mich geküsst.«

Mein Herz drohte zu zerspringen. Ich verstand nicht, was Iman mir damit sagen wollte. Behauptete er etwa, dass ihn keine Schuld traf? Er war einfach der, der er immer war, und Alissa hatte sich ihm an den Hals geworfen wie all die anderen Schlampen, die seinem Charme nicht widerstehen konnten. Wie konnte er es wagen, sie in den Schmutz zu ziehen? Wie konnte er es wagen, solche Lügen über sie zu erzählen? Denn es konnte nicht wahr sein!

»Sie weiß nicht, dass ich es weiß«, fügte Iman hinzu.

Er machte sich über mich lustig, und er beleidigte Alissa. Er hielt sich wirklich für etwas Besseres! Iman machte einen Schritt auf mich zu und streckte die Hand aus.

»Es war an dem Tag, als wir bei Covi waren. Die Djangos hatten mich verprügelt, und Alissa dachte, ich würde schlafen. Da hat sie mich geküsst ...«

Mein Stock knallte mit einem hässlichen Geräusch gegen seinen Schädel.

»Verpiss dich!«, brüllte ich.

Das Wort klang wie ein Peitschenhieb. Monsieur Bias Lieblingswort. Iman sank zu Boden. Ich wollte nichts mehr hören. Er sollte die Klappe halten! Er sollte endlich die Klappe halten! Ich drosch mit dem Stock auf ihn ein. Ich würde ihm schon das Maul stopfen. Ich schlug hart zu, blindlings. Als ich irgendwann innehielt, rührte sich Iman nicht mehr. Ich bekam Panik. Mein Gott! Was hatte ich getan? An meinem Stock klebte Blut.

Ich drehte mich um und rannte davon.

Donner grollte, und ein Platzregen ging auf die Stadt nieder. Man könnte meinen, das Meer wäre mir gefolgt und wollte mich verschlingen. Völlig durchnässt hinkte ich durch die Straßen. Es war alles Imans Schuld! Warum musste er mich auch anlügen? Warum hatte er mich provoziert? Ich murmelte immer wieder: »Warum lügt er mich an?« Gleichzeitig wusste ich, dass Iman mich noch nie angelogen hatte. Und auch niemanden sonst. Ich stellte mich unter ein Vordach, um nachzudenken. Ich schob eine Hand in die Hosentasche und holte Gildas' Joint hervor. Vielleicht würde mich das beruhigen. Gildas hatte mir auch ein Feuerzeug mitgegeben. Ich zündete den Joint an und nahm einen tiefen Zug.

Es war unmöglich! Alissa konnte ihn nicht geküsst haben! Ich nahm einen weiteren Zug und bemühte mich, die Situation gelassen zu analysieren. Alissa wollte, dass Iman blieb, und sie fürchtete um sein Leben. Warum lag ihr eigentlich so viel an ihm? Was empfand sie für ihn? Als ich sie am Abend des Konzerts fortgeschickt hatte, hatte sie mir stolz den Rücken gekehrt. Allerdings war sie gleich am nächsten Tag wieder angekrochen gekommen. Sie hatte sich vor mir in den Staub geworfen, damit ich ihr half. Und alles nur, weil sie Iman nicht verlieren wollte. Ich konnte ruhig aus ihrem Leben verschwinden, aber er musste bleiben. Mein Gott, Iman hatte recht! Vielleicht war sogar wesentlich mehr zwischen den beiden passiert, als er mir gesagt hatte. Was war geschehen, nachdem er wieder aufgewacht war? Ich musste es unbedingt herausfinden! Ich musste wissen, woran ich war! Alle glaubten, sie könnten mich an der Nase herumführen und manipulieren. Aber damit war es vorbei!

Als ich bei Alissa klopfte, war ich bis auf die Haut durchnässt. Dafür war ich dank des Joints sehr ruhig. Ich wollte nur reden, nicht streiten. Ich klopfte noch etwas fester an die Tür. Hinter Alissas Fenster brannte kein Licht, aber ich war sicher, dass sie da war. Nach einer Weile hörte ich ein Geräusch auf der Treppe, und die Tür ging auf. Alissa trug ein Batiktuch um die Hüften und ein T-Shirt. Unter dem Stoff zeichneten sich ihre Brustwarzen ab. An den Bewegungen ihrer Brüste erkannte ich, dass sie keinen BH trug. Ich wandte meine Aufmerksamkeit ihrem Gesicht zu. Alissa wirkte überrascht, mich zu sehen. Sie warf einen Blick über meine Schulter. Wonach hielt sie Ausschau? Nach Iman? Tut mir leid, er ist nicht da.

»Was ist los, Toumani? Es ist spät. Du bis ja völlig durchnässt. Komm rein!«, rief sie über ein Donnergrollen hinweg.

Ich folgte ihr die Treppe hinauf. Alissa wiegte sich in den Hüften. Hatte Iman mehr als das gesehen? Bald würde ich es erfahren. Aber ich musste es geschickt anstellen. Ich war schlauer als die beiden, nur wussten sie das nicht. Alissa ließ mich herein und schloss die Wohnungstür. Unschlüssig legte sie die Hand auf die Klinke der anderen Tür, hinter der die Prostituierte wohnte. Dann sagte sie:

»Kiki ist nicht da. Komm rein, du musst dich abtrocknen, du holst dir ja den Tod. Ich gebe dir trockene Kleider.«

Ich betrat das Zimmer der Hure. Alissa ging zu einem Schrank und suchte darin herum. Sie nahm ein T-Shirt und eine Hose heraus und hielt sie mir hin. Deswegen war ich zwar nicht hier, aber ich zitterte vor Kälte. Gut, dann spielte ich das Spiel eben mit. Ich nahm die Kleider entgegen, und Alissa verschwand im Nebenzimmer. Ich stellte mich hinter den Schrank und zog meine nassen Klamotten aus.

Kurz malte ich mir aus, Alissa würde zu mir kommen und mich umarmen, um mir zu zeigen, dass sie nur mich begehrte und niemanden sonst. Ich schlüpfte in die trockene Hose. Dann trat ich mit nacktem Oberkörper hinter dem Schrank hervor. Alissa kam zurück und sah mir ins Gesicht, ihr Blick blieb nicht eine Sekunde an meiner Brust hängen. Fand sie mich denn gar nicht anziehend? Offenbar konnte ich mit Imans muskulösem Oberkörper nicht mithalten. Ihre Gleichgültigkeit kränkte mich, und ich beschloss, mich zu rächen.

»Ich habe mit Iman gesprochen.«

Sie blinzelte. Also wollte sie mehr wissen. Na schön.

»Er will noch heute Nacht weg.«

Alissa riss die Augen auf.

»Wieso hast du ihn nicht davon abgebracht?«

Jetzt war es also meine Schuld? Was wollte sie damit sagen? Dass ich wieder mal gescheitert war? Dass ich ein Versager war?

»Wo ist er jetzt?«

Ich überlegte, ob ich ihr von Imans Versteck erzählen sollte, entschied mich aber dagegen.

»Ich ... Wir haben uns getrennt. An dem Palmenhain, wo der Überfall der Djangos stattgefunden hat. Wir wurden von Soldaten verfolgt.«

»Und wo trifft er den Schleuser?«

Alissas herrischer Ton gefiel mir nicht. Sie behandelte mich wie ein Kind! Trotzdem gab ich ihr die gewünschte Auskunft.

»Am alten Leuchtturm am Hafen.« Das hatte mir Gildas verraten.

»Du musst ihn aufhalten!«

»Genau das habe ich vor.«

Wie erwartet verschlug ihr meine Antwort die Sprache. Sie musterte mich stirnrunzelnd.

»Ich gehe jetzt gleich bei der Kaserne vorbei und sage den Soldaten, dass ich weiß, wo der Mann ist, den ich nach dem Überfall beobachtet habe. Ich behaupte einfach, dass ich ihm gefolgt bin.«

Alissa sah mich verwirrt an, aber ich redete einfach weiter:

»So können wir verhindern, dass Iman das Land verlässt. Das willst du doch, oder?«

Es war wunderbar, Herr der Lage zu sein. Dieses Gefühl der Macht musste Iman vorhin empfunden haben. Kurz bevor ich ihm den Schädel eingeschlagen hatte.

»Du bist ja völlig durchgedreht! Auf keinen Fall darfst du Iman den Soldaten ausliefern. Ich gehe zu ihm und warne ihn!«

»Warum tust du das? Warum ist er dir eigentlich so wichtig?«, fragte ich drohend und trat einen Schritt vor.

Alissa blinzelte mehrmals. Zum zweiten Mal erlebte ich, dass sie Angst vor mir hatte. Ihre Brust hob und senkte sich heftig. Sie wich zurück und stieß mit dem Rücken an den Türrahmen. Ich stand immer noch mitten in Kikis Zimmer.

»Wie meinst du das? Ich verstehe nicht ... Ich ...«, stammelte sie.

Sie wusste also nicht, was sie sagen sollte. Sie wollte Zeit gewinnen und suchte fieberhaft nach einer Ausrede. Ich würde ihr helfen:

»Zerbrich dir nicht länger den Kopf. Er hat mir alles gesagt, Alissa.«

»Wovon redest du?«

»Er hat mir erzählt, was passiert ist, als ihr bei Covi wart!«

Sie starrte mich mit offenem Mund an.

»Aber das kann doch gar nicht sein ...«, murmelte sie.

Warum konnte es nicht sein? Weil sie einander versprochen hatten, mit niemandem darüber zu sprechen? Warum machten die beiden ein Riesengeheimnis daraus, wenn es nur um einen Kuss ging?

»Ich bin sehr enttäuscht von dir, Alissa.«

»Du bist krank, Toumani!«

»Schön. Ich gehe jetzt zu den Soldaten.«

»Nein!«

Alissa machte eine schnelle Bewegung. Ehe ich wusste, wie mir geschah, nahm sie einen Gegenstand von ihrem Arbeitstisch und warf ihn in meine Richtung. Ich wich ihm im letzten Moment instinktiv aus und hörte ihn hinter mir gegen die Wand krachen. Draußen donnerte es. Alissa stand wie erstarrt da. Ich hatte nur mit ihr reden wollen, aber sie widersetzte sich mir. Das hatte Iman auch schon versucht, und auch ihm war es schlecht bekommen! Die beiden wollten mir wehtun, dabei hatte ich immer nur ihr Bestes gewollt. Alissa fuhr herum und versuchte zu fliehen. Bevor sie einen Schritt machen konnte, hob ich den Stock und schlug zu. Ich traf sie am Nacken. Ihr Kopf schlug gegen den Türrahmen, und sie ging zu Boden. Ich hatte nicht besonders fest zugeschlagen, es war eher ein Reflex gewesen. Alissa versuchte zur Tür zu kriechen. Ich packte sie am Fuß und zog sie zu mir. Ich warf mich auf sie, um ihr den Mund zuzuhalten, bevor sie auf die Idee kam, zu schreien. Sie biss mich in die Hand, aber ich ließ nicht los. Dann hörte sie auf, sich zu wehren.

»Was ist? Spürst du meinen Körper nicht gern auf deinem? Bei Iman hast du dich nicht beschwert! Für ihn hast du gern die Beine breit gemacht. Er ist mein Bruder, was ihm gehört, gehört auch mir. Jetzt bin ich dran!«

Ein Schauer durchlief ihren Körper. Sie bäumte sich auf und versuchte mich abzuwerfen wie ein Rodeopferd in einem Wildwestfilm. Fast hätte sie es geschafft, aber ich drückte mein Knie fest auf den Boden. Ich spürte die Bewegungen ihres Pos zwischen meinen Schenkeln.

»Du gehörst mir! Ich habe dich gefunden! Du hattest nicht das Recht, mich zu hintergehen, und dann auch noch mit meinem besten Freund, meinem Bruder. Es ist alles deine Schuld.«

Ja, es war ihre Schuld. Iman und ich waren alles füreinander gewesen, aber dann waren Anna und Alissa aufgetaucht, und jetzt war Iman tot. Sie widerten mich an. Plötzlich sah ich Iman vor mir. Seinen kräftigen, schlanken Körper. Ich stellte mir vor, wie er nackt auf Alissa lag. Bei dem Gedanken an seinen Körper stieg eine Welle der Lust in mir auf. Ich zerrte Alissa das Batiktuch herunter. Der Stoff zerriss mit lautem Ratschen. Mir fiel der pralle Po des Mädchens in Gildas' Zimmer ein.

Alissa schrie vor Schmerz auf, aber ich drückte ihr Gesicht zu Boden. Ihre Zähne stießen gegen das Holz, während ich keuchte: »Iman ... Iman ... Iman... Iman ...«

Als ich wieder zu Sinnen kam, lag ich immer noch auf Alissa. Sie atmete, rührte sich aber nicht. Ich rappelte mich auf und sammelte meine nassen Kleider ein. Dann stieg ich über ihren Körper hinweg und eilte zur Tür. Mein Gott, was hatte ich getan? Was, wenn Alissa zur Polizei ging? Ich würde einfach alles abstreiten. Niemand hatte mich gesehen. Außerdem würde ihr niemand glauben, schließlich lebte sie mit einer Prostituierten zusammen. Die Polizei würde denken, ein unzufriedener Kunde habe ihr das angetan. Ich warf einen letzten Blick auf den am Boden liegenden Körper. Auf Alissa, die ich einst so schön gefunden hatte. Jetzt sah sie nur noch obszön aus mit dem heruntergezogenen Batiktuch, dem entblößten Po und den gespreizten Schenkeln. Aus der Öffnung zwischen ihren Beinen sickerte Blut. Das war mein letztes Bild von ihr. Vor ihrer schwarzen Haut wirkte das Blut sehr dunkel, violett, indigo.

ILLUSION

Toumani

Der Gedanke an das Alibi trieb mich voran. Vielleicht war es aber auch die Hoffnung. Die Hoffnung, dass ich doch nicht so fest zugeschlagen hatte wie befürchtet und Iman noch lebte! Ich beschleunigte meine Schritte. Wenn ich Iman rettete, konnte ich vielleicht alles wiedergutmachen. Ich wollte doch nur, dass alles wieder so wurde wie früher. Vor Alissa, vor Anna. Zitternd lief ich durch den Regen. Ich war ein Verbrecher der schlimmsten Sorte, ein Tier, eine Bestie. Ich wollte den Gedanken verdrängen, aber das war unmöglich. Das obszöne Bild von Alissas gespreizten Schenkeln hatte sich mir eingebrannt. Ich versuchte, es zu verscheuchen, indem ich mehrmals mit dem Kopf gegen eine Mauer schlug, aber es half nichts. Ich war schuldig, und kein Richter ist strenger als das eigene Gewissen! Ich hatte die beiden Menschen zerstört, die mir am wichtigsten waren. Ich musste einen Weg finden, die Scherben zu kitten. Für Alissa konnte ich nichts mehr tun, bei ihr war ich zu weit gegangen. Blieb nur Iman. Ich musste ihn retten!

Der Mond war hinter dichten Wolken verschwunden. Die Welt war wie ein Zimmer, vor dessen einzigem Fenster ein Gewitter aufgezogen war, und im Schutz der Dunkelheit geschahen die abscheulichsten Dinge. Meine Sandale klatschte durch das Regenwasser, während sich meine Gedanken überstürzten. Was wäre am nächsten Tag, wenn die Sonne aufging und Licht auf Alissas geschundenen Körper fiel? Ich würde ihr nie mehr ins Gesicht sehen können. Mir war, als hätte letzte Nacht ein Wahnsinniger von mir Besitz ergriffen. Jetzt war er wieder verschwunden, und ich musste mit seiner Tat leben. Mein Gott, ich hatte Alissa misshandelt!

Diese Erkenntnis war wie ein Schlag vor den Kopf. Ich blieb wie angewurzelt stehen. Ich hatte das Gefühl, aus einem tiefen Schlaf zu erwachen. Plötzlich wusste ich nicht mehr, wo ich überhaupt hinwollte. War ich auf der Flucht? Nein. Ich sah mich um. Ich stand im Regen vor einem großen Gebäude. Aus dem Augenwinkel sah ich einen Mann im tarnfarbenen Regenmantel auf mich zukommen.

»He, Kleiner! Was hast du hier zu suchen? Verschwinde!«

Ich musterte sein Gesicht. Er war nicht älter als ich. Aber er war Soldat und trug ein Gewehr. Jetzt fiel es mir wieder ein, ich war wegen Iman hier. Der Soldat packte mich am Arm und hob das Gewehr, um mit dem Kolben zuzuschlagen.

»Ich habe eine wichtige Information«, brüllte ich, um ihn aufzuhalten.

Bei meinen Worten erstarrte er in der Bewegung.

»Was für eine Information?«

»Über die Djangos! Ich weiß, wo sie sind! Ihr Kommandant hat gesagt, ich soll herkommen, wenn ich etwas für ihn habe.«

Ich redete einfach drauflos, meine Worte ergaben keinen Sinn, aber solange ich redete, würde er mich nicht schlagen. Er glaubte mir nicht, das spürte ich. Wieder hob er die Waffe. Ich dachte an Iman, das Blut an seinem Kopf, das Versteck unter dem Baum und riss schützend die Arme vors Gesicht. Der Gewehrkolben sauste auf mich nieder, aber der Schlag war ungeschickt und lustlos ausgeführt. Ich fiel auf mein Knie. Der Soldat versetzte mir einen Tritt in die Seite.

»Ich habe gesagt, du sollst abhauen! Das hier ist eine Kaserne!«

»Bitte hören Sie mir zu!«, flehte ich.

Ich hatte Glück. Ein anderer Mann wurde auf uns aufmerksam und kam mit energischen Schritten näher. Wasser spritzte unter seinen Stiefeln auf. Er war älter und weniger nervös.

»Was ist hier los?«

Der junge Soldat sah verlegen zu Boden.

»Ich habe ihm gesagt, er soll verschwinden, aber er stellt sich stur.«

»Was willst du, Kleiner? Bist du lebensmüde?«

»Ihr Chef hat gesagt, ich soll herkommen, wenn ich Informationen habe.«

»Welcher Chef?«

Mit einem Mal erinnerte ich mich: *Keine faulen Tricks, sonst knall ich dich ab, so wahr ich Kommandant ...*

»Yekibi!«

»Hättest du das nicht eher sagen können? Komm mit!«

Ich murmelte eine Entschuldigung, stützte mich auf meinen Stock und stand auf. Als ich das Kasernengelände betrat, wich ich dem Blick des jungen Soldaten aus, der mich geschlagen hatte.

Ich folgte dem älteren Soldaten über den Kasernenhof. Wir gingen ein paar Stufen hoch und betraten ein Gebäude. Seine Stiefel hinterließen Schlammspuren auf dem makellosen Kachelboden. Der Mann ließ mich im Flur warten und verschwand in einem Büro. Kurze Zeit später winkte er mich herein. In dem Büro saß ein dicker Mann auf der Schreibtischkante. Er hatte sich einen Telefonhörer zwischen Wange und Schulter geklemmt und war dabei, seine Pfeife zu stopfen. Ich hätte nicht sagen können, ob es sich um denselben Mann handelte, dem ich ein paar Stunden zuvor in der

Nähe des Palmenhains begegnet war. An seinem verblüfften Blick sah ich jedoch, dass er mich wiedererkannte. Er legte den Hörer auf.

»Das ist doch der junge Fischer! Wie heißt du noch gleich?«

»Toum- ... Apollinaire, Chef.«

So war nicht ich, Toumani, derjenige, der seinen besten Freund verriet. Außerdem war es besser, wenn Covi nicht erfuhr, wer ihn verpfiffen hatte.

»Du hast also eine Information zu den Djangos, ja? Stecken sie hinter dem Anschlag auf Ludovic?«

»Ja, Chef.«

»Und warum sollten wir dir glauben?«

»Ich weiß, wo einer der Täter ist. Der, den Sie heute Nacht verfolgt haben. Kurz nachdem Sie weg waren, kroch er aus dem Gebüsch und rannte zum Strand. Ich ahnte, dass er zur Bande gehört, und folgte ihm zu seinem Versteck ...«

Noch während ich redete, kamen mir Zweifel. Half ich Iman mit dem, was ich tat, wirklich? Vielleicht hatte Alissa ja recht. Wenn die Soldaten ihn schwer verletzt fanden, würden sie ihn vielleicht nicht ins Krankenhaus bringen, sondern ihn erschießen. Bisher war ich davon ausgegangen, dass sie auf Iman angewiesen waren, wenn sie den Rest der Bande auffliegen lassen wollten, aber jetzt fiel mir ein, dass er dafür nur kurz bei Bewusstsein sein musste. Wie ich Iman kannte, würde er nichts sagen, egal wie sehr die Soldaten ihn quälten, und das Verhör würde schlimm enden.

Yekibi grinste breit, und unter seinem Schnauzbart erschienen zwei makellose Schneidezähne. Iman war verloren.

»Na, dann führ uns mal zu ihm!«, sagte er und schob sich die Pfeife in den Mundwinkel.

Jetzt gab es kein Zurück mehr.

Wir fuhren auf der Ladefläche eines Lastwagens durch die Stadt. Bei jedem Schlagloch rutschte mir das Herz in die Hose. Wieder einmal war ich gescheitert, obwohl ich nur das Beste gewollt hatte. Jetzt hoffte ich inständig, dass Iman tot war. Was für ein schreckliches Gefühl! Wie konnte man seinem besten Freund den Tod wünschen? Über meinem Kopf trommelte der Regen auf die Plane. Auf der Ladefläche saßen sechs Soldaten. Yekibi und ein weiterer Mann befanden sich vorn in der Fahrerkabine. Warum so viele Männer, um einen einzigen Jungen zu verhaften? Vielleicht befürchteten sie, dass ich sie in einen Hinterhalt lockte. Als wir den Strand erreichten, wurde der Lastwagen langsamer. Im Sand konnte er nicht weiterfahren, also mussten wir zu Fuß gehen. Ich sprang von der Ladefläche und überlegte, ob ich davonrennen sollte, aber ich wäre nicht weit gekommen. Sollte ich so tun, als fände ich im Dunkeln den Weg nicht? Die Soldaten würden mir nicht glauben. Ein Fischer verirrt sich nicht am Strand. Ich musste einfach auf ein Wunder hoffen. Ich klammerte mich an den Gedanken, dass Imans Großvater in Mekka zu Tode gekommen und seine Großmutter Hadscha mit einem Gebet auf den Lippen gestorben war. Mit dem Enkel solch frommer Leute musste Gott doch Nachsicht haben. Ich war nie besonders religiös gewesen. Wenn man an Gott glaubte, musste man sich unweigerlich fragen, warum er uns in unserem Elend alleinließ. In diesem Moment wünschte ich allerdings, ich wäre gläubig, denn dann hätte Gott mich führen und mir helfen können, die richtigen Entscheidungen zu treffen. Vielleicht hätte ich dann weniger Fehler gemacht. Während ich die Soldaten zu dem einzigen Ort auf der Welt führte, an dem Iman sich sicher fühlte, merkte ich, wie sich meine Lippen stumm bewegten. Anfangs verstand ich selbst nicht, was ich da murmelte, aber je näher wir dem Versteck kamen, desto deutlicher hörte ich die Worte:

»Lieber Gott, mach, dass er tot ist.«

»Ist es hier?«, fragte Yekibi leise und postierte seine Männer zu beiden Seiten des Baums.

Ich nickte.

»Dann mal los!«

Ich wollte gerade zwischen den Wurzeln hindurchschlüpfen, als Yekibi mich beiseitestieß und mit zweien seiner Männer in die Höhle eindrang. Sie hatten ihre Waffen im Anschlag. Mittlerweile war mir alles egal. Ich hatte keine Angst mehr, ich wollte nur noch, dass es vorbei war. Zwischen den Wurzeln sah ich die Petroleumlampe flackern. Dann riefen die Männer:

»Apollinaire! Komm mal her!«

Ich bückte mich und betrat Imans Versteck. Ich rechnete fest damit, seine Leiche zu sehen, doch als ich neben die Soldaten trat, zuckte ich vor Schreck zusammen.

Die Höhle war leer.

Iman war verschwunden.

Yekibi drehte sich zu mir um.

»Du hast uns reingelegt, du steckst ganz schön in der Klemme, Kleiner. Warte, bis wir mit dir fertig sind. Dann wirst du wissen, was Schmerz ist.«

Alissa

»Musst du denn unbedingt noch heute Nacht aufbrechen?«

»Ja, Alissa, ich muss. Es gibt kein Zurück mehr.«

Imans Gewicht lag schwer auf meinen Schultern, und jeder Schritt auf dem Weg, der zum Strand hinunterführte, war mühsam. Zum Glück war es nicht mehr weit bis zum alten Leuchtturm. Ich packte Imans Taille noch etwas fester. Gleich hatten wir es geschafft! Ich biss die Zähne zusammen, auch wenn mir jede Faser meines geschundenen Körpers wehtat. Wir mussten es rechtzeitig zu dem Treffen mit dem Schlepper schaffen. Iman warf mir aus dem Augenwinkel einen Blick zu. Er fragte sich vermutlich, warum ich meine Meinung geändert hatte. Weil deine Mutter zu Recht gesagt hat, dass wir dich nicht am Weggehen hindern dürfen. Es ist deine Entscheidung, Iman. Ich habe Toumani aus purem Egoismus zu dir geschickt. Deshalb konnte ich nicht einfach in meiner Wohnung liegen bleiben. Ich sah hinaus aufs Meer und hoffte, die Wellen würden die schrecklichen Bilder fortspülen, die mich verfolgten.

Toumani war eine ganze Weile schwer auf mir liegen geblieben. Irgendwann merkte ich, dass er eingeschlafen war. Meine Brüste drückten schmerzhaft gegen den Boden, mein Herz klopfte gegen das Holz, ich spürte die Schläge in der Wange. Ich stellte mir vor, wie ich vorsichtig unter seinem Körper hervorkroch, weg von seinem nach Cannabis stinkenden Atem, wie ich zur Küche ging, ein Messer aus der Schublade holte, zu ihm zurückkehrte und ihm die Kehle durchschnitt. Oh Gott, ich hätte es getan, ich hätte ihn ausbluten lassen wie ein Rind beim Schlachter, wenn ich nicht Angst gehabt hätte, dass er bei der kleinsten Bewegung aufwachte und weitermachte. Also lag ich da und wartete. Ich wartete und konzentrierte mich auf den Schmerz, der von meinem Unterleib ausstrahlte. Dieses Etwas, das auf mir lag, war der Teufel. Warum hatte ich das nicht früher begriffen? Sein Atem war kalt, sein Körper unförmig. Er hatte etwas Unmenschliches, und das lag nicht an dem fehlenden Bein. Ich schauderte. Davon wachte Toumani auf. Ich hielt den Atem an und spürte, wie er sich von mir löste. Ich wusste nicht, was er vorhatte, ich presste das Gesicht weiter gegen den Boden, spannte jeden Muskel an und konzentrierte mich auf das große Küchenmesser in der Schublade.

Toumani verließ die Wohnung, und ich brach in Tränen aus. Schluchzer schüttelten meinen Körper.

Während ich so dalag, mit geschwollenen, blutigen Lippen, weil er sie immer wieder gegen den Boden gestoßen hatte, verfluchte ich Toumani. Ich verfluchte mich selbst. Und ich verfluchte Iman.

Mein Körper war alles gewesen, was ich gehabt hatte.

Sie hatten ihn mir genommen.

Ich war nur noch ein Stück Dreck.

Ich stand mühsam auf. Alles tat mir weh, aber am schlimmsten war das Brennen im Unterleib. Ich spürte, wie mir Blut an der Innenseite der Schenkel hinablief. Ich ging zur Küchenecke und zog die Schublade auf. Da war das Messer. Ich nahm es an mich, wankte ins Badezimmer und sah in den Spiegel.

Wie stark muss man sein, um sich eine fünfzehn Zentimeter lange Klinge in den Bauch zu treiben? Oh Gott, ich hätte es getan. Mein Körper war alles gewesen, was ich gehabt hatte, und ich hatte zugelassen, dass sie ihn mir nahmen. Ich hätte es getan, wäre nicht mein Blick auf das Stück Stoff in der Plastikschüssel unter dem Wasserhahn gefallen. Es war der Stoff, mit dem ich Iman das Blut vom Gesicht gewaschen hatte. Der Anblick holte mich schlagartig in die Wirklichkeit zurück. Mein Magen krampfte sich zusammen, und ich erbrach mich auf den Badezimmerspiegel und auf meine Hände, die immer noch das Messer umklammerten. Ich ließ das Messer los, um mich an der Wand abzustützen, und es fiel mit metallischem Scheppern zu Boden. Ich wartete, bis mein Magen ganz leer war. Dann öffnete ich den Wasserhahn, spülte mir den Mund aus und wusch mir die Hände. Ich putzte das Erbrochene vom Spiegel und vom Boden, damit Kiki nichts bemerkte. Als Letztes wusch ich mir das getrocknete Blut von den Schenkeln.

Iman stolperte, und wir fielen zusammen hin. Ich rappelte mich auf und klopfte mir den Sand von den aufgeschürften Knien und Unterarmen. Wir hatten den Leuchtturm fast erreicht. Ich hörte schon das Klatschen der Wellen gegen die Boote, auch wenn ich sie in der Dunkelheit nicht sehen konnte. Was würde passieren, wenn wir dort ankamen? Ich wollte nicht daran denken. War Iman nicht viel zu schwach, um die Fahrt zu überstehen? Während ich noch über diese Frage nachdachte, traten zwei Männer von beiden Seiten vor uns auf den Weg. Einer von ihnen trug einen Strohhut und hatte eine Waffe in der Hand. Ein Soldat? Hatte Toumani uns tatsächlich verraten und alles war verloren? Der Bewaffnete kam auf mich zu. In diesem Moment erkannte ich den zweiten Mann an der stämmigen Statur: Es war Covi.

»Wer da?«, rief er.

Ich spürte, wie Iman neuen Mut schöpfte. Er löste sich von mir und stand ohne meine Hilfe aufrecht.

»Ich bin's, Iman.«

»Unglaublich! Du bist ihnen also entkommen?«

Covi bedeutete dem anderen Mann, das Gewehr zu senken.

»Ja. Ich habe meinen Teil der Abmachung erfüllt, jetzt bist du dran. Ich will noch heute Nacht aufbrechen!«

Covi grinste, seine Zähne schimmerten in der Dunkelheit. Es hatte fast aufgehört zu regnen, und der Mond kam hinter den Wolken hervor. Covi packte den Bewaffneten an der Schulter und flüsterte ihm etwas ins Ohr. Es folgte eine kurze Diskussion. Covi hatte offenbar nicht mit der Möglichkeit gerechnet, dass Iman den Überfall überlebte. Er hatte es nicht für nötig befunden, einen Platz auf einem der Boote zu reservieren. Der Bewaffnete lief zum Strand hinunter und unterhielt sich mit ein paar schemenhaften Gestalten, deren Stimmen durch die Dunkelheit zu uns herüberwehten. Schwarze Schatten liefen am Strand hin und her.

»Es gibt da noch ein kleines Problem mit dem Geld, aber mach dir keine Sorgen, du bekommst einen Platz auf einem Boot. Ich gebe dir sogar noch ein bisschen Geld, damit du die Grenzer bestechen kannst. Aber du hast ja gar kein Gepäck, Iman, nicht mal eine Decke oder einen Schlafsack.«

»Lass das mein Problem sein«, sagte Iman barsch. »Ich dachte, auf dein Wort wäre Verlass!«

»Keine Angst. Wir kümmern uns um dich. Du hast uns sehr geholfen.«

Er trat zu uns.

»Du bist ja verletzt?«

»Ich habe einen Schlag auf den Kopf bekommen, aber es ist nichts gebrochen. Ich muss mich nur ein bisschen ausruhen, dann geht es schon wieder.«

»Er hat viel Blut verloren«, warf ich ein. »Ich habe getan, was ich konnte, aber er ist sehr schwach.«

Ja, ich hatte getan, was ich konnte.

Nachdem ich mich gewaschen hatte, putzte ich den Boden in Kikis Zimmer. Ich zog mich aus und stopfte die Kleider ganz unten in die Mülltonne. Dann zog ich mir etwas Sauberes an, warf mir den Regenmantel über und trat auf die Straße. Toumani hatte von dem alten Leuchtturm am Hafen gesprochen. Dort musste ich hin. Warum wollte ich Iman unbedingt helfen? Das hatte mehrere Gründe, aber vor allem wollte ich Toumanis Pläne durchkreuzen! Mein Leben hatte nur noch einen Sinn: ihn zu zerstören, so wie er mich zerstört hatte. Ich empfand nichts als kalten Hass für ihn. Hätte ich die Gelegenheit gehabt, ihn eigenhändig zu erwürgen, hätte ich es getan. Ihm Schmerzen zuzufügen wäre mir ein Vergnügen gewesen, so wie es ihm ein Vergnügen gewesen war, meinen Körper zu missbrauchen. Während ich durch das Gewitter lief, spürte ich nicht einmal die Regentropfen im Gesicht. Ich war klitschnass, aber ich schwitzte vor Wut. Ich weiß, dass du nicht weit kommen wirst, Toumani. Deine Untaten werden dich einholen.

Als ich den Weg entlanglief, der von der Stadt hinunter zum alten Hafen führt, kam plötzlich ein paar Meter vor mir jemand aus dem Gebüsch gekrochen. Wäre ich zehn Minuten eher losgegangen, wäre ich längst an der Stelle vorbei gewesen. Nachts war die Gegend wie ausgestorben, deshalb war sie auch bei Schleppern so beliebt. Ich blieb stehen und starrte auf die dunkle Gestalt.

»Iman!«

Ich beugte mich zu ihm hinunter und versuchte ihm aufzuhelfen, aber wir waren beide zu schwach. Also setzte ich mich im Regen in den Sand und bettete seinen Kopf auf meinen Schoß. Iman versuchte verzweifelt, etwas zu sagen. Nach einer Weile murmelte er:

»Toumani.«

Er zeigte auf seine Kopfwunde, aber ich hatte es längst erraten. Ich sagte ihm, er solle sich ausruhen und nicht reden. Dann riss ich einen Streifen Stoff von meinem Kleid und verband ihm den Kopf. Iman hatte viel Blut verloren, und seine Lippen waren ganz blau. Er öffnete den Mund und trank gierig von dem Regen.

»Iman, ich muss dich zu mir nach Hause bringen. Wenn du hierbleibst, stirbst du.«

Er schüttelte den Kopf. Nach einer Weile richtete er sich auf und sah sich um. Der Regen war schwächer geworden.

»Bring mich zum Leuchtturm oder lass mich hier liegen und sterben.«

Da traf ich meine Entscheidung.

»Ja, du hast getan, was du konntest«, sagte Covi.

»Schreib mir!«, rief ich Iman zu, während die Boote sich vom Strand entfernten.

Aber ich hatte keine Adresse.

Ich sank erschöpft in den Sand und blickte zu dem alten Leuchtturm hoch, der vor mir in die Höhe ragte. Zum ersten Mal fiel mir auf, dass er mit seiner Spitze, deren Licht seit Jahren kaputt war, wie ein I aussah. I wie Iman. Daran würde ich von nun an immer denken, wenn ich zum alten Hafen kam. Ich würde mich an das Motorengeräusch der Boote erinnern, die im Nieselregen über das mondbeschienene Meer davontuckerten und in der Dunkelheit verschwanden. Wenn am Morgen die Sonne aufginge, würde sich das Meer weit und leer bis zum Horizont erstrecken. Von nun an würde ich jeden Tag zum Leuchtturm gehen und hoffen, dass am nächsten Morgen ein Brief oder ein anderes Lebenszeichen von Iman käme, bevor die Zeit, die verging, wie man die Seiten eines Buchs umblättert, alles auslöschte. Ich würde mich nach einem Beweis dafür sehnen, dass Iman angekommen war, einem Beweis dafür, dass er tatsächlich aufgebrochen war, oder auch nur einem Beweis dafür, dass es ihn tatsächlich gegeben hatte. Dass alles nicht nur ein Traum gewesen war, eine Illusion.

Ende

Zitatnachweis

S. 89: »Ein Gefäß kann man nur befüllen, wenn es leer ist.«
         Jean-Marie Adiaffi
S. 153: »Des einen Gelingen ist des anderen Misslingen.«
         Massa Makan Diabaté
S. 199: »Die stärkste Waffe in den Händen der Unterdrücker sind
         die Gedanken der Unterdrückten.«   Steve Biko

JUNGE LITERATUR

Paola Soriga   Wo Rom aufhört   *Roman*

Die Geschichte eines sardischen Mädchens in Rom, kurz vor dem Ende des Zweiten Weltkriegs. Geschrieben von einer jungen italienischen Autorin, die mit diesem Buch über ihre eigene Generation nachdenkt.

Aus dem Italienischen von Antje Peter
Klappenbroschur. 160 Seiten

Orfa Alarcón   Königin und Kojoten   *Roman*

Was als Romanze beginnt, wird in einer Gesellschaft, in der Geld und Statussymbole wichtiger sind als alles andere, schnell zu einem Spiel auf Leben und Tod. Und Fernanda, die Heldin dieses furiosen Romandebüts, spielt mit.

Aus dem mexikanischen Spanisch von Angelica Ammar
Klappenbroschur. 192 Seiten

Arthur Larrue   Wojna   *Roman*

In diesem sprühenden Roman zeigt Arthur Larrue mit viel Komik ein sehr ernstes Bild des heutigen Russlands, in dem sich mutige Künstler furchtlos gegen die rigide Staatsmacht auflehnen.

Aus dem Französischen von Max Stadler
Klappenbroschur. 112 Seiten

Owen Martell   Intermission   *Roman*

Zwei Brüder. Zwei musikalische Talente. Ein Klavier. Und eine Familie, die nur über Musik kommuniziert.

Aus dem Englischen von Anke C. Burger
Klappenbroschur. 160 Seiten

Eva Roman   Siebenbrunn   *Roman*

Welf ist weg. Und zwar endgültig. Jeanne bleibt zurück, allein im kalten Gutshaus, und hilft sich jeden Tag von neuem selbst auf die Füße. Ein nachdenklicher Roman über Abschiede, Erinnerungen und den mutigen Trotz des Weiterlebens.

Klappenbroschur. 128 Seiten

AUS UND ÜBER AFRIKA

Saphia Azzeddine   Zorngebete   *Roman*

Der Alltag ist schmutzig und elend, das Glück schmeckt nach Gra-natapfeljoghurt, und Jbara spricht mit Allah: Wütend und demütig, klagend und dankbar, poetisch und vulgär – für den Fall, dass er doch nicht alles sieht und nicht versteht, warum sie so weit gehen konnte...

Aus dem Französischen von Sabine Heymann
Quart*buch*. Gebunden mit Schutzumschlag. 128 Seiten

Jean Hatzfeld   Plötzlich umgab uns Stille
Das Leben des Englebert Munyambonwa. Erzählung

Während des Genozids in Ruanda entkam Englebert einem der schlimmsten Massaker. 20 Jahre später erzählt er vom Überleben und vom Leben danach. Ein erschütternder Appell gegen das Ver-gessen von einem, der sich nicht mehr erinnern will.

Aus dem Französichen Ahlrich Meyer
WAT 751. 112 Seiten

Tillmann Löhr   Schutz statt Abwehr
Für ein Europa des Asyls

Die täglichen Flüchtlingsdramen scheinen sich weit vor den Außen-grenzen der Europäischen Union abzuspielen. Tillmann Löhr erklärt, wie eine Verbesserung der humanitären Lage schon in wenigen Schritten erreicht werden kann.

Politik bei Wagenbach. WAT 628. 96 Seiten

Dominic Johnson   Afrika vor dem großen Sprung
Aktualisierte und erweiterte Neuausgabe

Mit dem arabischen Frühling und dem Umbruch in vielen Ländern wurde Dominic Johnsons These für viele überraschend bestätigt: Veränderung von unten ist jederzeit möglich und Afrika ist mitten in vielschichtigen Umwälzungen.

Politik bei Wagenbach. WAT 710. 144 Seiten

Wenn Sie mehr über den Verlag oder seine Bücher wissen möchten, schreiben Sie uns eine Postkarte (mit Anschrift und ggf. E-Mail). Wir verschicken immer im Herbst die *Zwiebel*, unseren Westentaschenalmanach mit Gesamtverzeichnis, Lesetexten aus den neuen Büchern und Fotos. *Kostenlos!*

Verlag Klaus Wagenbach   Emser Straße 40/41   10719 Berlin
www.wagenbach.de